KB234738

문화접변과
미디어
커뮤니케이션 채널

문화접변과 미디어 커뮤니케이션 채널

홍장선 지음

이담 Books

머리말

　세계화에 따른 자유로운 국가 간의 이동과 미디어 테크놀로지의 발달은 새로운 형태의 문화적 접변(接變)과 새로운 사회의 구조를 만들어가고 있다. 정치나 경제, 문화 교류의 확대로 인종이나 종교, 문화적 다양성이 급격하게 증가되고 있으며, 이러한 교류에 의한 문화적 확장은 대한민국 사회를 다문화 사회의 영역으로 합류시켰다.

　대한민국 사회에서 다문화는 이제 현실이다. 거대한 문화 용광로(melting pot)의 장(場)으로 탈바꿈한 대한민국 사회가 다문화 구성원을 초대하고 있다. 이들은 문화 용광로에서 문화의 접촉과 교류, 충돌을 경험하게 되고, 기존 모국의 문화요소와 이주한 대한민국의 문화요소에 대해서 문화접변(Acculturation, 文化接變) 현상을 겪는다.

　다문화 구성원의 문화접변은 대한민국 문화를 접하는 데 활용되는 프로세스의 미디어 커뮤니케이션 채널에 대한 작동이다. 이 프로세스는 커뮤니케이션 채널에 따라서 다르게 나타나는데, 미디어 메시지를 받아들임으로써 이루어지는 문화접변의 태도는 수용 과정에 있어서 개인의 주관성을 드러낸다. 즉, 문화접변 과정에서 다문화 구성원은 객관적인 특성보다는 그들의 가치관이나 생각, 신념, 동기, 욕구 등과 같은 주관적인 특성에 따라서 문화적응 행위를 펼치고 있는 것이다. 이러한 맥락에서 다문화 구성원이 문화접변 과정에서 보여주는 자신들의 태도나 관심사 그리고 선호나 느낌, 신념, 동기나 목적 등과 같은 주관성 구조를 분석함으로써, 미디어 커뮤니케이션 채널의 역할과 위상에 대한 의미 찾기가 필요할 것이다. 즉, 다문화 구성원의 문화접변에 대해서 이들의 심리적·주관적 속성들을 파악하고, 그 구조와 유형의 발견과 함께 유형별 비교와 분석을 진행하고자 함이 이 책의 연구방향이다.

이를 해결하기 위해서 저자는 주관성 연구방법론인 Q 방법론을 적용해 문화접변의 요인을 발견하고, 이들의 문화접변 경험 채널의 선호 유형 특성을 발견하여 규명하였다. 그리고 발견한 각 요인(유형)들의 실제 빈도 분포를 살펴보기 위해 유형들의 특성을 토대로 Q-도구(Q-tool)를 개발하여 서베이 조사를 진행하였다. 서베이 조사 결과를 토대로 다문화 구성원이 각각 어떤 유형에 속하는가를 판별하였는데, 그들의 인구통계학적 특성이나 연구주제와 관련한 변인들에 따른 유형의 차이를 검증해 보기도 하였다. 또한 다문화 구성원의 문화접변 요인과 문화접변 경험 채널 유형 간의 관계를 비교분석하였다.

책은 크게 네 개의 섹션으로 구분하여 이해할 수 있다. 첫 번째 섹션은 다문화 구성원의 문화접변 요인 및 특성을 Q 방법론을 통해 분석한 연구이다. 두 번째 섹션은 다문화 구성원의 문화접변 경험 채널의 선호 유형 및 특성을 Q 방법론을 통해 분석 및 도출을 시도했다. 세 번째 섹션은 인구통계학적 특성에 따른 문화접변 유형과 미디어 태도의 특성에 대한 서베이 조사 연구이다. 네 번째 섹션은 교차분석을 통해서 다문화 구성원의 문화접변 요인과 문화접변 경험 채널 유형 간의 상관관계를 분석하였다.

　이러한 과정을 토대로 연구는 다음과 같은 성과를 이루었다고 할 수 있겠다. 첫째, Q 연구를 통해서 발견한 유형들을 바탕으로 개발한 사정도구를 이용한 서베이 조사의 진행이다. 특정인이 어떤 유형에 속하는가를 쉽게 판별하고 그들의 인구통계학적 변인이나 연구 주제와 관련한 변인들과의 관련성을 추론할 수 있었다. 둘째, 미디어 연구에 있어서 인구통계학적 변인과 특성 변인들을 검증하고 증명했던 선행 연구들이 명료하고 효용적인 객관화의 장점을 보여 주었다면, 본 연구는 대상의 실질 동기나 목적, 신념, 가치와 같은 주관성을 토대로 타깃별 세분화와 다양성을 마련해 준다는 점에서 대안적 해결점이나 새로운 접근의 틀을 제시해 주었다. 셋째, 문화접변의 과정에서 미디어 커뮤니케이션 채널은 커뮤니케이터의 측면만이 아니라 커뮤니케이션 메시지를 직접 수용하는 다문화 구성원의 행태나 심리패턴, 가치, 취향 등을 고려해야 했다. 따라서 Q 방법론을 적용하여 문화접변을 비롯, 다문화 구성원의 미디어 인식과 커뮤니케이션 채널의 특성을 발견해 냄으로써 다문화 구성원의 개인적 프레임과 스키마를 체계적으로 접근할 수 있었다.

　이러한 측면으로 볼 때, 이 책은 다문화 관련 연구자나 미디어 관련 연구자, 방송 관계자, 광고 프로모션 관련자 등에게 문화접변과 미디어 커뮤니케이션 채널에 있어서 새로운 관점과 접근방법, 그리고 그 해결책을 제시했다고 볼 수 있겠다. 한편, 이 책은 저자의 박사학위논문인 「다문화 구성원의 문화접변에 관한 연구: 미디어 이용과 태도를 중심으로」를 바탕으로 집필되었다. 한국외국어대학교 김흥규 교수님의 권유로 진행한 것인데, 다문화 시대로 접어든 대한민국의 사회상을 고려한 주제와 독특한 연구방법을 높게 평가하신 듯싶다. 이를 위해서 저자는 서적이라는 형태에 맞게 일정 부분을 보완하고, 맛스러운 모습으로 수정하여 정리하였다.

끝으로 책이 출판되는 데 있어 많은 사람들의 격려와 도움이 있었다. 먼저 수정집필 기간에 여러 가지로 배려를 아끼지 않았던 한국학술정보(주) 관계자 분들과 지성영 선생에게 감사의 인사를 전한다. 또한 연구에 있어서 애정 어린 코멘트와 주의사항 등 많은 도움을 주시고 또 원만하게 발전될 수 있도록 해 주신 한국외국어대학교의 김흥규 교수님, 최영 교수님, 박주연 교수님들께도 감사의 말을 전한다. 그리고 조지아주립대학의 조영준 선배, KDI 국제정책대학원의 양혜정 누님과 한국외국어대학교 글로벌문화콘텐츠 박사과정의 김효은 선생님, 부산외국어대학교의 최경희 선생님, 동아일보 사진부의 변영욱 선배에게도 감사의 마음을 전한다. 무엇보다도 옆에서 늘 응원해 주는 가족들에게도 "고맙다"는 메시지를 보낸다.

2013년 5월

홍장선

Ⅰ. 서론

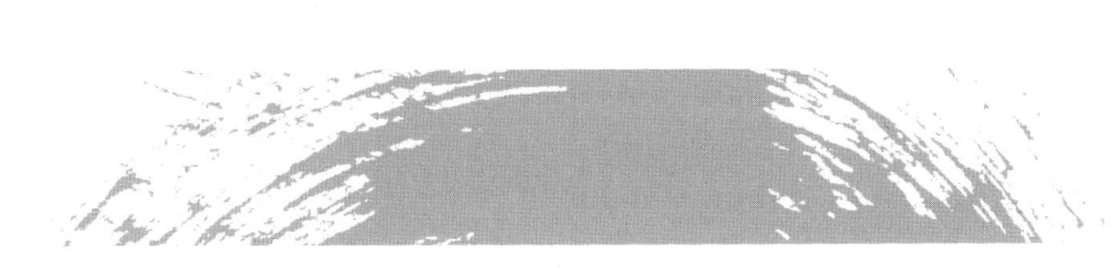

1. 다문화, 문화접변 그리고 미디어 커뮤니케이션 채널
2. 매스미디어와 문화접변
3. 새로운 접근법 – Q 방법론과 병합 방법론

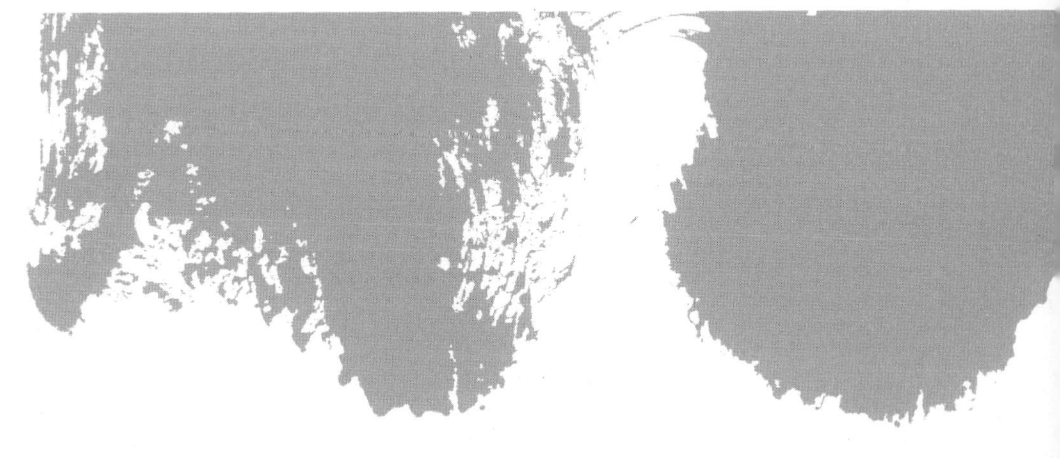

1. 다문화, 문화접변 그리고 미디어 커뮤니케이션 채널

세계화에 따라 진행되는 국제적 이동과 미디어 테크놀로지의 발달은 다문화 공론의 장이라는 새로운 형태의 문화적 접변(接變)과 새로운 사회의 구조를 만들어내고 있다(채영길, 2010). 더불어 정치, 경제, 문화 교류의 확대로 인종 및 문화적 다양성이 급격히 증가되고 있다(정의철·이창호, 2007).

불과 한 세기 전 '동양의 작은 나라', '조용한 아침의 나라', '은둔국'으로 불리던 대한민국은 급작스러운 다문화 구성원의 유입이 늘고 있어, 다양한 문화가 공존하는 용광로(melting pot)가 되어 가고 있다. 특히 아시아의 네 마리 용, 급속한 경제성장, 세계 10대 경제국을 비롯 한류와 같은 성과물 등 긍정적 평가들은 다문화 구성원들에게 대한민국 사회로의 '이주(移住)'를 강화하고 있으며, 대한민국의 세계화를 가속화하고 있다.

우리는 어느 때부터인가 자의든 타의든 다민족·다문화 사회에 분명히 진입했는데, 이는 우리 사회가 더 이상 단일민족 국가라는 용어를 사용하지 못하게 됨을 의미한다. 우리 사회는 이미 2006년을 기준으로 단일민족이라는 용어의 사용이 어려워졌다. OECD와 같은 국제사회에서 다문화 사회로의 인식변화를 촉구하여 다원적 문화의 공존을 권장하고 있기 때문이다. 단일민족 중심의 국가가 아니라 함은 전통적인 단일민족이라는 사회 문화적 틀 속에서 모두가 같이 생활해야 함을 의미한다.

국가 간 정치적 교류나 문화적 교류, 인적 교류로 인한 문화적 확장은 우리 대한민국 사회를 다문화 사회의 영역으로 합류시켰다. 인적 교류에 의한 다인종화는 대한민국 사회가 다문화 사회로 진입하고 있음을 보여주는 예이다. 무엇보다도 국제결혼과 노동력에 의한 다문화 구성원들의 유입은 우리 사회의 인적 구성과 문화적 측면을 다양화시켰다[1]. 외국인 노동자의 유입, 국제결혼 가정, 북한 이탈 주민과 해외동포 유입의 증가로 인하여 우리 사회는 인구학적으로도 급격히 변화하였다. 이러한 현상은 우리 사회의 문화가 대한민국의 문화만이 존재하는 것이 아니라 다양한 인종과 종교 등의 측면에서 파생된 또 다른 문화의 존재를 의미하는 것이다.

대한민국 사회의 다문화는 이제 현실이 되었다. 이는 최근 들어 국내 거주 외국인들의 비율이 급속도로 증가한 상황에 힘입은 바 크다(설동훈, 1999). 이주 노동자가 대한민국에 유입된 것은 공식적으로 31년, 비공식적으로는 35년 이상이 된다. 1980년대 후반 '86년 아시안게임', '88년 올림픽 게임'을 계기로 한국이 세계에 알려지면서 제3세계의 다문화 구성원이 대한민국 사회에 편입하기 시작했다(임선일, 2011). 특히 노동인력 시장에 있어서 그 유입이 늘었는데, 2011년까지 전국의 중소업체를 중심으로 32만 명[2]이 넘는 다문화 구성원이 이입되기도 하였다.

국내에 본격적으로 다문화 구성원이 유입되기 시작한 것은 1991년 경이다. 산업연수생 제도가 도입되고 나서 본격적으로 유입된 다문화 구성원은 매년 증가추세를 보이면서 2010년을 기준으로 약 120만

---

1) 행정안전부에서 발표한 '2009년 지방자치단체 외국인 주민 현황조사결과'(2009. 5. 1. 기준)에 따르면 국내 체류 중인 외국민 이주민 구성의 유형은 외국인 근로자 52.0%, 결혼이민자 11.4%, 이주민 자녀 9.7%, 유학생 7.0% 등의 순으로 나타났다. 또한 외국인 근로자와 결혼 이민자의 다수가 중국(한국계 중국인 포함)과 동남아시아 인이 절대 다수를 차지했다.
2) 고용노동부와 통계청 자료(2012. 2.)에 따르면, 2011년 12월 말까지 일반고용허가제에 의한 외국인 노동자의 유입 인원은 325,503명으로 조사되었다. 업종별 비율을 살펴본다면 제조업이 88.4%로 가장 높았고, 농축산업 5.5%, 건설업 4.1%, 어업 1.9%, 서비스업 0.1%로 나타났다.

명에 이르고 있다. 초기에는 노동자 유입이 주류를 이루었으나 점차 결혼, 유학 등의 분야로까지 넓혀졌고, 연령 구성도 10대에서 60대에 이를 정도로 다양해졌다. 또한 국내에 1만 명 이상 체류하고 있는 각 나라별 외국인 집단들을 놓고 볼 때 집단별 배출 국가들도 이제는 14개국에 달하고 있다. 체류의 목적이나 이유도 취업에서 결혼, 교수직 활동에 이르기까지 다양한 형태를 보이고 있다(법무부, 2010. 2). 독특한 점은 서울에 거주하고 있는 다문화 구성원의 수가 점점 늘어가는 가운데 2011년 6월을 기준으로 28만 명(서울시, 2011. 6)이 넘는 것으로 나타나고 있어, 우리 사회가 다문화 사회로 변화되었다는 전형을 보여주고 있다[3].

이처럼 '전(全)지구촌화'에 따른 노동력의 국제적 이동은 대한민국 사회를 다양한 정체성 집단으로 변모시킨 것이다. 다문화 현실에 대한 사회적·개인적 인식은 이러한 정경(Appadurai, 1996)을 통한 사회 구성원들의 일상적인 지각을 바탕으로 강화되고 있다(이상길·안지현, 2007). 특히 다문화는 국제화나 세계화라는 개념과 밀접한 관계를 가지고 있기 때문에 사회의 다원화를 기본으로 한다. 인종이나 문화 또는 종교가 복합적으로 얽혀 있는 중에 각각의 요소들은 독립적으로 유지되거나 때로는 융합을 한다. 이러한 현상을 통해 새로운 형태로의 변화가 나타나고, 그로써 문화적 다의성 혹은 다양화가 수반된다. 우리는 이것을 다문화주의라는 맥락에서 이해할 수 있을 것이다. 하지만 다문화주의를 정치적 이론이나 철학적 담론의 측

---

3) 2011년 4월 4일 공포된 다문화 가족 지원법의 일부 개정 법률이 2011년 10월 5일부터 시행됨에 따라서 귀화자와 외국인으로 이루어진 가족, 귀화자와 귀화자로 이루어진 가족까지 다문화 가족으로 인정되게 되었다. 그간 다문화 가족의 범위는 출생 시부터 한국인인 자와 외국인 또는 귀화자로 한정(결혼 이민자와 혼인 귀화자를 근간으로 산출)되어 있었으나, 법률 개정으로 인해서 그 수가 늘어날 전망이다.

면으로 인식해서는 안 된다. 다문화주의는 특정 이념도 아니고 담론
도 아니다. 한 사회에서 살아가는 사람들의 일상적인 삶이나 생활의
관찰 방식이나 전망인 것이다. 즉, 학교나 도시, 국가처럼 조직화된
특정 공간 속에서 인종이나 문화, 민족적 다양성으로부터 파생된 실
용적인 이데올로기이다(김복래, 2009). 또한 지배문화의 권위주의와
중심주의를 비판하면서 문화의 의미를 생활양식과 이데올로기의 산
물로 다루거나 문화상품, 혹은 취향과 같은 좁은 의미로 한정시켜
이해하기도 한다.

다문화 구성원은 다문화주의를 바탕으로 문화적 다양성에 대해서
타당성을 제기한다. 우리 사회 속에서 삶을 영위하고 있는 다문화
가정은 소수 계층이다. 소수 계층은 비주류 문화를 구성하며 그들만
의 문화를 조용히 이어 간다. 하지만 다문화주의가 외치는 문화적
다양성은 다양한 담론을 생성해 내면서 주류와 비주류라는 문화적
차이를 강조한다.

즉, 다문화 이주민들은 대한민국이라는 '전통적 단일 민족'의 사
회적, 문화적 생활공간 내에서 '다수 계층' 사람들과 구별되는 환경
하에서 살아가야 하는 것이기에 단일 민족 중심의 사회적, 문화적
맥락에서는 분명 주체가 아닌 객체가 되고, 타자의 위치로 주변화되
거나 소외시되는 경향을 보이는 것이다(백선기, 2005). 다문화라는
용어는 문화를 바라보는 시각의 출발이 하나와 다수라는 대립적 구
조에서부터 시작된다. 이것은 서로 다른 상충된 문화들 간의 병합을
의미하는 것으로서, 공시적이고 명시화된 문화의 존재와는 상반될
수밖에 없다.

이주노동자, 이주민, 외국인 등이라는 용어는 그 용어 자체가 나,

우리, 내국인, 한국인과는 철저하게 대립되는 용어이다. 또한 사회의 틀이나 구조적 형태가 이분법적인 시각에서 바라보는 이항대립의 현상이 현저하게 나타나고 있다. 이와 같은 현상의 두드러짐은 곧 서양철학의 형태인 '양자대립구조' 틀에 의한 것으로 볼 수 있다. 즉 '대립'이 정의를 내리고, 질서를 만들며, 규칙을 발견하게 만든다는 서양철학의 방식이 적용되고 있다. 모든 사회의 구조는, 전체적으로 안정되어 있는 상태 하에서 서로 상대되는 것들이 우열 비교라는 방식을 거쳐 각각의 본질 가치를 규정하도록 한다. 차이를 통해서 의미가 만들어지는 것이고, 근원적 본질의 의미는 그 자체가 가지는 본질을 통해서가 아니라 비교할 수 있는 상대가 있어야만 비로소 그 의미가 명확해진다는 것이다. 따라서 사회의 구성물들은 모두 차이를 기본으로 만들어졌고, 그 차이는 바로 문화의 체계를 말한다.

다문화 구성원은 정치, 경제적으로 약자임과 동시에 대한민국 사회의 통합적 구조에서 소외되고 차별받는 문화적 약자인 것이며 사회의 공식적 채널을 거쳐 자신들을 표현할 만한 조건들을 가지지 못하기에 상징적 의미로도 약자의 위치에 있다(김예란, 2005; 정의철·이창호, 2007). 따라서 대한민국 사회가 진정한 다문화 사회로 나아가기 위한 전제로서 우리가 다문화 구성원을 이해하는 방식과 그 구성원들이 대한민국 사회를 이해하는 방식을 확인하는 과정이 필요하다고 볼 때, 문화적 동일화(cultural synthesis)의 과정(채영길, 2009)을 통해 다문화 구성원을 살펴보려는 노력이 중요할 것이다.

물론 이러한 이해 방식은 정형화된 지각의 이미지로 나타나기도 한다. 매스미디어라는 플랫폼에 의해서 실재 이미지가 왜곡되거나 특정한 방식으로 인식될 수 있는 것이다. 미디어는 현실에 대해 고

정되고 왜곡된 이미지를 제공할 위험이 높다. 그러나 다른 한편으로
는 미디어를 통해서 다양성에 관한 정보를 얻고 왜곡된 이미지를 수
정할 수 있는 효과[4]를 얻을 수도 있다(김흥규·홍장선, 2010).

미디어 콘텐츠는 다문화 구성원이 자신들과 공존하는 사회 구성
원이나 그 공존 집단에 대한 고정관념을 깨는 데 적합한 도구이다.
주류의 지배적 문화나 지배 이데올로기에서 벗어나 다양한 관점에
서의 문화 바라보기를 가능하게 하고, 사회현상을 적절하게 진단할
수 있는 기회를 제공한다. 따라서 다문화주의 측면에서, 주류 문화
와 비주류 문화에 대한 차별적 비교나 비교우위를 배제한 채 서로의
다양성을 인정하고 융합하기 위해서는 다양한 미디어 콘텐츠가 필
요하다[5].

한편, 다문화 구성원은 이렇게 매스미디어라는 플랫폼에 담겨진
영상 콘텐츠나 인쇄 콘텐츠를 통해 정보 메시지를 접한다[6]. 받아들

---

4) 이러한 현상에 발맞추어 다문화 구성원과 함께하는 범국민적 계몽 캠페인도 활발하게 진행되고
   있다. 연중기획 캠페인의 형태로서 정부와 지자체, 시민단체, 기업의 사회공헌 팀 등을 중심으로
   다각도로 펼쳐지고 있다. 일간신문의 지면이나 TV, 라디오 광고, 정부의 정책 메시지 등에서 글로
   벌 코리아 캠페인이 진행되고 있는 것이다(홍장선, 2009).
5) 김종헌(2008)은 다문화 연구를 동화에 나타난 다문화 가정의 표상을 중심으로 진행하였다. 그는
   동화에 등장하는 인물들의 표상(representation)을 통해서 사회적 현실에 대한 이해를 구했다. 국제
   결혼을 둘러싼 여러 사회현실이 반영된 글에서 동남아시아계 이주 여성에 대한 편견과 무시, 외국
   인 노동자에 대한 비인격적 대우, 부당한 노동행위, 그들의 가정에 대한 사회적, 법적 지위문제,
   다문화 가정 출신 자녀들의 이지메 현상 등 다각적인 측면을 동화 속 사건을 통해서 표현했다. 김
   갑성(2007)은 다문화 구성원의 가족 범주에 한국인 남성과 결혼한 이주여성의 가정, 한국인 여성
   과 결혼한 이주 남성의 가정, 이주민 가정(노동자, 유학생, 비즈니스) 등을 포함시켰다. 박종보
   (2006)는 다문화 가족을 국제결혼을 통해 형성된 가족으로 한정하였다. 그는 '미군 병사 남성과
   한국인 여성이 결혼한 가족', '외국인 남성 전문직 종사자와 한국인 여성이 결혼한 가족', '한국인
   남성과 외국인 여성결혼 이민자가 결혼한 가족', '이주노동자와 한국인이 결혼한 가족' 등의 네 가
   지 유형으로 구분하였다. 설동훈(2006) 역시 다문화 가족을 국제결혼을 통해 형성된 가족으로 지
   칭하고 있다.
6) 김춘욱(2005)은 '미녀들의 수다' TV 프로그램을 통해서 주한 외국 미혼여성의 관점에서 보는 대한
   민국 사회와 그 구성원들에 관한 연구를 진행하였다. 그는 인종정경(ethno−scape)이라는 측면에서
   사회 문화적 환경변화에 대한 다문화 구성원의 모습을 언급했다. 이경숙(2006)은 '러브인아시아'
   TV 프로그램을 통해 이산인의 정체성을 밝혀냈다. 그는 텍스트 분석을 이용해 혼종적 리얼리티
   프로그램에 대한 이산이라는 사회적 문제가 개인적 차원의 감동적인 휴머니즘으로 사사화된다고

인 정보 메시지는 다문화 구성원이 가진 1차적 프레임에 의해서 문화 이해를 진행하도록 한다. 1차적 프레임이란 다문화 구성원이 가지고 있는 본질적인 배경, 다시 말해서 그들의 모국에서 학습된 문화적, 사회적 가치를 말한다. 대한민국 문화라는 새로운 문화와의 접촉은 접촉과 동시에 문화충격을 가져다준다. 자신들의 1차적 프레임을 바탕으로 접근해야 하는 대한민국 문화는 그 프레임을 제거하거나 프레임을 고수한 형태에서 이해하거나 동화해야 하기 때문에 다문화 구성원은 정체성의 변화라는 힘든 과정을 겪어야 한다. 그러나 서로 상이한 문화 사이에서 일어나는 접촉 현상은 양방향 문화가 가지는 문화요소를 적절하게 혼합하거나 적용시키는 필수 과정이 된다.

따라서 다문화 구성원의 입장에서 보면 이를 문화의 수용이라고 할 수 있겠다. 기본적으로 그들이 대한민국 사회에서 접하는 문화는 이미 제공되어 있는 문화일 것이고, 다문화 구성원은 이를 받아들일 수밖에 없는 수용자 측면의 강제적 영향 관계가 성립된다. 다시 말해서 문화적 편견을 가지고 있는 이들이 대한민국이라는 새로운 이주지역의 문화를 수용하기 위해 노력하는 과정 속에서 자신들의 모국 문화를 잊거나 버릴 수 없는 딜레마를 고려해 새로운 문화로의 적응을 시도하는 것이다. 새로운 표준과 관행에 의해서 다른 문화를 판단하여 수용하는 행위는 문화적 적응의 커뮤니케이션화를 가속화시킨다.

말했다. 김명혜(2007)는 앞선 연구들처럼 시사예능 프로그램이 아닌 드라마 '황금신부'를 활용해서 연구를 진행하였다. 그는 황금신부가 무의식적으로 민족적 편견을 재생산하고 있다면서, 복제오리엔탈리즘에 대한 시선을 염려하였다. 이경숙(2008) 또한 TV 드라마의 텍스트 분석 연구를 진행하였다. 그는 드라마 속 다문화 가족관계의 재현이 편협하게 이루어진다고 했는데, 다문화 구성원을 스스로 권력을 포기한 존재, 권력과 관계가 없는 인물, 타인에 의한 이타적 인간관계를 유지하기 위한 인물로 재생산되고 있다고 밝혔다.

1차적 프레임의 2차적 프레임화 과정으로서의 문화 상호 접합은 글로벌 시대에 있어서 나타나는 필연적 현상이다. 그런데 이 현상을 잘 살펴보면 마치 제공자 측 문화가 다문화 구성원 문화의 문화요소를 차례차례 수용하여 변환하는 모습들을 보이는바, 이러한 과정을 통해서 진행되는 문화적 변용은 결코 단순하지 않다. 또한 한 사회에서 사회적, 정치적 동원의 과정과 문화 공통화라는 과정에 가담하지 않는 별도의 집단인 에스닉 그룹7)이 생겨나기도 한다. 언어적 차이나 경제상황의 차이, 정치적 권리상태의 차이, 역사적 경험의 차이처럼 문화의 차이를 근거로 사회화라는 과정에 대한 반기를 드는 집단(平野健一郎, 2004)이 출현하게 되는 것이다.

따라서 이러한 집단의 양산은 향후 대한민국 사회의 구조적 문제를 야기할 수 있는 문제가 될 수 있을 것이다. 우리는 이미 다양한 미디어 보도를 통해서 미국이나 캐나다, 프랑스, 독일의 다문화 구성원과 기존 구성원들 간의 문제에 대해서 알고 있다. 따라서 이들의 사회화 과정은 한 사회의 건전성과 건실성, 그리고 통합적 측면에서 본다면 반드시 필요한 사항이다.

이렇게 다문화 구성원이 문화를 접하고 받아들이는 문화 간 교류(cultural cross) 혹은 문화 간 커뮤니케이션은 문화접변(acculturation) 현상으로 살펴볼 수 있다. 다문화 구성원은 사회화 과정에 있어서 추구하는 미디어 대중매체나 커뮤니케이션 채널들에 대해서 가지는

---

7) 문화 공통화라는 과정에 가담하지 않는 별도의 집단을 에스니시티(ethnicity)라 한다. 에스니시티는 문화적 유사성이나 공통의 역사적 경험을 바탕으로 한 상상의 혈연관계나 실재적 관계의 주관적인 믿음을 보이는 집단이다(Cornell, 1998; Hartmann, 1998). 넓은 의미로 기존의 문화적 혹은 역사적 특성만을 강조하기보다는 경제나 정치적 변화에 의해 형성되기도 한다. 즉, 이 개념은 차별주의적 관념뿐만 아니라 민족이나 종족을 포괄하는 정치적 정체성의 개념을 담고 있다.

가치나 의미, 수용 태도와 확신, 이용 동기나 만족도 등을 각기 다르게 받아들이고 표현하고 있다.

그렇다면 다문화 구성원은 대한민국의 문화를 어떻게 수용하는가? 사람마다 다르다. 문화의 수용은 미디어의 역할로서 살펴볼 수 있는데, 이주민의 문화는 통상적인 사회활동을 통해서 문화적 적응을 해 나간다. 그렇다면 이러한 문화적 적응의 프로세스에는 미디어가 어떠한 영향을 끼치는 것일까? 그리고 미디어는 다문화 구성원에게 어떠한 문화적 적응을 심어주는 것일까?

이러한 문화접변에는 다문화 구성원을 고려한 다양한 커뮤니케이션 채널들이 필요할 것이다. 그 역할과 채널들이 연구의 대상이 되는 것이다. 현실에서 보이는 다문화 사회의 모습은 새로운 사회의 도래를 의미함과 동시에 갈등과 불평등의 문제를 야기하기도 한다. 무엇보다도 미디어와 같은 대중매체를 통해서 비추어지는 사회의 다양한 현상들은 공론의 장으로부터 주변화를 보여주고, 색다른 경험에 의한 문화적 상실과 일탈을 가져온다.

이러한 맥락에서 본 연구는 내면의 심리적 영역이라 할 수 있는 주관적 영역으로서 다문화 구성원이 표출하는 다양한 차이점에 대한 이해의 폭을 넓히고, 그들의 사회화 과정에서 활용되는 커뮤니케이션 채널은 무엇인지, 또 그들의 관심사나 태도, 이용 동기나 스타일 등과 같은 주관성 구조를 분석하게 될 것이다. 아울러 다문화 사회에서의 미디어 대중매체가 가지는 역할과 함께 효과적인 사회화 역할을 위한 다양한 커뮤니케이션 도구들을 제시할 것이다.

2. 매스미디어와 문화접변

문화와 문화 간 커뮤니케이션에 있어서 낯선 사회에 적응하는 데 중요한 요소로 평가받고 있는 것은 커뮤니케이션이다. 특정 문화집단이 공유하는 모든 무형의 커뮤니케이션(박기순, 2004)은 문화접변에 의해서 가치, 세계관, 사회적 조직과 같은 인지적 요소와 언어적 요소, 비언어적 요소에 의해 의사소통으로부터 출발하여 문화적응, 사회화, 국가 구성원으로 확대되는 양태를 보여준다.

다문화 구성원의 사회화 과정으로 활용되는 매스미디어는 문화접변 현상의 주된 채널로서 현재 한국에 거주하고 있는 다문화 구성원에게 적합한 정보전달의 도구가 된다. 그것은 호스트 문화와의 직접적인 접촉을 통해서 새로운 문화에 대한 성공적인 적응을 기대할 수 있게 해 주는데, 텔레비전, 라디오, 인터넷, 영화와 같은 중개된 커뮤니케이션(mediated communication)은 비교 문화적 적응을 쉽게 해주는 효과적인 비대면 커뮤니케이션이다.

커뮤니케이션을 통해서 한 사회의 구성원이 사회적 인간으로 사회화가 되듯이 다문화 구성원 역시 이주국 사회에 적응될 수 있도록 커뮤니케이션을 통한 재사회화가 이루어진다(Kim, 1991; 이선영, 2006). 특히 사회적인 커뮤니케이션 과정을 통해서 이들 개인이나 집단은 한 사회에서 살아갈 수 있는 사회적 커뮤니케이션 능력을 익힌다. 사회적 커뮤니케이션이란 집 밖에서 만나는 일상적인 사람들을 쳐다보는 것을 시작으로 해서 주변인들과의 대화를 통한 커뮤니케이션, 매스미디어를 이용한 커뮤니케이션 등 다양한 방식으로 나타나기도 한다. 이러한 커뮤니케이션의 원활함이란 바로 경제적, 직업적 적응이 포함된 사회적인 커뮤니케이션으로 확장되어 이들이 이주한 국가에서 순조롭게 살아가고 있는 다문화 구성원의 양식으로 나타난다.

주변인들과의 대화를 통해서 진행되는 대인 커뮤니케이션은 특정한 사람들과의 인간관계에서 보인다. 매스미디어 또한 진보된 커뮤니케이션의 일반화된 사회적 커뮤니케이션이다. 매스미디어를 매개체로 활용하여 개인이 간접적으로나 직접적으로 사회문화적인 환경과 상호작용하는 것으로서 이주국 사회와 문화에 적응하는 데 유용한 수단은 바로 대인커뮤니케이션과 매스미디어의 적절한 혼용 및 활용이다(Kim, 1977; 1980; Hong, 1980; Ryu, 1976; 1978; Pedone, 1980). 베글리(Begley)는 실제적이고 실용적 지식의 습득은 다른 문화의 사람들과 일상적 대화를 통해서 얻어지고, 통찰력과 지식은 문화 간 공부를 통해서 습득된다고 보았는데, 이는 공동체적 행사나 축제, 우애적 교류 등과 같은 체험적이고 면대면적인 커뮤니케이션을 활용해서 얻기도 할 수 있을 뿐만 아니라 TV, 신문, 인터넷과 같은 미디어 매체를 통한 비대면적인 커뮤니케이션을 통해서도 이루어진다.

다문화 구성원은 자국의 매스미디어를 쉽게 접할 수 없고, 또 있다 하더라도 그 이용은 극히 제한적이다. 그러나 세계 어디에서든 자국의 웹 사이트에 연결할 수 있는 인터넷 덕분에 다문화 구성원은 자국의 신문이나, TV, 라디오 등 자기 나라의 정보나 소식, 또 드라마나 프로그램 등을 실시간으로 접할 수 있는 실정이다. 즉 어떠한 특수 상황에서 특정 미디어가 강력한 인지적, 정서적, 행동적 효과를 가지고 있는지 최적의 미디어 커뮤니케이션을 찾아 정보 전달의 효율을 증가시킬 필요가 있을 것이다.

문화적 접변은 다문화 구성원이 어떠한 국적인가, 민족인가에 따라서 수용 과정의 프로세스가 다르다. 이들은 문화적 취향, 가족 교육, 또래 집단과의 연합, 개인적 가치관 등 서로 다른 내적인 요소와 심리적 측면에 의한 주관성을 가지고 있기도 하다. 유럽이나 미주, 동남아 등 각 지역의 출신 민족마다 혹은 그들의 문화마다 다르게 나타나고 있다.

매스미디어를 매개로 하는 커뮤니케이션은 커뮤니케이션 실재의 이미지 수용에 왜곡을 가하기도 한다. 미디어는 현실에 대해서 특정한 의식이나 이데올로기 이미지 혹은 고정되거나 왜곡된 이미지를 제공할 위험이 크다. 그러나 매스미디어 커뮤니케이션에 의해 제공되는 이미지들을 통해 다양성에 관한 정보를 얻고 왜곡된 이미지를 수정하거나 이해의 폭을 넓힐 수 있는 효과도 분명 나타날 수 있다.

따라서 이들의 문화접변은 대한민국 문화를 접하는 데에 그 프로세스로 활용되는 매스미디어 커뮤니케이션 채널에 따라서 다르게 나타날 수 있다. 즉 미디어 메시지를 받아들임으로써 이루어지는 문화접변 태도에는 수용의 과정에서 주관성을 드러낸다. 말레츠케(Maletzke, 1963)는 미디어에 관한 연구를 사회심리학적으로 시도했는데, 매스커뮤니케이션은 복잡한 과정이고, 단일변인보다는 다변인에 의해 설명해야 한다고 보았다. 또한 이미지를 수용자의 자아 이미지와 수용자의 퍼스낼리티 구조와 연계시켜 연구하였다. Q 방법론에서처럼 커뮤니케이션 과정은 수용자의 자신에 관한 인지와 자신의 역할, 가치, 태도 등에 대해 특정한 성향을 나타낸다는 것이다.

그렇다면 과연 어떻게 다른 것인가? 다문화 구성원이 보여주는 자신들의 태도나 관심사 그리고 이용 동기나 스타일 등과 같은 주관성 구조를 분석함으로써 그들이 가지는 매스미디어 커뮤니케이션 체계의 과정이나 수용 태도를 찾아봐야 할 것이다. 또한 그 구조와 유형을 발견해서 비교분석을 하고, 매스미디어가 어떤 기능을 수행하는지에 대한 규명도 필요할 것이다.

이를 위해 다문화 구성원을 대상으로 대한민국 사회에서 경험하는 문화접변 현상에 대한 미디어 태도의 가치나 만족 등을 알아보았다. 또한 다문화 구성원이 대한민국 사회에서 접할 수 있는 매스미디어 커뮤니케이션 채널의 수용 프로세스와 이용 동기 및 가치, 평가, 만족과 같은 주관적 특성을 알아보기 위해 Q 방법론을 적용하였다.

이러한 주관적 특성에 따라 다문화 구성원을 기업이나 행정기관에서 제공하는 커뮤니케이션 정보를 수동적으로 받아들이는 객체로 볼 것이 아니라, 자신들만이 가지고 있는 취향이나 성격, 경험, 감정, 생활 습관 등을 바탕으로 다양하게 선별해 내는 능동적 행위를 하고 있다는 것을 전제로 하여, 이용자의 주관성에 따라 효과적으로 인식하고 반응할 수 있는 커뮤니케이션 채널들의 존재를 제시할 수 있을 것이다. 멀티미디어(multi-media)나 뉴미디어(new media)로서의 각종 커뮤니케이션 채널이 다문화 구성원에게 어떤 구조로 수용되고 작용하게 되는지 그 프로세스의 유형을 발견하고 분석하고자 하는 것이다.

3. 새로운 접근법 - Q 방법론과 병합 방법론

서로 다른 문화들은 문화접촉[8]을 통해서 문화접변을 일으킨다. 이는 대한민국 사회에 이입된 다문화 구성원이 문화적 혼란을 통한 사회적 적응을 하게 되는 것이다. 체류기간이 장기화되면서 '문화충격(culture shock)'을 경험하게 되는데, 이입국 사회로의 적응을 위해 본래 가지고 있던 민족 정체성이나 국가 정체성이 변화하는 과정을 겪게 된다. 이주민들은 그들의 출신국을 떠나 새로운 공간에 이입되는 순간부터 본래의 지니고 있던 국가 정체성, 민족성, 종족성과 같은 속성들은 이입국 사회에서 고려의 대상이 되지 않으며, 단지 이주민의 지위를 받아들이면서 전혀 다른 내, 외적 속성을 부여받게 된다(임선일, 2011).

따라서 다양한 국적을 가진 이민자들이 출신국별, 민족별 속성을 국가 정체성이나 민족 정체성으로 표현하기에는 무리가 있다. 그렇기 때문에 이들에게 적합한 매스미디어 커뮤니케이션의 메시지가 문화나 민족에 따라 어떠한 차이점을 나타내고 있는지 그 유형을 살펴볼 필요가 있다. 그리고 이렇게 찾아낸 유형의 특성을 중심으로 매스미디어의 역할적 측면에 대한 접근 및 그에 대한 형태를 확인해볼 필요도 있는 것이다. Q 방법론은 바로 이러한 주관성들의 구조를 파악하고 그것의 유사성에 따라 사람들을 묶어주기 때문에 세분화 작업에 있어서 적합성을 갖는다.

---

8) 문화접촉이라는 것은 어떤 하나의 문화가 놓여 있는 환경 속에 다른 문화가 나타나는 것이다. 그 다른 문화가 하나인지 복수인지는 경우에 따라 다르겠지만, 이론적으로는 어떤 하나의 문화가 놓여 있는 환경 속에 다른 문화가 한 개 나타나는 경우를 생각하는 데서 출발한다. 각각 독자의 체계성을 갖는 두 개의 문화 사이에 접촉이 생기고 영향관계가 나타난다(平野健一郎, 2004).

본 연구는 기존의 인구통계학적 접근의 R 방법론적 접근이 아니라 Q 방법론으로의 접근을 시도한다. Q 방법론은 여러 사람들을 대상으로 어떤 속성들 사이의 상관관계에 초점을 맞추는 일반적인 R 연구방법과는 다르다. 주관적 속성들에 대해서 사람들 사이의 상관관계를 찾아내는 데 유용한 방법론이기 때문에, 많은 수의 표본을 대상으로 하는 R 방법론에 비해 한 개인이나 소집단에 대한 깊이 있는 심층 탐구가 가능하기에 일반화라는 측면보다는 발견을 그 목적으로 한다(김흥규, 2008).

TV나 신문, 인터넷 등의 시청, 이용시간에 관한 다수의 연구들이 있지만 이에 대한 시간, 횟수, 요일과 같은 변인보다는 '왜 미디어를 접하는가'라는 심리적이면서 주관적 요소가 더 중요한 것이다. 이를 위해서 다문화 구성원의 심리적 유형과 특성이 되는 주관성의 구조를 이해하여 매스미디어 의존의 다양한 수용유형과 그 역할에 대한 기능적 접근유형을 발견하고자 한다. 즉, 다문화 구성원의 주관적인 특성을 발견하여 이를 바탕으로 이들에 대한 유형을 구분하고자 하는 것이다.

따라서 다문화 구성원이 대한민국에 이주하여 정착하는 사회화 과정에 있어서 이들의 사회화 태도 및 만족도, 가치, 평가, 동기와 같은 주관적 특성을 알아보기 위해서 Q 방법론을 적용함으로써 다양한 목적과 가치관을 지닌 이들을 세분화하였다. 이러한 주관적 특성에 따른 유형화 연구는 효과적이고 합리적인 사회화 과정의 커뮤니케이션을 위해 필요한 것이며 매우 타당한 접근이라고 할 수 있다.

다문화 구성원은 국가나 행정기관, 기업과 같은 특정 커뮤니케이터가 제공하는 정보나 소스만을 가지고 의사결정을 하는 수동적인 존재나 단순 거주자로서의 위치가 아니라 그들의 인생이나 미래의 꿈을 위한 자신들만의 가치, 선호, 취향, 성격, 경험, 감정, 라이프스타일 등에 따라 문화적 적응 및 사회화를 위해 커뮤니케이션이나 정보의 합리적이라는 능동적 행위의 모습을 표출하고 있다. 따라서 이들이 대한민국 사회에서 원활하게 정착하고 사회적 적응을 완벽히 하기 위해서 이용하는 효율적이고 효과적인 커뮤니케이션 채널들이 다를 수 있음을 가늠케 해 줄 것이다. 문화접변의 과정에서 나타나는 미디어 태도나 커뮤니케이션 특성은 주관성에 의해서 제각기 요인이 다르게 나오는데, 이는 수용자의 매체에 대한 주관적 이미지라는 접근에서 일부 접목을 할 수가 있다.

따라서 연구의 방향성을 <그림 1>과 같이 설계하여 연구를 전개하였다. <그림 1>의 A영역과 B영역에 있어서의 주관적 특성을 고려한 측면을 각각 연구문제화하여 그 특성을 발견해 보았다. A영역은 수용자의 주관적 영역으로서 다문화 구성원의 문화접변과 미디어 태도 과정에 대한 요인의 발견이다. 자아 이미지나 개인의 퍼스낼리티 구조와 같은 주관적 특성이 문화접변과 미디어 태도를 요인화한다. B의 영역은 미디어 커뮤니케이션 채널의 특성이다. 문화접변 경험 채널에 있어서 다문화 구성원이 어떤 채널을 선호하는지, 어떤 형태로 이미지화되어 있는지에 대한 내용이다. 이와 함께 A영역과 B영역에 대해서 서베이 조사나 일대일 면접을 통한 문화접변과 미디어 태도에 대한 검토와 실증분석을 진행하였다. 문화접변의 사회화 과정에서 미디어 커뮤니케이션의 작용이 다문화 구성원에게 어떻게 작용하는지 인구통계학적 특성에 따른 문화접변 유형과 미디어 태도에 대해서 연구문제화하였다.

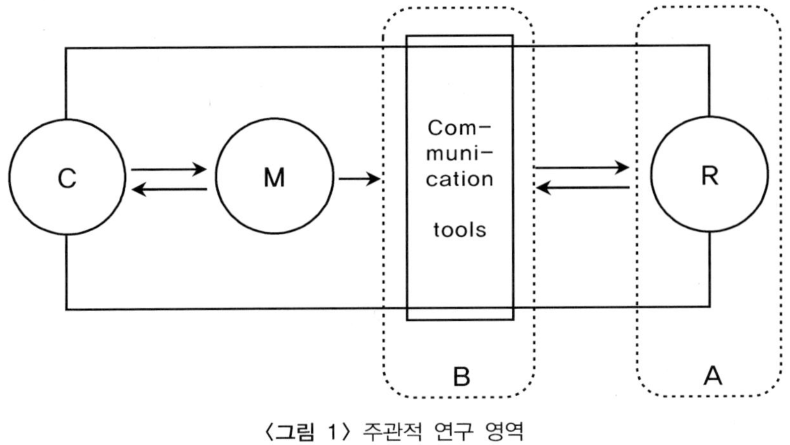

〈그림 1〉 주관적 연구 영역

이러한 연구목적을 중심으로 다음과 같은 네 가지의 연구문제로 나누어 연구를 실행하였다.

첫 번째는 Q 방법론을 통해 다문화 구성원의 문화접변에 대한 그 요인(유형)과 특성의 발견이다. 두 번째는 다문화 구성원의 문화접변 경험 채널의 선호 특성과 유형들에 대한 연구이다. 이 두 유형과 특성을 바탕으로 문화접변과 미디어 인식 및 수용태도와 커뮤니케이션과의 연관성을 비교하여 이용 도구에 영향을 미치는 특성의 관계를 살펴보았다.

또한 문화접변의 사회화 과정에서 다문화 구성원의 인구통계학적 특성이 문화접변 유형과 미디어 태도의 특성과 어떤 관련성이 있는지 살펴보았다. 그리고 다문화 구성원의 문화접변에 영향을 주는 요인과 문화접변 경험 채널 유형 간의 관계를 교차 분석하였다. 즉, 앞서 발견한 유형(A영역과 B영역)들을 토대로 유형을 손쉽게 확인할 수 있는 사정도구(assessment tool)인 Q-도구(Q-Tool)를 만들고, Q-

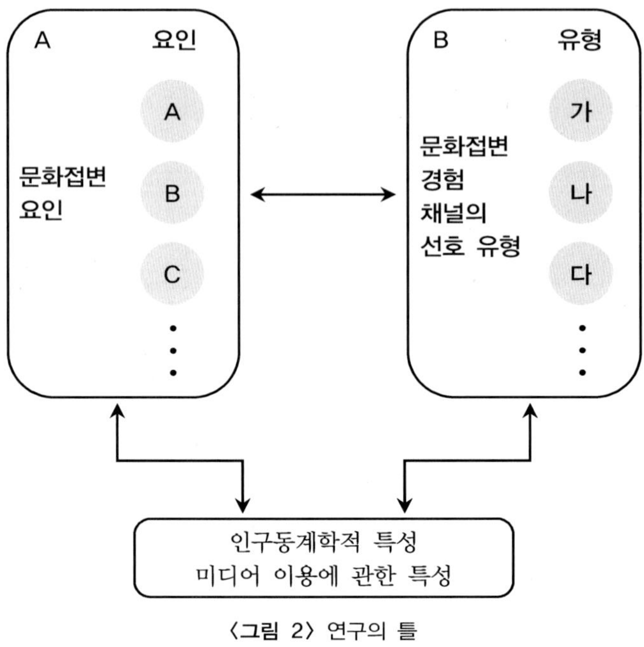

〈그림 2〉 연구의 틀

도구를 포함한 서베이를 실시함으로써 Q 방법론을 통해 도출된 요인(유형)들이 실제로 얼마나 존재하는지 빈도 분포와 다른 변인 간의 관계를 통해 유형의 특성을 검증한 것이다. 또한, 각 영역에 해당하는 측면을 P 표본들을 대상으로 일부 심층인터뷰를 사용하여 이들의 개인적인 의미와 해석도 실시하였다.

다음은 본 연구의 연구목적에 따라 제안된 네 가지의 연구문제를 구체적으로 정리하였다.

**연구문제 1: (다문화 구성원의) 문화접변 요인(Q factor) 및
특성은 무엇인가?**

<연구문제 1>은 다문화 구성원이 보여주는 문화접변에 대한 요인의 발견이다. 문화접변 과정에서 나타나는 미디어 태도에 대해서 나타나는 만족감이나 그 특성을 알아보기 위함이다. 문화접변이라는 큰 개념 안에서 미디어 태도는 중요한 콘셉트를 잡아주는 필수 요소이다. 미디어 태도는 행위의 틀에서 인지적, 행위적, 감정적 측면의 성격을 복합적으로 가지고 있다. 그래서 현상이나 상황에 있어서 미디어는 커뮤니케이션의 놀이나 여가 등을 누리기 위한 단순 도구로서 활용하는 것이 아니라 정보습득 및 사회화 과정과 같은 특정 목적을 위해서 사용하고 있다. 또한 면대면으로의 문화접변이나 비대면으로의 문화접변에 대해서 이들이 느끼는 개인의 가치나 태도, 취향이나 성격, 상황 가치관 등은 매우 다르다. 따라서 이들의 문화접변 과정에서의 커뮤니티 요소를 이해하는 것은 커뮤니케이션 채널에 대한 인식이나 설명, 예측하는 해답을 제시해 줄 수 있을 것으로 예상된다.

**연구문제 2: (다문화 구성원의) 문화접변 경험 채널의 선호 유형
(Q factor)과 특성은 무엇인가?**

<연구문제 2>는 미디어 커뮤니케이션 채널들을 사용하는 다문화 구성원을 대상으로 각각의 문화접변 경험 채널의 선호 유형 및 특성에 대한 유형을 발견(사회적 환경, 교육, 취향 등)함으로써 수많

은 외부요인들 가운데 취사선택을 유도하는 요소가 무엇인지를 찾아내는 것이 목적이다. 또한 이런 외부요인과 함께 실제 이용하는 문화접변 경험 채널들의 유형을 발견함으로써 피상적이고 수동적으로 정보를 습득하는 존재가 아니라 개개인 스스로가 경험, 선호, 감정, 생활습관 등에 따라 능동적인 정보 습득의 행위자로서 역할을 하고 있기 때문에 이들의 주관적 행위를 살펴보았다.

연구문제 3: 문화접변 유형과 미디어 태도의 특성

<연구문제 3>은 다문화 구성원의 인구통계학적 특성에 따른 문화접변의 유형과 미디어 태도의 특성을 서베이(survey)를 이용해 검증 단계이다. 각 유형에 따라 나타나는 이용자의 인구통계학적 특성과 미디어 태도에 관한 특성의 변인과 어떠한 차이점과 관련성이 있는지를 알아보았다. 이를 위해서 <연구문제 1>과 <연구문제 2>를 통해 발견한 유형들의 특성을 바탕으로 성, 국적, 연령, 학력, 이주 기간 등과 같은 인구통계학적 변인들과의 문화접변에서의 미디어 역할, 효용, 이용인식, 태도 등에 대한 관련성이나 차이점을 살펴보았다. 그리고 부분적인 심층면접을 통해서 개인마다의 주요 가치나, 동기, 만족감 등을 세밀하게 분석하여 수용행태에 따른 이들만의 미디어 커뮤니케이션 채널의 성격과 특성을 알아보았다. 또한 <연구문제 2>의 문화접변 경험 채널을 선호하는 다문화 구성원의 유형과 일대일 면접을 통해서 그 이해와 특성을 발견하고 검증하였다.

연구문제 4: (다문화 구성원의) 문화접변 요인과 문화접변 경험 채널 유형 간의 상관관계 분석

<연구문제 4>는 <연구문제 1>의 다문화 구성원의 문화접변 요인이 <연구문제 2>의 다문화 구성원의 문화접변 경험 채널의 선호 유형 및 특성에 대해서 어떠한 관계를 가지는지 비교분석하였다. <연구문제 1>과 <연구문제 2>의 개인별 특성을 고려해서 커뮤니케이션 채널 습득 방식의 차이점을 비교했는데, 그것은 문화접변에 있어서 미디어를 접하는 이용자의 유형에 따라 그들의 커뮤니케이션 과정에 의한 사회화 현상이 달라질 수 있기 때문이다. 또한 문화접변과 미디어 태도에 영향을 주는 경험 채널이 다문화 구성원의 유형에 따라 유의미한지, 활용방식이 달라지는지의 관계를 알아보았다.

<그림 3>은 앞서 기술한 연구문제에 따라 연구방법, 연구절차 및 분석방법을 정리한 것으로 연구문제별로 각각의 방법론적 전개와 그 연구내용을 담고 있다.

연구 문제	연구방법 및 연구내용	연구절차 및 분석방법
1	Q방법론적 접근: Q 요인의 발견	
A	다문화 구성원의 문화접변 요인	1) Q 모집단 구성 2) Q 표본 선정 3) P 표본 선정 4) Q 분류 5) 자료처리 및 분석
2	Q 방법론적 접근: Q 유형의 발견	
B	다문화 구성원의 문화접변 경험 채널의 선호 유형	1) Q 모집단 구성 2) Q 표본 선정 3) P 표본 선정 4) Q 분류 5) 자료처리 및 분석
3	R 방법론적 접근: survey 검증	
C	인구통계학적 특성에 따른 문화접변 유형과 미디어 태도의 특성	1) 조사설계 2) Q-tool(사정도구) 개발 3) 서베이 대상자 구성 및 진행 4) 자료 처리: SPSS프로그램 이용 　-빈도분석, 교차분석, 일원변량 분석, 다중응답, 다중범위 검증법 등
4	다문화 구성원의 문화접변 요인과 문화접변 경험 채널 유형 간의 상관관계 분석	
		1) 서베이 대상자 구성 및 진행 2) 자료 처리: 유형 간의 특성 차이를 통합한 자료처리 및 분석-교차분석 등

〈그림 3〉 연구를 위한 연구방법, 절차 및 분석방법 프로세스

Ⅱ. 문화접변과 미디어 커뮤니케이션

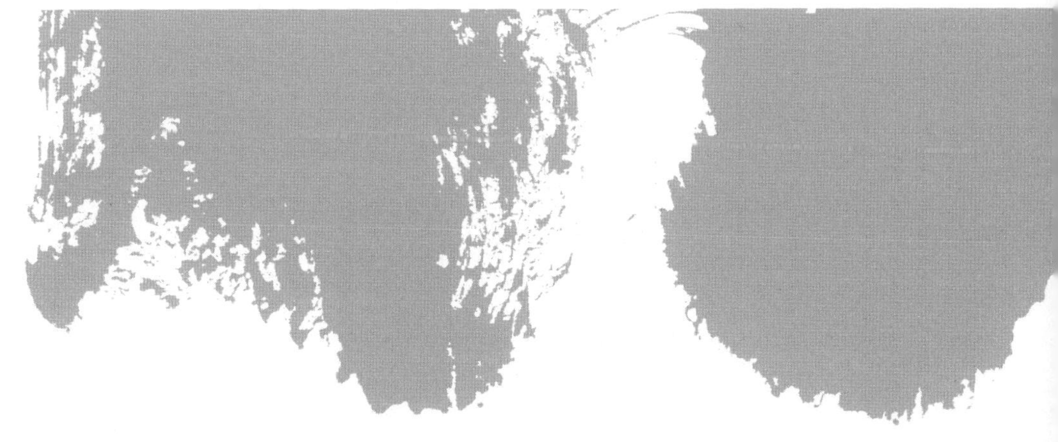

1. 문화접변과 문화접촉

1) 문화접변

(1) 문화접변의 개념

문화접변(文化接變, acculturation)이라는 개념은 1932년 독일 인류학자 R. Thurwald에 의해서 사용되었는데, 그가 사용한 문화적 현상 및 과정으로서의 문화접변 범위는 초기 개념과는 달리 매우 넓은 영역으로 확대되어 다양한 의미를 가지게 되었다(이장섭, 1993).

문화접변은 신조어이다. 문화 'culture'의 어간에 '~의 속에'라는 의미를 가진 접두사 'a'를 붙였고, 어미를 동작, 상태, 관련을 나타내는 추상명사형으로 바뀐 것이다. 이는 문화요소가 문화 속에 들어가는 현상이 문화접변인 셈이다. 1936년에는 문화접변이라는 용어가 미국 인류학자 학회지인『American Anthropologist』에서 'memorandum for the study of acculturation'이라는 연구메모로서 발견되었다(平野健一郎, 2004). 서로 상이한 문화를 가진 집단이 지속적인 직접적 접촉을 행하여 어느 한쪽 또는 양쪽 집단 원래의 문화 형태에 변화를 발생시키는 현상이 학술적 연구과제로 접근된 것이다.

문화접변은 문화적으로 서로 상이한 배경을 가진 사람들이 만나는 문화적 접촉을 의미한다. 한 개인이 다른 문화를 접할 때 그 사람에게 일어나는 문화적이고 심리적 변화과정이며(Gibson, 2011; 조창환·성윤희, 2009; 김렬, 2011; 이선희, 2011), 직업이나 교육 또는 개인적 이유 등으로 모국에서 다른 나라로 이동할 때 경험하게 되는 문화적 변화의 총체라 할 수 있겠다(Laroche & Joy, 1996; Hui, Laroche &

Kim, 2006). 사전적 의미로서 문화접변은 문화가 다른 개개인이나 집단 간의 만남을 통하여 변화가 일어나는 동적인 과정인 것이다. 즉 서로 다른 두 문화체계의 접촉으로 문화요소가 전파되어 새로운 양식의 문화로 변화되는 과정이나 그 결과를 말하는 것인데, 특정 문화가 전파되어 적용해 나가는 과정을 의미하는 문화화(enculturation)와는 다소 차이가 있다(김시홍, 2005).

한 개인은 태어났을 때는 문화를 갖지 않고 동물처럼 본능만 있다. 하지만 엄마의 젖을 먹는 순간부터 부모의 가정교육(예의)을 통해, 그리고 가족이나 친구, 또래집단 속에서의 학습을 통해 그 지역, 그 사회에 알맞은 생활방식이나 특정한 문화를 습득해 간다. 이 과정을 문화화라 부른다. 하지만 문화화는 사람의 변화만을 말하는 것이지만, 문화접변은 문화의 변화를 가리킨다. 문화접변은 문화자체의 변화, 특히 특정 문화가 일으키는 또 다른 문화의 변화이기 때문에 구체적인 사람에게 보이는 문화화의 변화 이상으로 추상적인 것이고, 그 문화접변이 개개인의 문화화 과정에서 '들어가는' 문화의 존재방식을 결정하여 사회화(socialization) 기능을 한다(平野健一郎, 2004).

이러한 일련의 과정을 통해서 다문화 구성원은 이주국 사회의 문화 가치관, 관습이나 규범, 태도, 행동을 채택하게 되는데, 단순히 새로운 사회의 문화적 특성을 받아들이는 것이 아니라 본래 가지고 있던 문화를 유지하게 된다. 서로 다른 문화 간 접촉에서 발생하는 문제들로서 문화적 기원이나 근원, 원류, 역사 등이 서로 직접적인 접촉을 통해 지속적으로 나타나는 변화의 양상을 보이게 되는데, 주류문화에 동화 및 흡수되는 일차원적인 과정(Phimmey & Flores, 2002)이 아니라, 고유문화와 주류문화의 복합적 수용으로 이해(Berry,

2005)되기도 한다(김렬, 2011). 베리(Berry, 1990)는 문화접변이 문화적 상호작용을 하는 두 집단 양쪽에서 나타나는 총체적인 현상이지만 실질적으로는 두 집단 중 한 집단이 다른 집단에 비해서 상대적으로 더 많은 차이를 느끼며 변화를 겪게 되는 일반적인 현상이라고 했다. 새로운 사회에서의 문화적응 과정은 새로운 방식의 사고와 행동을 탐지하기 위해 적합한 성격을 구축하게끔 한다. 문화가 서로 다른 집단들이 서로 다른 크기의 문화를 접하는 데 있어서 그 강도가 센 접촉을 직접적으로 가지거나 양쪽 집단의 고유 문화방식에 대해서 지대한 변화가 나타날 때 생겨난다(Haviland, 2002). 문화접변에 내재되어 있는 관념은 해당 문화에 대해서 적응하고 있는 이들에게 그들의 원 문화에서 발견되는 많은 가치관이나 관습, 커뮤니케이션 방식을 고수하도록 한다(Samovar & Porter, 2007).

따라서 다문화 구성원에게 문화접변은 이주민의 문화적응 정도를 나타내는 말이기도 하고, 또 다른 유형의 문화적인 변화이기도 하다. 즉 미디어는 이러한 사회화적인 문화접변을 가능하게 만드는 커뮤니케이션 도구이다. 학습이나 교육이 대인 관계에 의해서 진행되는 통상적인 일대일 커뮤니케이션이 아니라 불특정 다수 혹은 특정 다수에게 사회화 혹은 문화화가 가능한 메시지를 전달시켜 정보를 받아들이는 주체들에게 커뮤니케이션을 원활하게 진행시키는 것이다.

(2) 문화접변의 다의성

문화접변과 관련해서 개인이 다른 문화권을 접함으로써 생기는 현상과 다양한 개념들이 사용되고 있다. 미국에서는 문화접변이나 문화동화(cultural assimilation) 등의 개념이 많이 사용되고 있다. 이를 번역하는 데 있어 학자들마다 제각기 다양한 용어로 사용하고 있는데 문화적응, 문화동화, 문화변용, 문화이식, 문화접변 등 다양하게 이루어지고 있다.

현재 사용되고 있는 문화접변에 대한 일반적인 개념은 서로 다른 문화를 가진 개인들의 집단들이 지속적이고 직접적인 접촉을 통하여 본래의 문화형태가 한 집단 또는 양쪽 집단에서 변화하는 현상이다(R. Redfield & Linton & Herskovits, 1936). 이와 유사한 정의로 문화접변은 두 개의 또는 서로 다른 독자적인 문화체계가 상호결합에 의해 시작된 문화변동(S.S.R.C.S.S.A., 1954; 이장섭, 1993)이라 할 수 있겠다.

하지만 이 정의는 원론적이고 일반적 확대가 불가능하다는 비판을 받는데, 루돌프(Rudolph)에 의하면 첫째, 간접접촉(second−hand contact)의 중요성을 무시하고 직접접촉(first−hand contact) 시의 문화변동만을 말하고 있다는 것이다. 둘째, 현대사회의 다양한 문화적용적 현상에 대한 고려는 이 속에 포함되지 못하고 있고, 문화교류, 문화접촉 그리고 문화동화 시 나타나는 반작용 및 거부반응 따위가 문화적용의 특징적인 현상으로 간과되고 있다(이장섭, 1993). 주어진 환경에 맞추어 자신을 변화시키는 일련의 과정이 적응(adaptation)이나 순응(adjustment)이라고 한다면(구차순, 2007), 문화접변은 자신이 마주치게 되는 새로운 문화적 환경과 상호 조화를 이루는 일련의 과정이라고 할 수 있다(조창환·성윤희, 2009; 김렬, 2011).

특히 문화적 동화의 관점에서 바라보는 문화접촉은 일방적인 문화습득(최혜지, 2009; 박순희, 2011)이라는 성격이 강하기도 하다. 반면에 히라노겐지로(平野健一郎, 2004)는 국제 문화 간 교류와 정치적 이해관계 측면의 시각에서 문화접촉을 문화접변이라는 용어로서 개념화하였다.

대한민국에서는 어컬처레이션(acculturation)에 대한 용어적 개념이 명확하게 정립되지 않고 있는 상황이다. 학자들마다 제각기 개념화하거나 명명하여 사용하고 있는데, 문화적응(금명자·권해수·이희우, 2004; 정진경·양계민, 2004; 김윤나, 2008; 김종국, 2008)이나, 문화변용(윤인진, 2004; 노형남, 2007; 홍순혜·이숙영, 2008; 문성준, 2008; 김효정, 2009; 임선일, 2010; 이선희, 2011), 문화접변(김시홍, 2005; 조창환·성윤희, 2009; 권유홍, 2011; 김렬, 2011)으로 구분하여 사용하고 있다.

연구자는 이 연구를 위해서 어컬처레이션을 문화접변(文化接變)으로 의미화하여 표현하고자 하는데, 이는 단순하게 문화적 교류와 수용이라는 측면보다는 다문화 구성원 개개인이 가진 문화적 취향, 가족 교육, 또래 집단과의 연합, 개인적 가치관 등이 개입된 문화 간 접촉 현상이기 때문에 그 용어적 의미표현을 문화접변으로 표기하였다.

(3) 문화접변의 과정

문화접변이 사회 전체적으로 발생하는 경우 사회구조, 경제적 토대 및 정치조직의 변화가 나타나는 반면, 개인 수준의 문화접변은 한 개인이나 소수의 집단이 다른 문화권으로 이민을 가거나 정치적 이유로 이주하게 된 난민집단에서 흔히 관찰할 수 있다. 문화접변 과정에서 전체 집단 수준의 변화와 개인수준의 변화가 반드시 일치하는 것은 아니다. 문화의 여러 측면들 중 어떤 부분은 갈등 없이 동화되는 경우도 있지만, 또 다른 부분은 오랜 시간이 지나도 쉽사리 변하지 않을 수 있다. 이것은 개인 차원에서도 다르게 나타난다. 개인들의 경우에도 빨리 적응하는 사람과 그렇지 못한 사람들이 있을 것이며, 한 개인 내부에도 쉽게 변하는 특성들과 변하지 않는 특성들이 함께 있다. 따라서 문화접변 과정은 균일하게 이루어지는 것이 아니며 모든 문화적 심리적 특성에 일관된 형태로 영향을 미치는 것이 아니다(한성렬, 2000; 이창현, 2004).

문화접변 과정은 사회 전체적으로 발생할 수도 있고 한 개인이나 소수집단이 다른 문화권으로 이주했을 때 나타날 수도 있는데, 이는 갈등이나 시간적 지체 없이 일어날 수도 있고, 오랜 시간이 경화하고 힘들게 일어날 수도 있다(한성렬, 2000). 또한 문화접변은 이주사회에 대한 의식적인 지향이나 그것과의 문화적 동일화 현상 없이도 진행될 수 있고, 이주집단에 대한 긍정적인 반응 없이도 가능한 문화과정이다(이장섭, 1993). 문화적응이 문화학습 활동의 전체로 인식되기도 한다. 호벨(Hoebel)이나 프로스트(Frost)가 언급한 것처럼 문화적응은 특정한 문화에서 개인이 아이와 어른으로서 능력을 획득하는 과정 가운데 일어나는 의식적 또는 무의식적 상황이다(Samovar & Porter, 2004). 무의식적으로 문화적 지각이나 규칙, 행위를 학습함으로써 문화가 보내는 메시지를 강하게 수용하게 되는데, 공통된 경험을 공유하면서 점점 개인이나 집단의 가치관으로 정립된다.

다른 문화와의 접촉에 의해 발생하는 문화접변을 위해서는 문화 준비나 오리엔테이션과 같은 사회적 기술의 습득이 중요하다(Furnham & Bochner, 1982). 다문화 구성원이 이주한 이주국에서 적응하면서 생활하기 위해서는 타인과의 상호작용에서 발생하는 태도나 감정의 주관적 요소, 행동적인 측면이 더 큰 작용을 한다.

2) 문화접촉에 의한 문화적 충격

세계화 시대에 문화 간 만남은 일상의 생활화이다. 빈번한 해외여행이나 미디어를 통한 정보의 전달, 지구촌 문화의 혼재, 그리고 점차 증가하는 외국인 공동체의 출현은 우리로 하여금 타 문화와의 접촉을 용이하게 하며, 그 과정에서 다양성과 이질성, 문화적 충격과 갈등을 경험할 수 있다(R. Cohen & P. Kennedy, 2007; 김시홍, 2005).

사회과학적으로 문화라는 것은 복잡한 개념이다. 전통적으로 문화는 '한 사회의 구성원으로서 습득한 지식과 신념, 예술, 도덕, 법, 관습과 습관의 총체'로 정의되고 있다(Taylor, 1871). Hoebel(1960)은 문화를 "사회의 구성원으로서 표현되고 공유되는 학습된 행동적 특성의 통합된 총체"로 규정하고 있다. 이러한 문화에 대한 관점들은 문화가 선천적으로 생겨나거나 타고나는 것이 아니라 한 사회의 구성원으로서 학습되는 후천적 결과의 산물로 이해할 수 있다. 이러한 학습은 한 사회를 구성하는 구성원들이나 특정 그룹에 의해 공유되고, 그 안에서 다양하고 복잡한 구조들이 복합적으로 서로 상호작용하는 것이라고 할 수 있다(전종우, 2010).

홀(Hall, 1980)은 문화를 커뮤니케이션이라 언급하고, 그 커뮤니케이션이 바로 문화라고 했다. 일반적으로 전달되는 통상적인 메시지나 문화의 흔적이 교묘하게 담겨 있는 메시지에 따라 사람들은 느끼고, 사고하고, 믿고, 행동하기도 한다. 인간의 삶이란 문화접촉이 연속되는 과정이고, 문화에 의해 결정되거나 변화되는 것이기에 문화는 모든 것에서부터 개인 전체에게 존재한다. 그런데 문화가 특별해지는 것은 비슷한 체험이나 경험을 지닌 개인들이 서로 문화를 공유하고 적용하는 문화 간 커뮤니케이션의 과정이기 때문이다. 즉 문화는 특정한 집단이나 사회가 오랜 기간에 걸쳐 구성해 낸 독특한 구조들의 융합체인 것이다. 구조나 의미의 네트워크 망에 의해서 문화집단의 구성원들은 자신들과 구성원들의 세계, 그리고 세계에서 겪은 구성원들의 경험적 산물들을 파악하게 된다(Samovar & Porter, 2007).

문화는 한 세대에서 다음 세대로 전해지는 공유와 학습의 전형적 행위이기도 하다. 또, 개인과 사회의 생존과 적응, 성장과 발전을 증진시키기 위한 목적을 가진다. 문화는 제도나 역할, 유물과 같은 외적인 표상, 가치관이나 태도, 지각의 스타일이나 정서, 감각의 스타일, 의식유형, 인식론과 같은 내적인 표상도 고루 담겨진 총체이다(Marsella, 1994). 따라서 문화는 한 사회 속에 담겨진 삶의 방식이나 가치, 취향의 커뮤니케이션 과정에서 문화를 받아들이는 주체의 태도나 이미지 형성에 따라 맥락적 측면의 여러 의미나 해석이 가능하다. 전통적으로 가족이나 학교, 종교 등의 제도에 의해서 계승되고 전파되었던 문화적 가치는 대중매체의 시대가 도래함에 따라서 그 매개의 방식이 미디어로 대표되는 대중매체로 변화되면서 문화적 전수를 강조하고 있다(Cheng, 1994; 홍장선, 2010).

서로 다른 문화 간에는 문화충격이라는 형태로 문화적용 과정이 일어난다. 원천적으로 습득한 문화의 현장에서 벗어나 있을 때 무엇인가 이질감을 느끼는 것은 심리적인 차이식역이 보다 확대된 형태의 문화이기 때문이다. 하지만, 동일한 문화를 학습하거나 체험하는 집단 구성원 사이에서는 문화차이를 느끼지 않는다. 그것은 집단 구성원 모두 경험된 구조에 의해서 동일한 방법으로 세상을 보며, 상호 무엇을 기대하는지 알기 때문이다. 하지만 집단 구성원 가운데

한 사람이 미지의 다른 사회나 문화적 환경에 보내졌다면, 그는 당혹감과 생소함, 무력감으로 감정의 혼란을 맛보게 될 것이다(Bock, 1970).

이러한 문화충격 현상은 이동 혹은 이주 당사자의 경우에서 보다 명확하게 드러난다. 그들은 여행 관광객처럼 다른 문화로 형성된 곳에서 문화충격을 즐기는 집단이 아니라 그것을 삶의 현실로 인정하고 받아들여야 하기 때문이다. 해외로의 이동이나 이주는 그 당사자들에게 있어 공간적 환경이라는 삶의 이동뿐 아니라 그가 이해하던 체계나 구조, 방식과 같은 세계관의 이동을 동시에 안겨 준다. 그들이 가지는 일상의 모든 기호와 상징이 소멸되면서 발생되는 불안적 요소들에 의해서 문화충격이 촉진된다. 삶의 단서로서 기호와 상징은 우리가 일상생활에서 드러내는 의지나 태도의 결정을 도와주는 수많은 경험적 방식을 의미한다. 경험적 방식은 얼굴표정, 제스처, 말, 습관, 규범과 같은 요소를 바탕으로 장기적인 학습에 의해 습득되어 문화의 일부분으로 존재한다(Oberg, 1960). 즉 개인이 자기 자신이나 가족, 친족, 친구, 사회, 문화와 같은 준거 집단과의 관계 속에서 자신의 준거적 틀에 의한 삶의 효율성을 극대화한다. 그러나 준거적 틀이 문화 간 커뮤니케이션 과정에 있어서 제대로 대입되거나 적용되지 않을 경우에는 문화충격을 가져온다.

문화충격은 한 문화의 개념과 그 문화충격의 특성과 단계를 이해하는 것이다. 문화충격을 통해 자신들의 감정을 있는 그대로 받아들이고, 인정하며, 그 원인을 분석하고, 자신의 접근 방법을 바꾸고, 행농을 의식적으로 괸리히며, 감정적 평형상태를 되찾을 수 있는 틀을 제공받는다(Lynch & Hanson, 1992). 갈라혼(Gullahorn, 1963)은 다문화 구성원이 겪는 문화충격을 네 가지 방식으로 구분하여 설명한다.

첫째는 허니문의 단계인데 U자형 커브의 한쪽 끝의 모양을 연상하면 된다. 개인이 새로운 문화에 노출되면 흥분, 낙관, 행복감 등으로 충만하다는 것이다. 둘째는 실망과 불만의 느낌이 공유되는 시기로 문화 충격의 위기가 가장 고조된다. 개인은 새로운 문화적, 사회적 환경 때문에 당황하게 되고, 좌절하기 때문에 쉽사리 초조해지고, 적대적이며, 인내성이 없어지면서 분노와 무능력한 감정이 들게 되어 이국적인 모든 것을 부정적으로 받아들인다. 셋째는 문화 이해의 능동적 수용태도로서 감정의 긍정적인 변화의 모습을 드러낸다. 개인은 새로운 문화적, 사회적 환경을 차근차근 받아들이게 되는데, 점진적인 조정과 수용방식의 수정 및 변화를 자유롭게 할 수 있어서 해당 환경에 대한 스트레스를 조절할 수 있다. 넷째는 첫째 방식에서 언급한 U자형 커브의 다른 쪽 끝을 연상하면 된다. 개인이 가치나 신념, 특별한 습관, 커뮤니케이션 패턴과 같은 새로운 문화적 요소를 충분히 이해하고, 성공적으로 적응할 수 있는 구실을 제공한다. 따라서 두 문화 속에서 살고 있는 자신들의 현실을 즐거워하거나 만족해한다.

3) 문화접변의 커뮤니케이션 동화와 사회정체성

일상생활에서 공동의 언어와 생활양식 및 동일한 가치지향과 기대감은 다문화 구성원에게 더 이상 허용되지 않는다. 따라서 의사교환 가능성은 상실되고 기존의 정상적인 행동양식은 비정상적인 것으로 인식된다(이장섭, 1997). 다문화 구성원이 미지의 다른 사회나 문화적 환경에서 겪게 되는 문화적 과정의 단계는 바로 이주와 더불

어 새로운 문화와 만나게 되는 것이다. 이와 함께 문화충격과 문화
갈등에 부딪히며, 그리고 서서히 새로운 문화를 수용하면서 문화변
동을 일으킨다는 이른바 문화접변의 과정을 거치는 것이다(이장섭,
1993; 1997).

　다문화 구성원에 대한 연구에서 동화와 문화접변[9]은 많은 경우
동의어로 사용된다. 두 개념이 문화적 적응 과정, 즉 단계적으로 진
행되는 과정의 경과 문제를 다루고 있기 때문이다(이장섭, 1993). 문
화적 동화는 민족적이거나 문화적 뿌리가 다른 인간집단이 함께 사
는 사회에서 겪는 일상생활의 광범위한 교류와 상호 참여를 바탕으
로 그들이 원래 가지고 있던 사회적, 문화적 요소가 궁극적으로 무
의미화되는 과정이다(Goetze, 1976). 하나의 완벽한 문화적 동화는
한 개인이나 집단의 경우 그 전 단계에서 이방인 사회로 인정되던
집단 내에 완전한 구성원의 자격을 부여받거나 인정받은 상태를 말
한다. 다문화 구성원의 경우 이 과정의 전제조건은 동화하고자 하는
개인이나 집단이 이주 사회와 직접적인 접촉과 더불어 그 사회에 대
한 긍정적인 지향성을 나타내야 한다는 점이다. 또한 이주 사회가
이주 집단의 동화를 수용하고자 하는 직접적 상황을 제공해야 한다.
문화충격과 갈등에 의한 상황 대처방안으로서 앞서 언급한 조건이
전제되지 않는 한 동화는 형성되지 않는다. 다시 말해서 다문화 구
성원에 의한 다문화 사회의 우세한 문화적 가치의 수용이나 일방적
인 문화변동의 과정은 다문화 구성원의 이주목적에 따른 다문화 사
회로의 적응 자세와 다문화 사회의 다문화 구성원에 대한 수용 자세

---

9) 문화의 동화(assimilation)와 접변(acculturation)에 대한 내용은 이장섭(1993)의 「해외한인의 문화접
　변」 논문의 내용 일부를 재인용(p.82)하거나 수정 인용하였음을 밝힌다.

의 종속화를 나타낸다(이장섭, 1993).

한편, 문화접변의 커뮤니케이션 동화를 사회정체성 측면에서 바라보는 논의도 있다. 타지펠(Tajfel, 1982)은 그의 연구에서 사회정체성 이론을 한 집단이 다른 집단에 속할 때 서로를 어떠한 방식으로 조망하는지, 어떤 측면으로 편견이 발생하는지, 집단에 대해서 떠나고 남는 이유는 무엇인지, 집단의 구성원들이 어떠한 방식으로 자아존중감에 영향을 미치고 있는지에 대해 접근하였다.

다문화 구성원은 다수의 주류집단에 의해 편견을 가져오는 주체로 인식되기 쉽기 때문에 자신들의 자아 존중감을 유지하기 위해서 다양한 방법을 강구하게 된다. 그 방법은 첫째, 낮은 지위의 집단을 떠나서 사회적으로 높은 지위라고 인정되는 집단으로의 이동 혹은 이주하는 것이다. 둘째, 자기가 속한 집단의 내적 특성을 다시 평가하여 그 안에서 긍정적인 특성을 재발견해서 소유하고자 하는 것이다. 셋째, 생활이나 문화적 환경 속에서 외부집단과의 경쟁을 통해 긍정적인 특성을 찾아 가지려는 것이다(Tajfel & Turner, 1986).

사회정체성은 여러 가지 외적 요인들에 의해서 다문화 구성원에게 각각 다른 형태로 나타나는데 그 외적 요인들은 교육 및 사회경제적 지위의 정체성과 연령과 성별에 따른 차이 등이다. 전자에 따르면 교육수준과 사회경제적 지위가 높으면 높을수록 현지 문화의 요소들과 정체성 습득에 빠른 행동을 보여주고 쉽게 동화되는 경향이 나타난다(Suinn, Ahuna & Khoo, 1992). 후자의 경우는 나이가 많은 다문화 구성원보다 젊고 어린 사람들일수록 해당 이주국 국가의 언어 습득 능력이 뛰어나 적응력이 높다는 것이다(Ghaffarian, 1987). 또한 나이든 다문화 구성원일수록 자신들의 모국에 대한 그리움과 문화적 정체성 등 여러 측면에서 그들의 가치를 고수하려는 경향이 높기 때문에 새로운 문화나 이주국 국가의 사회가치 습득에 어려움을 겪거나 소극적일 수밖에 없다(Motgomery, 1992).

문화 간 이동에 있어서 사회정체성이 개인과 집단에게 어떻게 문화접변이 되는지 또는 어떠한 과정을 통해서 진행되는지에 대해서 베리(Berry, 1980; 1990; 1997)의 연구를 살펴볼 필요가 있다.

베리(Berry)는 다문화 구성원의 이주를 기존의 문화 속에서 생활하다가 전혀 다른 새로운 문화 속으로 이주하여 살게 되면서 경험하게 되는 문화적 변화의 상태를 문화접변으로 설명하였다. 문화접변의 상태에서 다문화 구성원은 그들이 이미 가지고 있는 기존 문화의 정체성을 유지하면서 동시에 새로운 문화를 수용하여 그 사회의 구성원으로서 참여하려는 두 측면을 중요시하였다. 즉 문화적 정체성과 특성을 유지할 것인가, 그렇지 않을 것인가와 주류사회와의 관계를 유지할 것인가, 그렇지 않을 것인가라는 측면의 문제이다.

이를 활용하여 베리는 다문화 구성원을 통합(integration), 동화(assimilation), 분리(separation), 주변화(marginalization)의 네 가지 유형으로 분류하였다. '통합'은 다문화 구성원이 가지는 기존문화에 대한 정체성을 소중하게 유지하면서 새로운 문화를 동시에 받아들이거나 적극적으로 수용하는 것이다. 다시 말해서 자신의 고유문화를 이주국에서도 계속 이어 가면서 주류 사회로의 적응을 진행하는 경우이다. '동화'는 다문화 구성원의 가지고 있는 기존문화를 유지하지 않고 이주국의 새로운 문화만을 받아들이는 것이다. 그들이 모국에서 경험한 문화나 가치, 신념을 버리고 이주한 새로운 사회의 문화만을 추구하는 형태로서, 민족 집단의 문화적 정체성을 유지하지 않고 주류 사회와의 관계만 중요시하는 태도이다. '분리'는 다문화 구성원이 가지고 있는 기존 문화만을 고수하면서 정체성의 변화를 거부하는 것이다. 이주국의 새로운 문화와의 접촉을 거부하면서 모국의 민족 문화만을 계속 유지하는 태도인데, 이는 새로운 문화를 받아들이지 않고 문화적 이질성을 그대로 유지하는 경우이다. '주변화'는 다문화 구성원이 가지고 있는 기존 문화에 대해서 유지하거나 정체성을 지키려는 노력도 없고, 이주국의 새로운 문화 수용에도 관심이 없는 태도이다. 기존 문화나 새로운 문화 양쪽 문화 수용에 모두 단절된 경우로서, 새로운 문화에 대한 접촉을 하지 못하는 현상이다. 특히 이주국 주류사회와의 관계나 주류문화 습득에 관심이 없어 주변인화되는 모습을 보인다(Berry, 1986; Berry et al., 2002)[10].

2. 미디어 커뮤니케이션 채널

1) 문화 간 커뮤니케이션과 매스미디어

　다양한 문화가 공존하는 다문화 사회일수록 문화 간 커뮤니케이션이 핵심 이슈로 부각된다. 서로 이질적인 문화를 이해하고 적응하기 위해서는 커뮤니케이션을 통한 교류가 필수적이기 때문이다. 하지만 문화 간 커뮤니케이션의 필요성과 중요성과는 달리 정작 현실

---

10) 이와 함께 베리(Berry)는 다문화 구성원의 이주 혹은 이동에 대해서 정주와 이주라는 범주로 구분하기도 했다. 즉 이동 유동성에 있어서 이주가 영구적인 것인지 일시적인 것인지에 대해서 구분하고, 문화접변에 있어서 문화적 접촉이 자발적인가 아니면 비자발적인가라는 측면으로 접근한 것이다.

사회에서는 그리 쉽게 구현되지 않는다.

문화 간 커뮤니케이션은 문화배경이 서로 다른 사람들 사이의 커뮤니케이션 현상을 연구하는 것으로서 주로 미국과 유럽학자들을 중심으로 이루어졌는데, 사회심리학이나 언어학, 인류학, 국제관계, 수사학, 문화적응훈련 등과 같은 응용분야와 실천분야에 대해서 그 관심이 이루어졌다(최윤희, 1998). 한 문화에 속한 사람이 다른 문화 사람이 소모할 메시지를 창출했을 때 일어나는 제반의 현상으로서 커뮤니케이션 상황이 달라질 정도로 문화적 지각과 상징체계가 다른 사람들 간의 상호작용을 수반하기도 한다(Samovar & Porter, 2007).

문화 간 커뮤니케이션은 문화가 다른 상황, 다시 말해서 언어, 가치체계, 풍습, 습관이 다른 문화 사이에서 일어나는 커뮤니케이션이므로 자신과 다른 이질적인 문화를 구성하는 요소들에 대한 이해 없이는 그 구현이 원활할 수가 없다(홍기선, 1984; 임도경, 2010). 또 일반적인 사람들은 사고방식, 습관, 특성이 동일한 사람들끼리 가까이하고자 하는 경향이 있는데, 이 과정에서 우리 자신과 다른 사람들을 배척하거나 제거할 수 있어서 문화 간 이해에 있어 문제가 발생할 수도 있다(Samovar & Porter, 2004).

각각의 나라 혹은 민족들은 공동체 의식을 형성하기 위해 민족적 동질성과 자국의 문화적 우수성을 강조하는 경향(배대한, 1994; 윤경로, 2004; 임도경, 2010)이 짙기 때문에 다른 문화를 받아들이기가 좀처럼 쉽지가 않다. 자신이 속한 집단의 문화와 가치관을 기준으로 다른 집단을 이해하거나 해석하고 평가하는 자민족 중심주의(enthnocentrism)는 다른 집단을 배척하는 근거로 사용되며, 자민족 중심주의가 강한 사람은 자신이 속한 문화와 동일하거나 유사한 집단의 사람들을 우월하게 평가하는 태도를 보이기도 한다(Shimp & Shama, 1987; 전경숙·박혜정, 2005). 자민족 중심주의가 문화뿐만 아니라 외국인에 대한 수용 정도에서 차이가 난다고 했다. 자민족 중심주의가 강한 사람일수록 외국인 이주민에 대한 수용 수준이 낮으며, 약한 사람일수록 높다(임도경, 2010).

문화 간 커뮤니케이션에서 문화의 이해는 사람들의 행위, 언어적이거나 비언어적 요소, 인지 요소, 가치체계 등 이와 관련된 사회적 맥락을 바탕으로 다른 문화 내의 행위나 의미, 인식 등을 이해해야 한다. 문화의 이해는 기술이 필요한 것이 아니라 그 문화에 대한 진실된 이해가 중요한 것이다.

최윤희(2008)는 세계화 시대에 대한민국 사람들이 가져야 하는 필요한 능력을 문화 간 커뮤니케이션이라 강조했다. 모든 문화는 동등한 것이라고 보는 문화적 상대주의(cultural relativism)를 상황에 맞도록 사용함으로써 문화 간 이해가 이루어질 수 있다. 다른 문화권에 대한 이해가 없는 무조건적인 주류문화 찬양은 대한민국 사회의 전체 질서를 위협하는 주요 갈등요인으로 작용될 수 있다.

미디어가 국경이나 인종, 시간을 초월한 이미지들의 움직임을 이주라는 인구의 이동과 결합함으로써 이주민 커뮤니티들의 새로운 정치, 사회, 문화 질서를 만들어 내고, 새롭게 변화되고, 융화된 커뮤니티 공간은 이주민들의 커뮤니티 집단적 정치의식을 자극함으로써 새로운 이데올로기 정경을 형성시키는 매개 공간(채영길, 2010)을 만들어 주는데, 이렇게 새롭게 잡혀진 정치행위의 지향점과 주체성, 질서가 바로 문화접변에 적용되어 다문화 구성원에게 새로운 정치

질서로서 재구성되는 것이다.

이렇게 새롭게 재구성된 그들만의 질서들은 단순히 이주한 국가들이 전달하고 있는 미디어의 정보와는 다르게 그들이 새롭게 만들어 내고 정의한 미디어 정보를 생산해 내기도 한다. 즉 그들 스스로가 이주한 국가에서 자신들만의 미디어 정보 교류를 통해 그들의 정체성을 확인하고 유지하는 것이다. 이주한 국가의 문화적 특수성을 바탕으로 해당 문화, 정치, 사회의 특수성을 새롭게 재창조한다[11].

다문화 구성원은 그들의 커뮤니티와 지역사회와의 네트워크를 바탕으로 전통적 올드미디어와 뉴미디어를 통해 커뮤니티를 조직하거나 정보를 공유하고 공동행동을 취하며 문화접변을 통한 다문화 사회에서의 새로운 공론장 문화를 형성하고 있다(Law, 2003; Konsnic, 2004; Rigoni, 2005; Fujiwara, 2005; 채영길, 2009; 김흥규・홍장선, 2010).

또한 문화접변과 문화적 갈등은 문화적 수준과 사고의 다양성을 향상시키는 데 기여한다. 서로 다른 두 문화에 대한 이해는 그 정도에 있어서 그 깊이와 폭을 심화시켜서 편견을 줄여 주고 보편적 사고를 가지는 데 많은 도움을 준다. 특히 한 사회나 조직, 국가가 가지는 문화적 상징을 반영하고 있기 때문에, 개인은 이러한 문화적 상징을 한 세대에서 다음 세대로 전수하면서 사회적 구조를 형성해 가며 개인들의 정체성을 획득하게 된다. 결국 이러한 과정을 통해서 각 구성원들은 매스미디어를 통한 정체성을 지각하고 형성한다(이현

---

11) 미디어는 다문화 구성원에게 다른 문화권에 속해 있는 자신들에게 제한된 일상생활이나 환경적 반경을 넘어서 다양한 문화적 경험을 축적하도록 도와준다. 대인커뮤니케이션 채널처럼 다문화 구성원 개개인의 특수한 상황에 들어맞는 것은 아니지만 다문화 구성원의 개인의 생활이나 가치관과 같은 정체성을 형성하는 데 영향을 끼치는 강력한 문화적 도구이다(이현숙, 2009).

숙, 2009). 그러나 오늘날과 같은 세계화 시대에서는 문화적용이나 문화접변 현상이 항상 긍정적인 차원에서 진행되지 않는다. 미디어 대중매체나 인터넷 매체, 다양한 커뮤니케이션 채널은 정보 매체별로 예기치 않는 형태로 결정되거나 그 내용이 영향을 미치기도 한다(김시홍, 2005). 다양한 미디어 매체는 문화의 디지털화와 표현 내용의 하이퍼텍스트화를 이끌었다. 이를 통해 문화적 의사소통의 조건들이 다양하게 변화되고 있다(김창민, 2005). 이는 말이나 문자, 이미지, 음향 등과 같은 모든 체계가 디지털 방식에 의해 각기 다른 체계로 전환될 수 있다는 것이다. 의사소통은 컴퓨터라는 매체를 통해서 보편적인 성향을 나타내는데, 일반적으로 미디어 매체에 의한 메시지 전달은 새로운 네트워크에서 그래픽이나 그림문자, 이미지, 문자, 말, 음향 등이 혼재된 복합적인 몽타주로 존재하고 있다(김창민, 2005; 김시홍; 2005). 즉 문화접변에서의 미디어 커뮤니케이션이란 다양한 문화가 내포되어 있는 특정한 몽타주의 의사교류인 것이다.

2) 사회화와 미디어 커뮤니케이션

사회화는 한 인간이 살아가기 위해 필요한 정보와 가치, 규범 및 기술을 획득한다는 의미에서 사회적 학습을 내포하고 있으며, 이것은 '사회적'인 동시에 '문화적'인 것이다. 사회화에 있어서 매스미디어는 아주 중요한 역할을 담당하고 있다(이창현, 2000). 사회화란 한 집단이나 사회의 문화가 그 집단이나 사회의 구성원들에게 내면화되거나 주입되는 과정이다. 주어진 문화를 받아들이고 퍼스낼리티와 자아의식을 발전시키며 그 문화에서 개인에게 주어진 역할을 올바르게 수행하도록 사람들을 훈련시키는 일을 포함한다(Popenoe, 1974; 유재천, 1980). 또한 사회화는 집단이나 사회의 새로운 구성원들을 조직화된 상호작용의 유형 속으로 통합하는 과정과 관련하여 사용하는 개념이기도 하다(Stryker, 1980). 개인이 사회적으로 되는 것, 즉 사회의 구성원이 되는 것을 배우는 과정으로써 사회화된다는 것은 다른 사람과의 공존과 다른 사람의 요구에 민감하게 되는 것을 배운다는 것을 의미한다. 다른 사람과의 관계를 발전시키는 과정으로써 사람의 행위가 그가 속한 집단 구성원들의 기대에 순응하도록 조절되는 상호작용의 과정이라 할 수 있다(유재천, 1980).

사회화를 미디어의 기능이론 모델에서는 미디어가 가지는 문화전수의 기능의 사회화적 학습화로 보여준다. 매스미디어가 지속적인 사회화 과정을 통하여 사회적 결속과 통합에 기여하는 것을 말하는 것으로서 아노미 현상을 감소시키는 기능을 한다(김우룡 2002; 현택수, 2005). 이러한 논의는 매스미디어의 소효과 이론모형이 강효과 이론모형으로 변화하면서 더욱 활성화된다. 그 가운데 매스미디어의 사회화 효과를 강력하게 시사하는 이론으로는 미디어 의존이론이 있다(Defleur & Ball-Rokeach, 1982; 이창현, 2000).

미디어 의존이론은 미디어, 수용자, 사회 간의 상호의존적 관계를 제시한다. 현대사회에서 각 개인들은 매스미디어를 통해 사회관계에 참여하고 있으며 미디어는 전체 사회와 체계적인 방법으로 연결되어 있다는 것이다. 사회체제와 미디어 체제에 맞춰 수용자들은 미디어에 의존하게 되고 그 의존도에 따라 미디어 메시지로부터 영향을 받으며 수용자의 인지적, 정서적, 행동적 변화는 다시 피드백되어 사회와 미디어를 변화시킨다는 이론이다(김진영, 2003 재인용).

이러한 측면에서 본다면 매스미디어는 사회의 가치와 규범을 한 세대에서 다음 세대로 전달하고 사회적 질서를 유지하며 여론을 조성하여 사회적 통합을 증진시킴으로써 사회화의 대리인으로 역할을 하게 된다(양승목, 1988). 미디어 의존이론은 뉴미디어가 등장할 때마다 새로운 미디어가 접목되어 활용되는 사회에 대해서 또는 개인에 대한 영향력을 측정하는 데 유용한 이용과 충족이론의 기본적 가정에서 그 맥을 같이하고 있다. 그러나 다문화 구성원의 심리적 이용 동기나 그 욕구의 충족에만 초점을 맞추는 것보다 사회와 미디어, 수용자의 3자 관계의 거시적 측면에서 미디어 이용과 효과에 대해서 논의하는 측면이 더 타당하다.

대부분 한 사회 내 구성원의 사회화에 관한 연구로 주로 진행되다가 이것이 다문화 구성원에 대한 연구로 확대된 것이다. 한 사회에서 일차적 사회화를 경험한 이미지가 새로운 사회에서 겪게 될 이차적 사회화의 성격을 파악하려는 연구로 이어진 것이다(이창현, 2000).

즉, 본 연구의 접근에 있어서 언급한 다문화 구성원의 주관적 프레임에 의한 문화수용의 다각적 상호작용에 의한 이해의 과정이다. 다문화 구성원은 매스미디어라는 플랫폼에 담겨진 영상 콘텐츠나 인쇄 콘텐츠의 정보 메시지를 통해 사회화 과정을 접하게 된다. 수용한 정보 메시지는 다문화 구성원이 가진 1차적 프레임에 의해서 이해가 진행되며, 2차적 프레임에서는 새로운 문화와의 접촉으로써 문화충격을 경험함과 동시에 이를 바탕으로 프레임을 제거하거나 프레임을 고수한 형태에서 문화를 이해하거나 동화하는 것이다. 따라서 다문화 구성원은 서로 상이한 문화 사이에서 일어나는 정체성 변화에 의해서 두 문화가 가지는 문화요소를 적절하게 혼합하거나 적용시키는 흐름에 동참하게 되는 것이다.

이러한 맥락에서 미디어 의존이론을 바탕으로 대한민국에 거주하고 있는 다문화 구성원의 사회 적응에 있어서 미디어의 역할이 드러나기도 한다. 한국 사회의 매스미디어와 접촉하게 되는 다문화 구성원은 문화적 언어학습, 그 사회의 문화적 가치나 의식적 사회활동과 같이 한국 사회의 다양한 문화 구조 안에서 상호작용하며 이해를 구한다. 매스미디어를 통해서 다문화 구성원은 한국 사회에 대한 가치관이나 행동양식, 양태, 사회문화적 환경뿐만 아니라 전통적인 문화 양식과 가치를 같이 익히고 있기에, 메시지 수용에 있어서 문화전수의 기능을 효율적으로 수행하고 있다. 따라서 다문화 구성원은 매스미디어를 통해 자아개념이나 세계관을 구성하는 데 필요한 정보를 효율적으로 얻고, 이러한 과정을 바탕으로 현지 커뮤니케이션의 대상이 되는 타인과의 사회적 관계에 필요한 정보를 구성하고 삶의 방식을 새롭게 형성하게 된다. 즉 다양한 사회적 상황이나 역할에 따라서 매스미디어에 대한 인식이나 욕구가 정해지는 것인데, 주어진 사회적 환경이 다문화 구성원으로 하여금 매스미디어에 대한 특정한 인식이나 욕구를 만들게 하고, 이것에 의해서 매체를 선택하거나 이용함으로써 효용을 강화하는 것이다(이현숙, 2009).

이주국 국가에서의 적응, 즉 대한민국 사회에서의 적응이라는 것은 다문화 구성원에게 매스미디어가 그 영향의 즉각적인 피드백을 가능하게 만든다. 대인 커뮤니케이션에 비해서 제한적이지만(이선영, 2006), 현지 커뮤니케이션 과정에 있어서 익숙하지 못한 대인 간 마찰을 고려한다면 대인채널에서 겪는 어려움을 피할 수 있는 최적의 커뮤니케이션은 매스미디어이다. 매스미디어는 커뮤니케이션을 진행하는 쌍방 간에 마찰이나 부담이 적은 새로운 정보전달의 대안적 매체인 것이다(Kim, 1982). 다문화 구성원의 제한된 생활환경이나 제한된 일상의 정보 전달 방식을 벗어나게 하고 다양한 문화적 경험을 충족시키고 다각적인 사회양식을 축적하게 함으로써 대인커뮤니케이션이 가지지 못하는 혹은 다소 약점이라 불릴 수 있는 요소들을 매스미디어가 보완하게 되는 것이다(Walker, 1999).

다문화 구성원이 매스미디어를 이용하는 것은 현지사회의 지배적인 커뮤니케이션 채널에 참여한다는 상징성을 내포하고 있다(김현주, 1997). 다문화 구성원은 현지 미디어를 통해서 현지문화에 대한 이미지를 직간접적으로 가지게 되고 이를 적극적으로 수용하게 되는데, 이러한 정보 습득의 과정을 통해서 주류사회의 핵심적인 의제나 관심사가 무엇인지 쉽게 알 수 있게 된다. 미디어의 의제설정기능에 의해서 다문화 구성원에게 현지 이주사회의 주류 쟁점에 대해서 쉽고 빠르게 받아들이도록 하는데, 환경감시의 기능이나 상관조정의 기능, 문화적 유산의 전수기능 혹은 오락기능이나 동원기능과 같은 매스미디어의 주요 기능이 고려된 미디어 메시지는 그 방향성이나 흐름을 쉽게 전달시킨다.

3) 미디어 커뮤니케이션과 미디어 태도

수많은 매체들이 제공하고 있는 미디어 커뮤니케이션 채널과 미디어 콘텐츠는 다문화 구성원으로 하여금 특정 미디어를 선택하여 이용하게 한다[12]. 미디어 커뮤니케이션 채널을 선택하는 행위는 미

---

12) 다문화 구성원의 미디어 이용은 대한민국 사회의 문화나 가치를 인식하는 방식에서 대인커뮤니

디어를 이용하는 개인의 신념이 표출된 결과이다. 따라서 이용이나 선택이라는 태도 행위는 미디어에 대한 개인의 주관이 포함되어 있다(Karahanna, Straub & Chervany, 1999). 미디어 태도나 이용은 미디어에 대한 신념에 있어서 개인에게 적합과 부적합, 호의적 또는 비호의적, 적절성 및 부적절성이라는 태도에 따른다. 따라서 다문화 구성원에게 미디어에 대한 호의적 또는 비호의적 태도는 미디어 선택과 이용에 크게 영향을 끼치는 요소이기도 하다[13].

다문화 구성원의 미디어 커뮤니케이션 채널의 선택과 이용은 이들이 어떤 인식이나 태도를 가지고 있는가에 따라서 결정된다. 개인의 주관적 영역이 미디어에 대한 태도나 미디어 커뮤니케이션 채널들 간의 관계에서 복합적으로 작용되고 있는데, 합리적 행위이론의 측면에서 이를 설명할 수 있다.

합리적 행위이론(theory of reasoned action)은 복잡하고 미묘한 개인의 행위를 설명하고 예견하는 데 적용되는 이론으로 미디어 커뮤니케이션 채널의 선택과 이용에 대한 선택행위를 설명해 주는 데 도움이 된다(Ajzen & Fishbein, 1980; 김유정, 2002). 행위나 행동을 직접적으로 수행하는 데 있어서 중요한 결정사항은 이를 직접적으로 행하려는 개인의 의도(intension)가 중요하다. 의도는 행위를 수행하는 데 있어서 결정적인 태도로 행위 결과에 대한 개인의 신념과 같

케이션에 상응하는 역할을 수행한다. 새로운 문화나 가치를 이해하는 데 도움을 주는 다양한 문화적 요소와 단서를 찾아내는 데 도움을 주고 효과적으로 전달해 주는데, 이는 대인커뮤니케이션을 통해 얻은 정보를 보충해 주는 역할과 함께 다문화 구성원의 정체적 신념이나 세계관을 구성하는 촉매제 역할을 수행한다(양혜승, 2011).

13) 카츠, 구레비치, 하스(Katz, Gurevitch & Haas, 1973)는 미디어 이용자의 욕구를 인지적 욕구, 정서적 욕구, 개인적 통합욕구, 사회적 통합 욕구, 현실도피 욕구로 구분하였다. 인지적 욕구는 정보, 지식, 이해 등과 관련한 범주, 정서적 욕구는 심리적이거나 감정적 경험과 관련된 범주, 개인적 통합욕구는 개인의 안정과 신뢰 등과 관련된 범주, 사회적 통합 욕구는 가족이나 친구, 세계와의 접촉 등과 관련된 범주, 현실도피 욕구는 긴장완화나 기분전환과 같은 범주로 나타난다.

은 주관에 바탕을 둔다. 또한 행위를 수행하는 데 영향을 주는 사회 규범적 압력에 대한 개인의 인식이기도 하다. 그래서 의도는 개인의 행위결과나 행위에 대한 사회적 규범의 태도나 신념으로 연결되는 중요한 요소이다(Ajzen & Fishbein, 1980).

다문화 구성원이 가지고 있는 신념이나 주관이 태도에 영향을 미치고 태도는 실제적인 행위로 표현되고 있기에, 특정 행위나 행동을 나타내는 것은 신념이나 주관에 따른 태도이다. 미디어 커뮤니케이션 채널의 선택이나 이용도 이와 같이 개인의 태도에 따른 행위와 행동의 수행이기에 같은 맥락에서 설명이 가능하다. 개인이 가지는 미디어 커뮤니케이션 채널과 미디어에 대한 긍정적 인식은 미디어를 직접적으로 선택하는 상황에 있어서 특정 미디어 커뮤니케이션 채널을 선택하는 행위로까지 연결이 된다. 하지만 부정적인 인식은 미디어를 직접적으로 선택하는 상황에 있어서 특정 미디어 커뮤니케이션 채널을 선택을 하지 않는 행위로 나타나기도 한다.

이처럼 미디어 태도나 이용에 대한 행위는 개인적 판단이나 사회 규범적 요인에 의해서 선택이라는 중요한 결정의 단서를 제공해준다. 특정 미디어에 대한 긍정적인 반응은 해당 미디어의 지속적이고 장기적인 이용으로 연결되는 반면에, 부정적인 반응은 단기적 이용이나 잠정적인 이용 거부 혹은 다른 매체로 전환하는 행동이 나타나는데(Ajzen & Fishbein, 1980; Karahanna, Straub & Chervany, 1999), 이때 작용되는 것이 주변의 개인 신념이나 사회적 규범, 규범적 신념 등이다. 즉 다문화 구성원이 선천적으로 혹은 후천적으로 지니고 있는 사회적 개인의 신념, 사회적 규범, 규범적 신념들이 문화접촉에 의해서 문화접변을 가져온다.

문화접변은 다문화 구성원이 미디어 커뮤니케이션 채널에 대해서 이미 경험했거나 아직 경험하지 못한 상태에서 특정 상황에 맞는 미디어 채널을 선택하고 결정하는 데 주된 요인으로 작용한다. 넓은 의미로 미디어 채택이나 이용은 이용행위에 대한 다문화 구성원의 주관적 의도이다. 다문화 구성원의 특정 미디어 커뮤니케이션에 대한 긍정적이거나 부정적인 평가의 판단에 의해서 특정 미디어에 대한 효과나 의미가 결정된다. 따라서 새롭거나 이색적인 미디어 커뮤니케이션 채널의 경험에 있어서 긍정적 경험은 지속적이고 효과적으로 작동하는 반면에, 부정적 경험은 일시적인 중단이나 단기적 활용에 멈추게 되고, 심지어는 다른 미디어로 교체되거나 대체하는 태도가 보인다(Savolainen, 1999; 김유정, 2002).

더불어 다문화 구성원이 미디어 커뮤니케이션 채널에 있어서 기존에 경험했던 미디어와 비교해 경험해 보지 못한 새로운 미디어에 대해서 갖는 인식이나 태도가 미디어 선택으로 나타나기도 한다. 경험 채널과 비경험 채널에 있어서 각각의 채널에 대해서 일치성이나 복잡성, 상대적 이점이나 실험 가능성, 관찰 가능성과 같은 특성이 미디어 태도나 미디어 이용에 영향을 미치기도 한다. 로저스(Rogers, 1995)는 비경험 채널에 대한 호기심이나 이용하고자 하는 욕심은 다문화 구성원에게 효익을 제공해 주거나, 기존에 경험한 미디어와 비교했을 때 복잡하지 않고 간결하거나 쉽게 접촉할 수 있고, 기존 경험 채널과의 이질성이 적고 유사한 채널로 인식될 경우 활용의 폭이 넓어진다고 언급했다. 다문화 구성원이 새로운 미디어 혹은 비경험 미디어 채널을 이용할 경우 기존 경험 채널에서 제공한 기능보다 좀 더 좋은 효익을 제공받을 수 있다는 기대를 바탕으로, 이들이 선천적으로나 후천적으로 터득하고 있는 가치와 경험이 미디어 태도와 이용에 실질적인 영향을 부여하고 있다(Gefen & Straub, 1997). 그래서 다문화 구성원이 과거에 사용했던 미디어 채널과의 일치성이나 과거 미디어 경험 채널에 대한 경험과의 일치성이 미디어 채널 전체를 선택하는 데 중요한 영향을 미친다. 기존에 경험했었던 미디어 채널과 기능적으로 비슷하거나 일치한다고 인식하고 있다면, 경험해 보지 못한 새로운 미디어 채널의 이용이 쉬워지는 것이다.

4) 문화접변과 매스미디어 선행연구

전 세계적으로 다문화주의가 크게 대두된 것은 1970년대이다. 그 당시 세계의 문화체계가 지나치게 유럽 중심으로 단일화되어 있다는 비판이 있었기 때문이다(문경희, 2005). 1970년대 초반부터 다문화주의 정책을 시행한 캐나다에는 국가정책이 지나치게 영국계 위주인 것에 반발한 프랑스 캐나다인들의 요구에 의해 다문화주의 정책들이 유입되기 시작했다. 그리고 백호주의를 오랜 기간 국가정책, 법의 근간으로 삼아 온 호주가 70년대 중반부터 다문화주의를 전파하고 있는 것은 당시 급증하는 이민 인구의 압력이 주요인으로 작용했기 때문이다(Thomas, 2001). 즉 이들 국가의 다문화 체제로의 이행은 각 국가가 다인종, 다민족 사회를 수용하기에 지나치게 폐쇄적이었기 때문이다(김인영 외 2009). 그런데 이러한 다문화주의는 이를 표방한 대중매체가 사실은 교묘하게 인종주의를 부추기거나 방치하고 있다고 주장한다(Hooks, 1992; Sturken & Cartwright, 2001). 미디어는 사회 구성원들의 다양한 삶 속에서 습관이나 아이디어를 선택, 해석 또는 재구성함으로써 일반화된 공적 문화를 구성한다. 각 개인은 사회화 과정을 통해 한 사회의 공적 정체성을 내재화함으로써 개인의 삶에 영향을 미친다(Johnson, 1993). 미디어의 공적 문화와 각 개인의 내재된 사적 문화는 상호 순환적으로 영향을 주고받는 것이다.

다른 문화권에서 온 다문화 구성원이 새로운 문화에 접촉하면서 사회화 또는 문화접변을 하게 된다. 이때 매스미디어가 중요한 역할을 하게 된다. 즉 매스미디어를 적극적으로 이용하면 할수록 문화적 응도가 높아진다는 것이다. 다시 말해서 매스미디어의 이용과 문화접변이라는 것이 완전히 융합되었다고 할 수 있다(이창현, 2004).

이러한 문화접변은 사회 전체적으로 발생하는 경우 사회구조, 경제적 토대 및 정치조직의 변화가 나타나는 반면, 개인 수준의 문화접변은 한 개인이나 소수의 집단이 다른 문화권으로 이민을 가거나 정치적 이유로 이주하게 된 난민집단에서 흔히 관찰할 수 있다. 문화적용 과정에서 전체 집단수준의 변화와 개인수준의 변화가 반드시 일치하는 것은 아니다. 문화의 여러 측면들 중 어떤 부분은 갈등없이 동화되는 경우도 있지만, 또 다른 부분은 오랜 시간이 지나도 쉽사리 변하지 않을 수도 있다. 이것은 개인의 차원에서도 다르게 나타난다. 개인들의 경우에도 빨리 적응하는 사람과 그렇지 못한 사람들이 있을 것이며, 한 개인 내부에서도 쉽게 변하는 특성들과 변하지 않는 특성들이 함께 있다. 그러므로 문화적용 과정은 균일하게 이루어지는 것이 아니며 모든 문화적, 심리적 특성에 일관된 형태로 영향을 미치는 것이 아니다(한성렬, 2000).

이러한 과정 속에서 다문화 구성원은 다양한 커뮤니케이션 수단을 통해 현지 사회에 적응하기 위하여 필요한 정보를 얻고, 또 한편으로는 스트레스가 높은 현지적응에서 심리적 지지기반을 확보하여 현지인으로부터 사회적 동의를 획득하려는 노력을 기울이게 된다. 특히 매스미디어는 외국인들의 제한된 일상의 생활환경을 넘는 다양한 문화적 경험을 축적하게 함으로써 대인 채널로 충족되지 않는 영역의 적응을 돕는 보완재의 역할을 충실히 담당한다. 특히 대인 채널을 충분히 확보하지 못하거나 대인 채널을 운영할 만큼 현지 커뮤니케이션 관행에 익숙하지 못한 초기에는 대인 채널보다 부담이 적은 매스미디어를 선호하게 된다. 매스미디어는 실제 대면접촉에서 발생할 수 있는 현지인의 부정적 피드백에 대한 심리적 압박을 가질 필요가 없는 일방향적 매체이기 때문이다(Kim, 1977).

다문화 구성원의 성공적 적응은 주류사회의 환경에서 커뮤니케이션 능력이 갖추어지지 않으면 불가능하다(Kim, 1988). 그리고 문화적응과 주류사회의 매스미디어 소비를 연관시켜 볼 때도 서로 밀접한 관계가 나타났는데, 문화적응 정도가 강할수록 현지 매스미디어 소비가 많았다(Won, 1977).

그동안 많은 연구자들에 의해서 텔레비전 오락 프로그램들은 비현실적 이미지를 제공하고 수용자들에게 왜곡된 사회현실을 배양한다는 비판을 받아 왔다. 이러한 비현실적 미디어는 수용자들에게 왜곡된 사회현실을 배양하여 가치관, 인식, 태도, 행동 등 다양한 차원에서 영향을 미칠 가능성이 있다(금희조, 2007).

고든(Gordon)은 이를 다문화 구성원의 현지적응 정도에 따른 사회화 과정이라고 언급하고 있다. 문화적 적응이란 소수민 개인의 신념체계나 행동이 다수집단의 그것과 비슷해지는 양상을 말한다(김현주, 1997; 이창현, 2004). 즉, 이민자의 현지적응 과정을 일반적인 사회적응 양식인 사회화의 개념과 차별화된 문화적응이라는 개념으로 제시하고 있는 것이다. 소수민 개인의 행동과 신념체계가 다수를 차지하는 주류집단과 유사해지는 현상을 말하는 것으로 문화적으로 상이한 경험을 해 오다 특정 국가에 정착하려는 외국인들은 다양한 커뮤니케이션 수단, 특히 현지의 매스미디어를 통해 현지 정보와 간접적 문화경험을 축척하여 적응해 나가려고 한다(Kim, 1977; 안수근, 2006).

이러한 경향은 일반적으로 외국인의 현지 미디어 이용과 문화적 적응 사이의 관계가 대체로 정적 상관관계로 나타나는 것으로 증명된다(김현주 외, 1997). 미국에 이주한 한국인들을 대상으로 하는 연구에서 이러한 측면을 많이 발견할 수 있는데, 시카고 지역의 한국 교민들의 미디어 이용과 문화접변에 관한 연구(Kim, et al., 1982)나 로스앤젤레스 지역 한국 교민들의 문화적응과 커뮤니케이션 행위에 관한 연구(Kim, 1985)에서는 이민 온 지 얼마 안 되는 사람들은 한국어 신문을 선호하는 데 비해 이민 기간이 길어질수록 미국 현지 신문에 대한 노출과 만족도가 커지게 되는 현상을 발견했다(안수근, 2006).

이민자들의 모국어 매체 이용은 문화접변 과정과의 연관성에 있어서 현지 매스미디어 이용과는 상반된 의미를 가지는데(Kim, 1977), 미국과 같은 인종의 용광로와 같은 성격의 국가에서는 다양한 이민 집단의 모국어 매체가 광범위하게 존재하고 있어서, 미디어 매체는 주류문화에 동화되지 못하거나, 이민 연수가 짧아서 적응에 필요한 정보를 손쉽게 제공받을 수 있다. 또한 현지 언어의 이해력과 구사력이 모자라거나, 모국의 소식에 민감할 경우에 그 효용성과 이용 동기 및 이용량이 증가되는 모습을 보이기도 했다(허균, 1980; Jeffres & Hur, 1980).

특히 다문화를 주제로 다룬 텔레비전 프로그램은 이를 시청하는 시청자들의 태도나 동기에 따라서 인종정경(ethno-scape)의 새로운 시각과 수용의 방식을 가져다주었다. 무엇보다 국내 다문화 프로그램의 수용자 연구가 미진하기 때문에 한류 드라마에 대한 외국인의 시청동기와 태도에 관한 연구나 국내 거주하는 시청자들의 외국 드라마 시청동기와 태도 등을 연구한 논문을 통해서 직간접적으로 접근해 볼 수 있겠다.

유세경·고민경(2006)은 중국 대학생들의 한국 텔레비전 드라마 시청행위를 분석하여 시청자의 대한민국과 한류에 대한 태도 관계를 연구했다. 대한민국 사회에 거주하는 중국인이 대한민국 드라마 시청을 선호하는 것은 현대사회의 소비문화와 물질주의에 대한 동경과 동질성의 유사와 공유에 비롯된 것으로 밝혀졌는데, 드라마 시청량이 많은 시청자 집단일수록 대한민국 대중문화에 대한 애호도가 높게 나타났고, 대한민국 문화에 대한 강한 친밀감을 보인다고 언급했다.

유재웅(2007)은 중국과 일본의 텔레비전 시청자를 대상으로 타국의 텔레비전 드라마 시청 행위가 타국의 이미지 형성에 어떠한 영향을 미치는지를 분석했다. 일본 시청자와 중국 시청자 가운데 대한민국 텔레비전 드라마를 더 많이 시청한 사람일수록 대한민국에 대한 관심이나 호기심, 행동의도에 있어서 높은 관심을 보였으며, 대한민국에 대한 이들의 정서가 프로그램에 담겨진 이미지의 연상을 통해서 긍정적 인식이 부여되었음을 발견하였다.

임재웅(2008)은 대학생의 미국 텔레비전 드라마에 대한 시청동기와 만족도에 관한 연구를 진행하였다. 미국 드라마에 대한 대학생들의 시청동기는 휴식과 오락을 취하기 위한 것으로 나타났는데, 타인과의 대화나 스트레스 해소 그리고 내용의 재미와 감동제공이라는 특정한 이유가 포함되기도 하였다.

김선남·홍숙영(2009)은 다문화 관련 TV 프로그램의 시청동기에 관한 연구를 진행하여 이들의 유형별 특성을 살폈다. KBS <미녀들의 수다>라는 특정 프로그램에 대해서 수용자의 시청행위를 유형화시켰는데, 다문화 경험의 기회형, 호기심 충족형, 자문화 인식형으로 구성하여 이들의 독특한 주관성의 구조를 발견하였다. 한편, 미디어 메시지가 전달하는 텍스트의 내용이 비현실적 이미지라는 점에서 문화계발론적 관점이 주목되고 있기도 한다. 초기의 문화계발 연구들(Gerbner, 1976)은 텔레비전이 가지는 폭력적 이미지에 초점을 맞춘 반면 최근에는 인종 및 성 스테레오 타입 가족, 결혼 및 이성관계, 부의 소비 및 물질주의(양혜승, 2006) 등 다양한 영역에 이론을 접목하여 검증했다(금희조, 2007). 특히 미디어에서 나타나는 다문화적주의 현상을 인종주의와 관련지어 해석한 연구들에서 공통으로 등장하는 것은 '스테레오 타입', '소외', '동화' 등의 의미화가 물질적 기반을 획득하는 과정이다. 즉 특정인종이 아예 등장하지 않는 것이 아니라 주변적인 존재로 혹은 주류 인종의 기존지위를 강화하는 도구로 등장한다는 것이 더 큰 문제라는 지적이다(Kim & Chung, 2005).

한국적 다문화주의의 특징은 단일 민족국가라는 오랜 인식 때문에 '한국적인 것'에 속하지 않을 경우 무조건 '타자(the other)'로 매도하는 성향과 혈통주의적 편견에 오리엔탈리즘적 요소가 더해져서 서유럽의 눈으로 본 백인문화에 대해서는 동경하는 반면, 개발도상 국과 후진국의 문화에 대해서는 경멸하는 경향을 지닌다(이희은 외, 2007). 각각의 사람들은 그들과 유사한 성향의 사람들과 뭉치는 경향이 있고, 이러한 집단성은 미디어를 통해 더 빠른 속도로 전파될 뿐만 아니라 미학적 경험이나 해석의 방식을 공유하게 함으로써 공통의 감정을 느끼게 해주는 중요한 역할을 한다고 설명하고 있다. 낯설지도 않지만, 가깝지도 않은 다문화주의의 문제가 긍정적이든 부정적이든 미디어에 의해서 편향된 이미지로 고착화될 수 있다는 것이다(Maffesoli, 1996; 김인영 외, 2008).

　미디어에 투영되고 있는 다양한 콘텐츠는 순수한 오락물이 아니라 정치적 투쟁, 정책, 수사 그리고 의제에 속박되어 있는 전적으로 이데올로적인 산물이다. 지배문화에 의한 왜곡, 낙인찍기, 고정관념화에 저항하고자 하는 모든 사람들에게 통용될 수 있는 일반적인 규정이라 할 수 있는데(Keller, 1995), 매스미디어를 접하는 수용자들에게 특정 사회나 집단에 대한 고정관념을 깨고 지배적 문화의 지배 이데올로기를 떠나 다각적이고 다양한 시각으로 스스로의 문화를 바라보거나 사회현상을 진단할 수 있는 기회가 제공되어야 할 것이다(김선남·홍숙영, 2009). 유사성을 강조하는 것이 동일성을 강요하는 것으로 이루어지지 않고 어우러질 수 있도록 적합한 커뮤니케이션 도구와 콘텐츠 프로그램이 필요한 것이다[14].

---

14) 이러한 측면은 준사회적 접촉가설(parasocial contact hypothesis)로 연결하여 설명할 수도 있다. 개인이 다른 그룹에 갖는 왜곡된 인식은 그 그룹 구성원들과의 직접적인 상호작용이 부재하기 때문인데, 다른 그룹의 출신들이 서로 만나 접촉하게 될 때 그들이 상대 그룹에게 가졌던 예상이 정확하지 않았음을 깨닫게 되고, 서로를 이해하고 공통 관심사를 공유하게 돼서, 상대그룹에게 가졌던 편견을 줄일 수 있게 된다는 접촉가설을 미디어 이용의 측면으로 대입한 것이 준사회적

즉 다문화 구성원의 매스미디어는 이질민족의 한국 내에서 사회화 과정의 일익을 담당하는 것이다. 즉 한 세대가 다음 세대에 그 사회의 가치관을 물려주는 과정의 형태인데, 이 역할은 주로 가정(부모), 학교(선생), 친구 및 매스미디어가 수행하고 있다(허균, 1980). 따라서 다문화와 다문화주의는 그 용어적 개념에서부터 비추어지는 차별적 의미가 매스미디어를 통해서 전파되고 있는 것이다. 그러므로 매스미디어는 다문화 구성원의 대한민국 사회의 구성원으로서 사회화 과정의 책임 도구로서 그 역할적 소임을 다해야 한다.

여기서의 매스미디어는 더 이상 TV, 라디오, 신문, 잡지와 같은 전통 매체만을 기준으로 삼으면 안 된다. 다양한 커뮤니케이션 도구들이 쏟아져 나오는 오늘날의 상황에서 매스미디어의 영역과 범위는 확대되어 다문화 구성원의 사회화 과정에 원활한 기능수행이 필요한 시점이다.

접촉가설이다. 즉 개인이 미디어 속 인물과 상호작용하는 인지 과정이 대면적인 상호작용 과정과 비슷하기 때문에, 미디어 속 다른 문화권 인물과의 상호작용은 마치 다른 문화권 사람과의 대면적인 커뮤니케이션을 하는 것과 비슷한 효용을 가져온다. 그래서 미디어를 통해 그 등장인물이 살고 있는 그룹에 대해서 학습하고 이해할 수 있게 되면서, 그 사회의 구성원에 대한 정서적 유대로 발전시켜 동화될 수 있는 것이다(Schiappa, Gregg & Hewes, 2005; 양혜승, 2011 재인용).

Ⅲ. 문화접변과 미디어 커뮤니케이션 채널을 위한 연구형태

1. 문화접변 요인 및 특성 – Q 방법론적 접근
2. 문화접변 경험 채널의 선호 유형과 특성 – Q 방법론적 접근
3. 문화접변 유형과 미디어 태도 특성 – 서베이 분석
4. 문화접변 요인과 문화접변 경험 채널 유형 간의 상관관계 분석

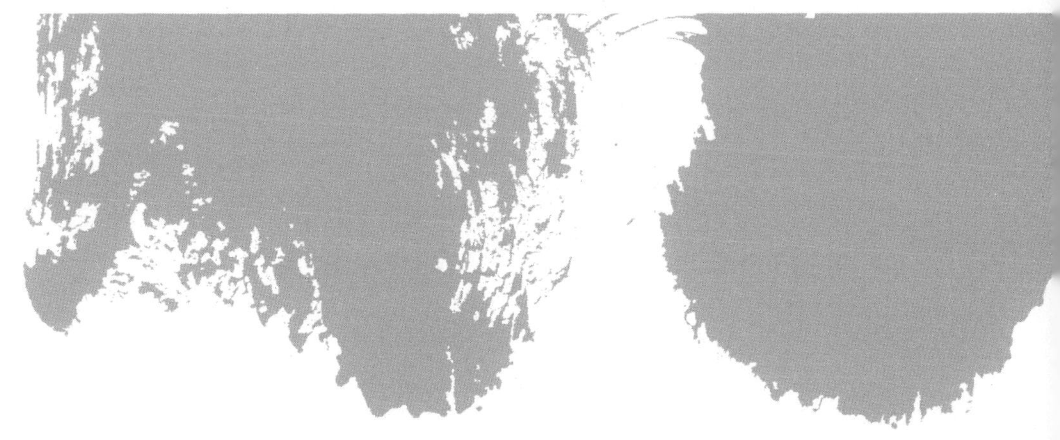

본 연구는 문화접변과 미디어 커뮤니케이션 채널에 관한 연구이다. 다문화 구성원의 문화접변 요인 및 그 특성을 밝혀낸 후, 요인들 각각의 실제 빈도 분포와 더불어 유형에 따른 미디어 커뮤니케이션 채널의 수용 인식 및 수용 태도를 분석하기 위해서 네 가지 연구문제를 설정하였다.

서로 독립적이지만 상호 간에 연관성을 갖고 있는 연구문제들을 해결하기 위해서 크레스웰(Creswell, 1994)이 제시한 '병합 방법론(combined methodology)'를 채택하여 본 연구를 진행[15]하였다. 이는 Q 방법론적 접근을 통해서 밝혀낸 유형을 각 유형에 따라 인구통계학적 특성과 미디어 이용태도에 관한 특성을 서베이와 일대일 면접을 바탕으로 검증하는 것이다. Q 방법론과 양적 방법론의 혼합적 방식을 통해서 독립적이지만 상호간의 연관성을 가지고 진행되는 연구문제를 효과적으로 해결하고자 병합 방법론을 적용시켜 보았다. 이와 함께 다문화 구성원의 문화접변 경험 채널의 선호 특성에 대해서 어떠한 관계가 있는지 알아보았다. 미디어 커뮤니케이션 채널을 이용하는 다문화 구성원의 유형과 일대일 면접을 통해서 이해하고 알아본 개인별 특성을 고려해서 미디어 커뮤니케이션 채널 습득 방식의 차이점도 비교하였다.

크레스웰(1994)은 세 가지 측면의 구분으로 병합 방법론을 제시했다. 첫 번째 요소는 서로 다른 두 가지의 방법론을 각각 독립시켜 적

---

15) 본 연구를 위해서 연구자는 각각의 연구문제들에 대한 접근을 Q 방법론과 R 방법론적으로 접근을 시도하였다. 즉 크레스웰(1994)이 제시한 '병합 방법론(combined methodology)'에서처럼 서로 다른 방법론을 통해서 보다 효율적인 연구가 가능하기 때문이다. Q 연구를 통한 유형의 발견을 R 연구로 연결시키는 것으로 Q 연구를 통해 발견한 유형들의 분포비율을 알아내거나 Q 유형들의 인구통계학적 차이, 지역적 분포도는 물론 다른 변인과의 차이점이나 관련성의 검증이 가능하기에(김흥규, 2008a; 2008b) 연구에 적합하다고 보겠다.

용하는 것이다. 각기 다른 방법론을 적용한 연구 결과는 독립적으로 도출될 수 있지만 두 가지 독립된 연구 결과를 종합적으로 병합하여 연계하는 것은 어려움이 있다.

두 번째 방법은 '주부 설계(dominant−less dominat design)'이다. 이것은 한 가지 연구 방법론을 기준이 되는 주 분석틀로 활용하여 연구 결과를 도출하고, 또 다른 연구 방법론을 활용하여 부수적인 정보를 추출해 낸 후, 이를 전자의 연구와 연계시켜 해석하는 방법이다. 양적 방법론의 형태인 일대일 면접을 적용시킨 후 진행된 요소들을 통해 연구 결과를 보충하는 것이다.

세 번째 방법은 '복합 설계(mixed−methodology design)'이다. 이것은 각각의 연구 단계에서 Q 방법론과 양적 방법론을 결합하여 적용시키는 방법이다.

병합 방법론은 연구진행에 있어서 하나의 연구 방법론을 적용하여 연구문제를 분석하는 것보다 두 가지 서로 다른 방법론을 연계하여 분석하는 방향을 제시해 주었다. Q 방법론과 양적 방법론 양자를 서로 연계하고 분석하여 도출된 결과들을 해석하여 하나의 접근방식을 채택함으로써 나타날 수 있는 해당 연구문제에 대한 단편적인 해석의 오류를 보완할 수 있고, 바로잡을 수 있으며 종합적인 해석을 가능하게 해준다는 점에서 더 큰 장점을 가진다.

본 연구는 크레스웰이 제시한 두 번째와 세 번째 '병합 방법론'의 장점을 토대로 세 가지 연구 단계를 거쳐서 본 연구가 설정한 네 가지 문제를 해결하고자 하였다.

첫 번째 연구문제는 Q 방법론을 본 연구의 주된 방법론으로 선정하여 다문화 구성원의 문화접변 요인(유형)을 발견하고 각 요인별 특성을 파악하고자 하였다.

Q 방법론이란 인간의 주관적인 영역을 객관적으로 연구하기 위한 접근방법으로서 태도나 주관, 가치, 신념, 확신, 의견, 선호와 같은 주관적 영역의 연구방법이자 분석방법이다. 관찰자인 연구자 중심이 아니라 피관찰자인 수용자 중심의 자결적 정의(operant definition)를 출발점으로 하는 '가설을 발견해 가는' 가설 추론적(abductory) 방법이다(김흥규, 2008a). 이러한 Q 방법론의 특성을 활용한다면 본 연구문제인 다문화 구성원의 미디어 태도와 문화접변 유형을 발견하는 데 매우 적합하다고 판단된다. 그것은 다문화 구성원이 정보를 얻는 데 있어서 개인의 가치나 취향, 성격, 가치관, 상황 등 개인의 주관적 영역의 문제로 귀속되기 때문이다.

두 번째 연구문제는 Q 방법론을 활용하여 다문화 구성원의 문화접변 경험 채널의 선호에 대한 유형을 발견하고 각 유형의 특성을 파악하고자 하였다. 그것은 문화접변의 과정에서 나타나는 다문화 구성원의 미디어 커뮤니케이션 채널에 대한 유형이나 행태가 무엇보다도 이들의 주관적 판단에 의해 결정되기 때문이다. 피상적이고 수동적으로 정보를 습득하는 존재가 아니라 개인 스스로가 경험, 선호, 생활습관 등에 따라 능동적인 정보 습득을 하는 주체인 것이다. 그렇기 때문에 계량적인 방법에 의해 이러한 유형을 분류하거나 그 특성을 발견하는 것에는 한계가 있다.

세 번째 연구문제는 인구통계학적 특성에 따라서 문화접변 유형과 미디어 태도의 특성, 그리고 이들이 이해하는 미디어 커뮤니케이션 채널 패턴은 무엇인지 다문화 구성원을 대상으로 일대일 면접(face-to-face interview)을 통해 이해를 추구하였다. 문화접변의 사회화 과정에서 미디어 커뮤니케이션 채널에 대한 사용이나 이용 패턴의 확인 작업인 셈이다. 또한 각 유형에 따라 나타나는 이용자의 인구통계학적 특성과 미디어 이용 태도에 관한 특성의 변인과 어떠한 차이점과 관련성이 있는지 그 특성을 알아보고자 한다. 이를 위해서 <연구문제 1>과 <연구문제 2>를 통해 발견한 요인(유형)들의 특성을 바탕으로 성, 국적, 연령, 학력, 이주 기간, 거주 환경 등과 같은 인구통계학적 변인들과의 관련성이나 차이점을 제시해 보고자 하였다. 부분적으로 심층면접을 통해서 개인마다의 주요 가치나, 동기, 만족감 등을 세밀하게 분석하여 수용행태에 따른 이들만의 미디어 커뮤니케이션 채널의 성격과 특성을 발견해 보았다.

또한 Q 방법론을 통해 발견한 다문화 구성원의 문화접변에 관한 요인들의 특성을 토대로 Q 사정도구(assessment tool)를 개발[16]하여 서베이에 포함시켰다. Q-도구[17]는 각각의 유형을 대표하는 특정 진술문을 토대로 각 유형들의 특성과 차이점을 비교하여 상대적으로 배타적이며 판별력이 높은 진술문을 바탕으로 각각의 유형에 대

[16) Q 연구자들은 Q 연구를 통해 Q 요인(유형)을 찾아낼 뿐만 아니라 실제로 외부세상에서 밝혀져 있는 각 유형들이 얼마나 존재하고 있는지, 지역적 분포나 인구학적 특성 어떠한지에 대해서 알기를 원하는 경우가 있다. 특히 Q는 대규모의 피험자를 통해서 연구를 진행할 수 없기 때문에 종종 Q 유형을 확인하기 위해서 사정도구(assessment tool)를 개발해 간단한 서베이를 통해 특정 인이 어떤 유형에 속해 있는가를 쉽게 판별할 수 있다. 뿐만 아니라 Q 방법론을 통해 밝혀진 Q 요인에 대한 인구통계학적 특성이나 주제와 관련된 여러 특성들 간의 차이나 각 변인들과의 관련성을 추론할 수도 있다(김홍규, 2008b). 이는 Q 연구를 통해서 발견한 유형들의 분포비율을 알아내거나 Q 유형들의 지역적 분포도나 성별, 연령별 차이 혹은 다른 변인들과의 차이점이나 관련성을 검증할 수 있다. 즉 사정도구는 Q 연구를 통한 유형의 발견을 R 연구로 연결시켜 주는 매개체의 역할을 수행한다고 할 수 있다(김홍규, 2008a).

17) Q 도구나 Q 블록을 이용해서 피험자의 Q 유형이 확인되는데, 연구주제와 관련된 특성변인이나 인구통계적 변인에 있어 차이점과 상호 관련성 검증을 위한 R 연구로의 발전도 가능하다. 즉 Q 방법론의 결과인 유형분류를 이용해 서베이 등 대규모 표본에 적용할 경우 Q-도구는 매우 간단하게 유형의 확인이 가능한 편리성이 있다. 해석 시 사용한 인구학적 특성, 요인 배열표와 요인 간 차이, 인터뷰 등을 종합적으로 고려해 만든 요인에 대한 설명을 바탕으로 가중치가 비교적 낮은 사람도 어려움 없이 특정유형으로 분류할 수 있기도 하다(김홍규, 2008b).

한 특성을 하나의 진술문으로 재구성한 것이다(김흥규, 2008a). 그리고 <연구문제 2>의 다문화 구성원의 문화접변 경험 채널의 선호에 대해서 일대일 면접을 통해서 이해하고 검증하였다.

마지막 네 번째 연구문제는 다문화 구성원의 문화접변 요인에 관한 <연구문제 1>과 <연구문제 2>의 문화접변 경험 채널의 선호에 있어서 다문화 구성원의 특성이 어떠한 상관관계가 있는지 알아보았다. 또한 <연구문제 1>과 <연구문제 2>의 개인별 특성을 고려해서 미디어 커뮤니케이션 채널 경험의 차이점도 비교하였다. 미디어를 접하는 이용자의 유형에 따라 그들의 커뮤니케이션 과정에 의한 사회화 현상이 달라질 수 있으며, 미디어 커뮤니케이션 채널을 이용하는 데 있어서 다문화 구성원의 유형에 따라 그들의 미디어 커뮤니케이션 채널의 활용방식에 차이가 보일 수 있기 때문이다.

1. 문화접변 요인 및 특성 – Q 방법론적 접근

<연구문제 1>은 다문화 구성원의 문화접변 요인 및 그 특성을 발견하고 그에 대한 분석을 위해 Q 방법론을 채택하여 연구를 진행하였다. 따라서 Q 방법론에 대해서 그 개념과 특징을 살펴보고 각 연구문제들을 수행하기 위한 연구절차를 제시한다.

1) Q 방법론적 접근과 개념 및 특징

Q 방법론이란 과학의 세계에서 간과되었거나 배제되었던 인간의 주관적 영역을 객관적으로 연구하기 위한 접근 방법이다. 태도나 신념, 확신, 가치와 같은 주관적 영역의 연구방법이자 분석방법으로서 인간의 주관성을 분석하기 위하여 철학적이고 심리학적이며 통계학적 개념 및 심리측정과 관련한 개념들을 통합하였다.

주관성이란 인간의 선호나 취향, 감정, 느낌, 신념, 이상, 아름다움 등 인간의 주관적 내면세계에 존재하는 것으로서 인간의 본질이나 사회 현상을 제대로 이해하기 위해 간과해서는 안 될 중요한 연구 대상이다. Q에서 주관성이란 단지 어떤 관점에 대한 커뮤니케이션을 의미한다(김흥규, 1990; 2008a).

주관성은 개인의 내적 준거 틀에 기초하기 때문에 자아 지시적이고, 이는 형이상학적이거나 신비한 것이 아니라 '순수한 행위'로서 "나에게는~" 혹은 "내 의견으로는~"으로 진행하는 접근의 시작이기도 하다(Brown, 1980). 조작적 정의에 의한 행태주의적 연구보다는 사람들이 사회적 현상에 대한 개인적 경험을 이야기하는 과정을 통해서 내적인 준거 틀이 나타나게 된다. 행태주의적 연구방법론의 근간인 조작적 정의(operational definition) 대신에 응답자 스스로 그들의 의견과 의미를 만들어 가는 자결적 정의(operant definition)를 출발점으로 한다. 개인의 경험을 조사하고 이해하고자 하는 체계적인 연구방법론으로서 관찰자의 시각이 아니라 피관찰자의 시각으로부터 사회현상을 이해하고 수용자들의 주관적인 구조에 대해서 그 요인을 분석하는 것이다. 즉, 관점의 시각이 연구자의 가정이 아니라 행위자로부터 시작되는 방법론인 것이다(김흥규, 2008a).

또한 Q 방법은 행위자 스스로가 조작(Q sorting) 과정을 통해서 자신을 투사하고 그것을 하나의 구조물(operant framework) 안에 투영시켜 설명이나 이해의 구분을 희석시킨다(Brown, 1980).

Q 방법론은 연구자에 의해 주어진 가설을 검증하는 것이 아니다. Q 방법론은 '가설을 만드는', '가설을 발견해 가는' 이른바 가설추론적(abductory) 방법론이다. 가설추론, 연역, 귀납의 순으로 과학적 탐구의 단계를 체계화하고 있는데, 가설추론을 통해 이론이나 가설을 발견해 내거나 만들고, 연역은 검증하기 위해 정의(definition)와 가설을 보다 명확하게 하며, 귀납은 검증함으로써 이론을 정립해 간다. 즉 가설추론이란 관찰된 사실로부터 가설로 향하는 추론이며 사실의 설명이기에 다른 말로 표현한다면 가설의 채택(adoption of hypothesis)이라고 하기도 한다(김흥규, 2008a). 다시 말해서 경험주의 방법론이 가설로부터 시작하는 논리(reasoning from the hypothesis)라면 Q 방법론은 가설로 향하는 논리(reasoning to the hypothesis)인 가설 발견의 논리이다.

윌리엄 스티븐슨(William Stephenson)에 의해 창안된 Q 방법론은 인간의 주관성(subjectivity) 연구를 위해 심리학은 물론 사회과학 전반에 걸쳐 사용되고 있는 연구방법으로서 매우 다양한 분야에서 사용되고 있다. 마케팅, 커뮤니케이션학, 저널리즘, 광고홍보학, 의학, 간호학, 의료사회학, 정치학, 정책학, 아동심리학, 종교학, 행정학, 관광학, 사회복지학 등에서 Q를 사용한 많은 연구들이 나오고 있다(김흥규, 2008a).

Q 방법론은 텔레비전 코미디 프로그램 수용자의 시청행위 연구

(정상환, 2006)나 언론인과 미디어 수용자의 프라이버시에 대한 태도유형 비교 연구(김정순, 2004)와 같은 수용자 연구에 효과적이다. 언론인의 공정성 인식에 관한 연구(김일철·김승일, 2009)나 일본과 중국 내 한류 수용자의 해외 문화 수용에 대한 인식비교 연구(이창현, 2007)처럼 인식에 관한 연구도 활발하다. 마케팅 전략을 위한 접근으로서 소비자의 광고태도에 관한 주관성 연구(최원주, 2006)와 같이 전략소구를 위한 연구에서도 이용되기도 하고, 가상공간에서의 아바타를 통한 다중적 자아의 요인 연구(김흥규·이종윤, 2002)나 광고 속 자아 투영 연구(김흥규·오주연, 2005) 등 많은 연구가 이루어지고 있다. 또한 전문직 간호사 이미지에 관한 연구(최혜숙·김분한, 2004)나 성인기 흡연유혹 유형과 흡연 영향변인에 대한 연구(장성옥·이용미, 2008)처럼 간호학이나 의학에서도 활용되기도 한다. 관광이나 여행, 레저분야로는 관광동기와 선호유형에 대한 Q 방법론적 접근(김흥규·오세정, 2009; 김흥규·홍장선, 2009)에서처럼 관광행위를 인구학적 특성에 의한 결정이 아니라 주관성의 구조에 의한 내적 준거의 틀에 따른 유형 발견에 대한 연구들이 있고, 축제의 의미(김흥규·오세정, 2009)처럼 사회문화적 맥락과의 관계 속에서 축제 참여자들의 욕구 충족이나 취향이 축제 참여에 어떤 의미로 인식되는지에 대한 연구도 있다.

무엇보다도 커뮤니케이션 분야에서 Q 방법론을 활용할 수 있는 연구영역은 크게 네 가지 영역으로 구분할 수 있다. 첫째, 수용자 연구는 Q 방법론에 있어서 가장 기본인 되는 주관성 영역에 대한 접근이다. 수용자의 지각과 해석, 이용과 충족, 목표 수용자의 욕구와 필요 등 여러 측면에서의 연구가 진행된다. 특히 담론 분석이나 텍스트 분석과 같은 방법론으로도 활용이 가능하다. 둘째로는 메시지 창출의 영역이다. 수용자 연구를 통해서 얻어진 목표 수용자들을 확인하고 이들의 주관성 구조를 이해함으로써 커뮤니케이션의 방향과 콘셉트 등을 끌어내는 것이다. Q 방법론의 유용적 속성이 잘 견지되는 측면이기도 하다. 셋째는 커뮤니케이션 효과에 관한 영역이다. 커뮤니케이션 과정에 있어서 동일한 메시지가 서로 다른 효과를 야기하는 요인과 그 과정을 도출해 내는 것으로서 효과적이고 적절한 커뮤니케이션 전략을 수립할 수 있도록 도와준다. 넷째로는 커뮤니케이션 전략의 영역이다. 새로운 뉴스의 아이템 포맷의 개발이나 새로운 미디어의 콘텐츠 개발과 편성 등 미디어 콘텐츠의 개발이나 미디어 혹은 제품의 포지셔닝 전략 그리고 효율적인 커리큘럼 개발 등이 있다(김흥규, 2008a).

특히 본 연구처럼 다문화 구성원을 대상으로 하는 연구에 Q 방법론을 채택한 것은 사람들의 주관적인 구조를 발견해 내고 가설을 추론하는 데 있어서 Q 방법론이 유용하기 때문이다.

예를 들어 다문화 관련 TV 프로그램에 대한 시청자들의 주관성에 대한 연구(김선남·홍숙영, 2009)나 한국에 이주한 외국인의 눈에 비친 한국과 한국 사회의 이미지를 분석한 연구(임도경, 2010) 등 다문화나 그 구성원에 대한 다양한 주관성 연구가 활발히 진행되고 있다. 또한 다문화 가정을 위한 공익광고에 나타난 수용자의 주관적 성향의 유형을 살펴보고 구분된 유형의 특징을 고찰한 연구(김흥규·홍장선, 2010)나 다문화 가정 구성원들에게 전달되는 커뮤니케이션 메시지의 전략에 있어서 행정기관, 기업체, 광고대행사가 펼치는 캠페인 선호의 주관적 유형에 대한 연구(김흥규·홍장선, 2010)도 있다.

이처럼 Q 방법론은 여러 사람들의 인구통계학적 변인들 간의 상관관계에 초점을 맞춘 행태주의적 연구방법과는 다르게 사람들의 주관적 속성과 사람들 사이의 상관관계를 찾아내는 것으로서 그 유용성을 가진다. 따라서 본 연구는 개인의 심리적 영역에 대한 이해를 구하는 행태주의적인 연구 방법보다는 인간의 주관적인 구조를 탐구함으로써 보다 심층적인 해답을 구할 수 있을 것이다.

2) 문화접변 요인 연구절차

(1) Q 모집단(Q population) 및 Q 표본(Q sample) 구성

Q 모집단(population)이란 Q 연구를 위해서 수집된 항목의 집합체로서 한 문화 안에서 공유되는 의견의 전체적인 집합에서 추출된 항목이다(김흥규, 2008a; 김흥규·홍장선, 2009). 이것은 한 문화 안에서 공유되는 의견의 총체인 통합체(concourse)의 개념과도 동일하다. 통합체는 사람이 현상이나 대상에 대해서 가지는 느낌이나 감성과 같은 주관성에 관계된 총체를 말한다. 사안에 대해서 또는 메시지에 관해서 사람들이 공유할 수 있는 지식의 총체이며, 어떠한 대상이나 개념 등에 대해서 개인마다 나타날 수 있는 주관적인 표현의 전체이기에 무수한 진술이 가능하고, 이러한 진술문들의 통합으로서 Q 모집단(Q population)과 동일한 개념이 된다(Stephenson, 1953).

Q 모집단은 손으로 옮겨 분류할 수 있는 것이거나 응답자의 의견이 표현되는 자아참조적(self-referent)인 것이어야 하는데, 일반적으로 진술문이 많이 사용된다. 하지만 이는 진술문(statement)이라는 언어적으로 구성된 것뿐만 아니라 그림, 향수, 넥타이, 광고물, 옷, 음

식, 영상, 음악과 같은 비언어적(non-verbal) 형태의 자극물(stimuli) 이외에도 사람 이름, 영화 타이틀, 신문기사의 제목 등도 그 대상이 될 수 있기도 하다(김흥규, 1990).

Q 표본(Q sample)은 Q 모집단으로부터 추출된 항목을 의미한다. Q 표본의 선정은 통합체가 완성되는 단계까지의 행위를 뜻한다. Q 표본을 모으기 위해서는 순차적인 방식을 따르게 되는데, 진술문을 찾으면 찾을수록 추출될 수 있는 진술문은 점점 줄어들게 된다. 그 과정 속에서 어느 순간 포화상태에 이르면 더 이상의 새로운 진술문을 추가하시 못하게 되면서 모집단이 구성된다. Q 표본의 수는 연구의 독특한 특성에 따라서 달라질 수 있지만 보통 40개 정도가 보편적이다. 자극이 복잡하다면 30개 이하로도 가능하다(김흥규, 2008a; 김흥규 · 홍장선, 2009).

Q 표본은 특정 항목에 대한 사람 간의 차이보다는 한 개인 내에서 항목들의 중요성을 비교하는 입사티브(Ipsative)한 방법이라서 표본의 수를 너무 줄이면 차별적 요인들을 추출하기가 어려워진다. 반면 너무 많은 표본의 수는 Q 표본의 신뢰도를 급격하게 낮추기 때문에 연구의 주제나 특성에 따라 Q 표본의 수를 적절하게 조정하는 것이 필요하다. 비구조화 표본의 방식에 의해 구축한 모집단으로부터 추출방식의 구조(emerged structure)로 추출하는 것이다(김흥규, 2008a).

비구조화된 표본 추출방법은 연구 주제와 관련된 문헌 연구와 전문가 인터뷰를 통하여 우선직으로 Q 모집단을 구축하게 된다. 이렇게 이루어진 Q 모집단으로부터 연구 목적에 부합되는 가장 대표적인 진술문을 선정하게 되는데, 첫째, 무작위 선정방법, 둘째, 범주에 적합한 비례적 선정방법, 그리고 셋째, 연구자가 가장 대표적이라 생각하는 Q 진술문 선정방법이 있다(김흥규, 2008a; 윤용필, 2010).

본 연구에서는 앞서 제시한 비구조화된 표본 추출방법을 통해서 Q 모집단을 선정하였다. 그리고 선정된 Q 모집단을 다문화 지원 공무원이나 다문화 전문 연구자, 다문화 관련 프로모션 진행 기업 담당자 등과의 인터뷰를 통해서 대표적인 진술문을 구축하였다. 이를 바탕으로 연구자가 가장 대표적이라고 생각하는 Q 진술문을 선정하는 단계를 진행했는데, 이러한 방식은 무작위나 비례적 선정방법보다 연구자가 모집단을 구축할 때 추출했었던 정보를 최대한 활용하여 진술문을 선정할 수 있는 장점을 가지고 있다.

연구를 위해서 1차적으로 다문화 구성원의 문화접변에 있어 면대면 커뮤니케이션 과정과 미디어 채널을 이용한 비대면 커뮤니케이션 과정에서의 가치체계나 이용 및 태도를 파악하기 위해서 약 100여 개의 Q 진술문 모집단을 구성하였다. 이러한 Q 모집단을 다시 선행연구에서 언급했던 문화접변의 개념이나 이론, 사회화나 문화화, 다문화 구성원의 스키마나 프레임 등과 관련된 요인들을 중심으로 구성하고, 이와 함께 전문 아티클이나 신문 기사, 잡지 기사와 인터넷 홈페이지, 블로그를 중심으로 한 문헌조사를 통해 Q 진술문의 내용을 더욱 보완하였다. 이를 바탕으로 다문화 업무 관련 공무원이나 다문화 전문 연구자와의 추가적인 인터뷰를 통해 Q 진술문을 조정하였고, 이어서 연구자가 상호 중복되는 진술문을 제외하고, 연구 주제와 밀접한 관계가 있는 진술문 40개를 선정하였다[18].

---

18) 문화접변 요인 연구를 위한 Q 모집단 및 Q 표본 구성은 통상적인 Q 모집단 구축의 방식으로 추출하였다. 자아 지시적(self-referent)인 진술문 형태로서 이루어진 Q 모집단 및 Q 표본은 문헌연구와 면담의 방식을 활용하여 수집과정을 진행하였다. 먼저 문헌연구와 관련해서는 다문화와 미

특히 연구자는 Q 진술문 선정에 있어서 문화접변의 영역을 미디어 태도 측면을 염두에 두고, 두 요소 간의 연결성을 주된 초점으로 고려하였다. 문화접변을 연구영역의 전체로 했을 때 각 영역에 포함된 요소 가운데 미디어 태도 측면을 강조한 것이다. 따라서 큰 개념으로서의 문화접변은 그 안에 미디어 태도나 이용과 같은 콘셉트 요소를 중요하게 여기고 있는데, 행위적 측면이나 인지적 측면, 감성적 측면, 감정적 측면과 같은 다양성이 내포되어 있다. 그렇기 때문에 연구를 위한 Q 진술문은 문화접변에 대한 일반적 속성이 담긴 진술문과 미디어 태도에 관한 진술문 모두를 종합해야 한다.

이를 바탕으로 본 논문의 연구 주제에 대해 대표성이 크다고 생각되는 항목들을 선정한 후 동의, 중립, 비동의 내용이 고르게 분포될 수 있도록 조정하여 아래의 <표 1>과 같이 총 31개의 최종 Q 표본을 선정[19]하였다. 한편 다문화 구성원의 이해도 및 원활한 Q 소팅 과정을 유도하기 위해서 진술문 모두를 영문으로 번역해 한글 내용과 영문 내용을 한 장의 카드에 기입하여 구성하였다.

디어 태도, 문화접변이라는 주제어로 찾을 수 있는 선행논문을 이용하여 연구의 방향과 맞는 내용을 진술문화하였고, 신문 기사나 잡지 기사, 전문서적을 통해서도 같은 방식을 진행하였다. 또한 다문화 구성원이 운영하는 인터넷과 다문화 구성원을 위한 관련 기관에서 운영하는 홈페이지나 블로그를 방문하여 본 연구에 활용할 수 있는 내용을 찾았다. 면담의 방식은 다문화 전문 연구자들과 다문화 업무 담당 공무원을 대상으로 인터뷰 면접의 방식을 취했는데, 다문화 연구자는 고려대학교 대학원 사회복지학과 박사과정생들, 다문화 담당 공무원 및 관계자는 서울시 강동구 다문화가족지원센터 담당자, 오산다문화센터 담당자, 안산다문화센터 담당자, 평택대학교 다문화가족센터 담당자와의 대화를 통해서 Q 모집단 구성에 도움을 받았다.

19) 선정된 각 진술문은 다시 다문화 관련 전문 기관 종사자와 담당자의 의견을 반영해서 표본 구성에 신중을 기했다. 최종적으로 선정한 Q 표본은 김흥규·홍장선(2010)의 「다문화 가정을 위한 공익광고의 수용 유형에 관한 연구」 논문의 Q 표본을 참고하여 선정의 질을 높였다.

〈표 1〉 문화접변 요인 연구에 사용된 Q 표본[20]

No.	Q 표본(진술문)
1	나는 자민족 중심주의가 강해서 다른 문화집단에 대한 이미지의 배척이 심하다.
2	대한민국만을 외치는 편협한 민족주의는 문화접변에 방해가 된다고 생각한다.
3	문화접변을 강조하는 다문화의 스토리는 편견이 가득한 이미지를 생산할 뿐이다.
4	나는 모국의 문화에 대해서 유지하거나 정체성을 지키려는 노력이나 새로운 문화수용에 관심이 없다.
5	나는 모국 정체성을 유지하지 않고 주류 이주 문화에 대한 관계만이 중요하다고 생각한다.
6	나는 새로운 문화와의 접촉을 거부하면서 모국의 민족 문화만을 유지하고 싶다.
7	내가 모국 이미지에 대한 편견을 심어준다는 생각에 불안하다.
8	문화접변은 이해와 화합을 위한 문화적 장을 마련해 준다고 생각한다.
9	미디어를 통한 문화접변 과정에서 나는 내가 한국인이라는 착각에 빠지게 된다.
10	미디어를 접촉할 때면 다문화 구성원에 관심이 없어 TV 채널이나 신문의 기사를 보기 싫다.
11	행복해 보이는 다문화 구성원의 가족애가 너무나 부럽다.
12	모든 미디어 프로그램은 단순한 일회성의 캠페인일 뿐 그 이상도 그 이하도 아니다.
13	나는 마치 두 개의 엄마(국가)를 가진 것과 같은 생각이 든다.
14	다른 다문화 구성원이 도움을 청한다면 스스럼없이 도와줄 것이다.
15	오바마 미국 대통령처럼 대한민국 대통령을 꿈꾸고 싶다.
16	대한민국 사회가 프랑스나 터키의 사회문제처럼 붉어지지 않을까 염려된다.
17	서양 사람과 동남아 사람에 대한 지역적 편견이 매우 다른 것처럼 보인다.
18	우리 모두 대한민국 사회를 만들어 가는 구성원이라 생각한다.
19	나는 인종차별주의자를 경멸한다.
20	대한민국의 사회구조가 다문화주의를 표방하는 것으로 보여 매우 기쁘다.
21	내가 생각하기에 한국 사람들은 진정한 마음으로 다국적 구성원들을 받아들일 수 있는 준비가 전혀 되어 있지 않다.
22	문화접변의 보편화로 인해서 다문화 2세들은 이국적 문화 혜택을 누리게 될 것이다.
23	다문화 구성원이나 해외 이주자라는 용어 자체가 차별과 편견의 산물이다.
24	주변의 시선이 더욱 두려워서 외출하기가 꺼려진다.
25	다문화 구성원들과 함께 가정을 이루는(외국인 홈스테이, 외국인 튜터) 현상이 너무 좋다.
26	한국어를 이해하지 못해서 미디어 이용 자체가 괴롭다.
27	집이 가난해서 미디어를 접촉할 수 있는 기회가 없어서 아쉽다.
28	세계 어느 나라보다도 빠르고 정확한 정보전달이 대한민국에서 정착하는 데 많은 도움을 준다.
29	미디어 접촉보다는 주변 이웃들의 대화나 구전이 생활에 있어서 도움을 주는 편리한 수단이라고 생각한다.
30	미디어에서 비추어지는 다문화 구성원들은 우리가 아니다.
31	생활하는 데 있어서 생활 속 경험보다 미디어 속 이미지가 더 혼란을 가중시킨다.

---

20) 문화접변 요인 연구에 사용된 Q 표본 진술문은 다문화 구성원의 이해도 및 원활한 Q 소팅 과정을 유도하기 위해서 한글내용과 영문내용을 한 장의 카드에 기입하여 구성하였는데, 영문내용의 경우는 <부록 2>에 한글과 영문 내용 모두의 실제 사용 진술문을 별도로 게재하였다.

(2) P 표본(P sample)의 선정

P 표본(P sample)은 응답자로 생각될 수 있는 P 모집단(P population)으로부터 추출되어 실제로 Q 분류에 참여하는 응답자들이다. 즉 Q 표본을 분류하는 Q 소팅(sorting) 과정에 참여하게 되는 피험자이거나 응답자인 Q 소터(sorter)를 말한다.

전통적인 R 방법론에서는 일정 수 이상을 대상으로 표본을 선정한다. 하지만 Q 방법론에서는 사람이 변인이고 항목은 표본을 지칭한다. 일반화가 연구의 목적인 R 방법론과는 다르게 Q 에서는 '개인 안에서의 중요성의 차이'를 발견하는 것이 중요하기에 P 표본의 수는 요인을 생성하고 요인들 간의 비교할 수 있을 정도면 충분하다. Q 방법론은 가설을 검증하여 일반화시키는 것이 아니라 가설을 발견하는 데 그 목적이 있기에, P 표본의 수가 커지게 되면 한 요인에 많은 사람이 모이게 되어 그 특성을 명확하게 파악할 수 없는 통계상의 문제가 발생할 수도 있다(김흥규, 2008a).

Q 방법론은 사람들 사이에서 갖게 되는 평균적인 의미나 개인 간의 차이(inter-individual differences)를 다루는 것이 아니다. Q는 한 개인 안에서의 의미의 중요성 차이(intra-individual differences in significance)를 연구하는 방법이다(김흥규·홍장선, 2009). 따라서 P 표본의 크기에 있어서 제한을 받지 않는다. P 표본의 크기는 다분히 연구의 목적과 관계가 있는데 만약 연구의 목적이 기본적인 탐색에 있다면 적은 수의 표본으로도 연구가 가능하지만, 커뮤니케이션 전략이나 특정 캠페인과 같은 경우는 더 많은 표본이 필요하기도 하다. 연구가 통상적으로 기본적인 탐색을 목적으로 한다면 적은 수의 표본으로 충분하다. 또한 P 표본은 Q 표본과 같이 소표본 원칙(smallsample doctrine)을 따르기 때문에 P 표본의 수는 50명 내외가 일반적이다. Q 분석의 프로그램은 P 표본의 수가 100을 넘지 못하도록 만들어진 것도 있기도 하다(김흥규, 2008a).

본 연구에서는 문화접변 과정을 겪는 다문화 구성원을 P 모집단으로 대상화하고 성별이나 나이, 국적 등을 고르게 하여 P 표본을 총 28명으로 구성하였다[21]. 본 연구가 다문화 구성원을 대상으로 하는 연구이기에 P 표본의 대상은 대한민국에 거주하고 있거나 정착하고 있는 한국 내 사회구성원들로서 모두가 다문화 국적 출신의 구성원들로 선정하였다.

(3) Q 분류(Q sorting)[22]

Q 방법론에서는 Q 표본에 대해서 찬성이나 반대의 의견을 물어보는 것이 아니다. Q 표본 전체가 응답자 한 사람 내에서 어떻게 분포되어 층위화되어 있는지에 초점을 맞추고 있다. 전체적인 틀 속에서 상대적인 의미의 중요성에 따라서 Q 표본을 서로 비교하여 구조

---

[21] Q 소팅은 연구자나 보조연구자(Q 소팅 보조자)가 P 표본 28명 모두를 직접 접촉하여 분류 과정을 지켜보았다(보조연구자의 경우 연구자에게 Q 소팅에 관한 교육을 1년 이상 받았으며, 연구자와 함께 2~3차례 Q 소팅 과정을 진행해 본 경험 있는 사람으로 선정하였다. Q는 한 개인 안에서의 의미의 중요성의 차이를 연구하는 방법이기 때문에 응답자가 진술문에 대해 완벽하게 숙지한 후 소팅을 진행해야 한다. 특히 연구는 다문화 구성원이라는 특수한 응답자를 대상으로 하기 때문에 진술문 각각에 대한 부연 설명을 통해 원활한 Q 소팅 과정을 이끌어 내도록 도움을 주었다).
그리고 Q 소팅 과정에 앞서서 해당 Q 표본에 대한 전반적인 설명 및 브리핑을 통해 이해도를 높였고, 소팅 과정에서 질의의 방법으로 추가적인 설명을 통해 해석에 대한 원활한 커뮤니케이션 과정을 가졌다.

[22] 연구자는 2008년부터 다문화 관련 연구를 진행함에 있어서 관련 지자체 관련부서 혹은 개별단체를 통해 협조를 많이 받았었는데, 2012년 연구의 Q 소팅 과정에 있어서는 다문화 구성원과의 공식적인 접촉이 매우 힘들었음을 밝혀둔다. 연구자와 보조연구자는 안산다문화센터, 오산다문화센터 등 서울과 경기도, 충청도 일대의 다문화센터에 공문을 통한 Q 소팅 요청을 하였으나, 모든 다문화센터에서 2012년부터는 정책상 일반 학술지 및 학위연구를 위한 접촉을 거부한다는 회신 대답을 받았다. 따라서 본 연구에서는 지인들의 친분이 두터운 다문화 구성원과 개별적 접촉을 시도하였고, 비공식 절차이지만 학교-교회-음식점 등의 별도 기관을 통해서 P 표본들과의 만나 Q 소팅을 진행하였다.

화시키는 것이다.

따라서 P 표본은 주어진 Q 표본을 가지고 자신이 생각하는 바에 따라서 Q 표본을 강제분포(forced-distribution)시켜 배열하는 Q 소팅 과정을 진행하게 된다. Q 소팅에서는 항목을 비교하여 전체적인 분포의 순위를 결정하기 때문에 한 항목이 가지는 점수에 따라서 다음 항목 점수의 배정에 영향을 미친다. 이것은 Q 소팅이 강제분포에 따라 이루어졌기 때문이다.

Q 분류 또는 Q 소팅의 절차는 다음과 같다. 각 응답자가 각각의 진술문이 인쇄된 카드를 읽고 전체적인 내용을 파악하게 한다. 그다음 긍정(+), 중립(0), 부정(-)으로 크게 세 개의 그룹으로 Q 표본 카드를 분류하게 한다. 응답자는 개인이 읽은 진술문을 가지고 가장 긍정적으로 판단되는 진술문을 Q 소트 분포에 맞게 선택하여 바깥부터(+4) 안쪽으로 분류케 하였는데, 같은 요령으로 부정 집단의 진술문 역시 가장 부정하는 진술문을 골라 Q 소트 분포에 맞게 골라 (-4)에 놓고 점점 안쪽(중립)으로 분류하도록 했다.

이 과정은 R 방법론자들에게는 문제제기로 이어질 수 있는 사항이기도 하지만, 오히려 이는 Q의 근본적인 것이고, 강점이 되는 요소이다. Q에서는 어떤 사람이 특정 항목들에 대해서 찬성했는지 반대했는지에 대한 관심사가 중요한 것이 아니라, 한 개인의 심리나 마음속에 항목들이 어떻게 배열되어 있는지가 매우 중요한 사항이다(김흥규, 2008a).

한편 응답자에게 요구하는 Q 소팅 과정에서, 연구자가 제시하는 분포의 모양(분포의 높이와 Q 소트 척도의 너비)을 결정하는 것도 중요하다. 연구의 주제가 흥미롭거나 단순한 것이 아니라면 '정상성

(normality)'에 가까운 분포의 모양을 구성해야 한다. 예를 들어 피험자가 대부분의 진술문에 대해 독립적 의견을 갖고 있지 않기 때문에 중립 부분에 여유(메워야 할 빈칸)를 많이 주는데, 여유란 순차의 허용을 의미한다. 따라서 분포 모양을 정상분포의 형태에 가깝도록 만드는 것이 좋다. 하지만 매우 논쟁적인 주제의 경우는 피험자들이 각 진술문들에 매우 민감하여 각각에 대한 의견에 찬반이 뚜렷해진다면 중립 부분이 적어지므로 분포의 모양을 다소 납작하게(platycurtic) 하게나 양 끝을 다소 두툼하게 만들어 분포의 양극단(매우 찬성/매우 반대)의 의견을 개진할 수 있는 기회를 충분히 제공하도록 한다. 대개 Q 소트 분포 모양의 양 극단 항목수를 두 개 이상으로 하는데 이것은 변량을 극대화하기 위한 의도이다(김흥규, 2008a; 오세정, 2011).

또 Q 소팅을 마치고 난 후 배열된 분포도를 기준으로 Q 표본의 번호들을 기입하게 한 후, 응답자의 의사를 가장 강하게 반영해 주는 양극단에 위치한 항목에 대해서 별도의 추가 인터뷰를 이루어진다. 양극단에 위치한 Q 표본은 심리적으로 강한 어조가 형성되는 것으로서 갈등적 요소를 추가적인 인터뷰를 실시함으로써 응답자에 대한 이해를 높이고 추후 해석 시 중요한 정보를 얻을 수 있는 자료로 활용한다.

(4) 자료의 처리

Q 소팅이 끝난 후 Q 소트지를 점수화하기 위해 분포도에서 가장 동의하지 않는 것과 중립인 경우, 가장 동의하는 것으로 구분하여 점수화한다. 28명의 P 표본으로부터 수집된 Q 소트를 점수화하는 과정이다. 점수화는 분포도에서 가장 동의하지 않는 것(−4)을 1점

으로 시작하여, (−3)은 2점, (−2)는 3점, (−1)은 4점을 부여하고,
중립일 경우(0)는 5점, 가장 동의하는 것(+4)은 9점, (+3)은 8점,
(+2)는 7점, (+1)은 6점을 부여해 변환시켜 점수화한다.

그리고 부여한 점수를 Q 표본의 번호순으로 코딩한 후, 이를
QUANL PC 프로그램을 통해서 Q 요인분석을 수행하였다. Q 요인
분석은 '주요인분석(principal component analysis)' 방법을 사용하였
고, 아이겐 값(eigen value)의 1.0 이상을 기준으로 하여 요인을 추출
하였다.

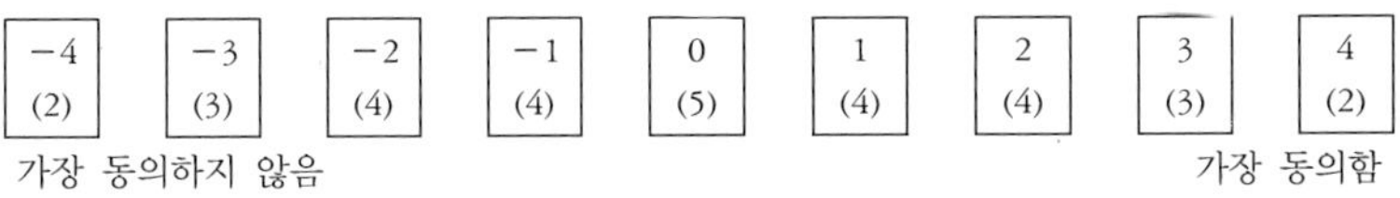

〈그림 4〉 Q 소팅 분포도(N=31)

2. 문화접변 경험 채널의 선호 유형과 특성 – Q 방법론적 접근

1) 문화접변 경험 채널의 선호 유형 연구절차

(1) Q 모집단(Q population) 및 Q 표본(Q sample) 구성

Q 표본이란 Q 모집단(population)을 말하는데, 한 문화 안에서 공
유되는 의견의 총체적인 집합(concourse)에서 추출된 항목을 지칭한
다(김흥규·홍장선, 2010). Q 항목은 보통 언어로 구성된 진술문이
사용되곤 하지만 영상이나 사진, 이미지, 광고물, 의류 등 비언어적
인 자극물도 대상이 될 수 있다(김흥규, 1990).

본 연구에서는 문화접변을 경험하는 미디어 채널과 관련한 신문 기사, 서적, 논문, 인터넷 검색자료 및 다문화 구성원(대한민국에 거주하고 있거나 정착하고 있는 한국 내 사회구성원)과 커뮤니케이션을 실천하는 담당자와 인터뷰를 한 내용을 바탕으로 관련된 커뮤니케이션 채널을 100여 개 수집하였으며, 중복된 내용들을 합치는 등 편집을 거쳐 Q 모집단을 정리하였다.

다음으로는 연구주제에 대해서 대표성이 가장 크다고 생각되는 표본을 임의로 추출한 후 커뮤니케이션 특성이 드러나거나 드러나지 않는 혹은 중립적인 내용이 균형을 이루도록 조정하여 최종적으로 <표 2>와 같이 31개의 Q 표본을 선정[23]하였다.

<표 2> 문화접변 경험 채널의 선호 유형과 관련된 Q 표본[24]

Q 표본(진술문)	
1. 외국인 전용 웹사이트(인터넷)	16. 체험이벤트 – 전통음식 만들기
2. 인터넷 라디오 방송	17. 체험이벤트 – 다문화축제공연
3. 전화상담서비스	18. 체험이벤트 – 다문화 어린이 합창대회
4. 뉴스레터(off – line)	19. TV프로그램 연계(러브인아시아)
5. SMS 모바일	20. 케이블 TV 행사진행(생방송)
6. 이메일 레터(on – line)	21. TV광고
7. 행사 현수막, 포스터	22. 다문화 클럽 및 카페운영
8. 블로그 홍보관	23. 구전PR – 정기모임
9. 프레스 릴리즈	24. 구전PR – 이웃방문
10. 행사 애드버토리얼	25. 교육이벤트 – 다문화 한국어교실

---

23) 이를 위해서 관련 전문서적이나 신문기사, 인터넷 검색과 같은 문헌적 자료 이외에 다문화 구성원 혹은 다문화 관련 전문 기관 종사자와 담당자의 인터뷰를 바탕으로 표본을 구성하였다. 최종적으로 선정한 Q 표본은 김흥규・홍장선(2010)의 「다문화 가정' 캠페인을 위한 IMC 전략」 연구의 Q 표본을 참고하여 선정의 질을 높였다.

24) 문화접변 경험 채널의 선호 유형 연구에 사용된 Q 표본 진술문은 다문화 구성원의 이해도 및 원활한 Q 소팅 과정을 유도하기 위해서 커뮤니케이션 채널 명과 이에 부합되는 사진 이미지를 한 장의 카드에 함께 기입하여 구성하였는데, 이에 대한 내용은 <부록 4>에서 별도로 게재하였다.

11. 교통광고(버스, 지하철)	26. 교육이벤트 – 다문화 노래교실
12. UCC	27. 교육이벤트 – 부부상담교실
13. 스타연예인 거리홍보	28. 교육이벤트 – 창업 및 직업교육
14. 인터넷 배너광고	29. SNS정보교류(트위터, 카카오톡)
15. 자원봉사 멘토링	30. 페이스북
	31. 기관 소식지 브로셔

(2) P 표본(P sample)의 선정

본 연구에서는 문화접변 과정을 겪는 다문화 구성원을 P 모집단으로 대상화하여 P 표본을 구성하였다. P 표본은 Q 방법론의 소표본 원리(small sample doctrine)를 바탕으로 진행되었는데(김흥규, 2008), Q 표본이 개인 간 차이(Inter – individual difference)가 아닌 개인 내의 중요성의 차이(Intra – individual difference)를 다루고 있어서 P 표본 수의 제한을 받지 않는다는 것에 의미를 두었다(김흥규・홍장선, 2010).

Q에서 P 표본의 수는 요인을 생성하고 요인들 간에 비교할 수 있을 정도면 충분하다. 그것은 특정 요인에 포함된 사람들의 비율을 전체 사람들의 비율로 추론하는 것과는 전혀 다른 속성을 가지고 있기 때문이다(김흥규, 1999; 김흥규・홍장선, 2009). P 표본은 Q 표본과 같이 소표본 원칙(small sample doctrine)을 따른다. Q 분석 프로그램이 P 표본의 수가 100을 넘지 못하도록 만들어지기도 해서, 표본이 많을 경우 각 항목들의 점수들은 평균값으로 회귀하여 다른 요인들을 1~2개의 요인으로 편중시켜 요인의 수를 극도로 제한하기도 한다(김흥규, 2008a; 김흥규・홍장선, 2009).

따라서 본 연구의 P 표본은 총 28명으로 구성하였는데, <연구문제 1>에서 선정한 P 표본과 동일하게 구성하였다.

(3) Q 분류(Q sorting)

본 연구에서는 텍스트 진술문의 형태가 아니라 커뮤니케이션 카드를 만들어 한 장의 카드에 해당 용어와 이미지를 함께 기입하였다. 커뮤니케이션 채널 용어와 이미지를 함께 첨부한 것은 다문화 구성원이 한국어 능력이나 해당 채널들에 대한 이해도가 미흡할 수 있기에 이점을 고려해서 구성한 것이다.[25]

P 표본은 주어진 Q 표본에 대해 자신이 생각하는 상대적 의미와 중요성에 따라 Q 표본을 강제분포시켜 배열하는 Q 소팅 과정을 거치게 된다.

각 응답자가 각각의 진술문이 인쇄된 카드를 읽고 전체적인 내용을 파악하게 하고, 그다음 긍정(+), 중립(0), 부정(−)으로 크게 세 개의 그룹으로 Q 표본 카드를 분류하게 한다. 응답자는 개인이 읽은 진술문을 가지고 가장 긍정적으로 판단되는 진술문을 Q 소트 분포에 맞게 선택하여 바깥부터(+4) 안쪽으로 분류케 하였는데, 같은 요령으로 부정 집단의 진술문 역시 가장 부정하는 진술문을 골라 Q 소트 분포에 맞게 골라 (−4)에 놓고 점점 안쪽(중립)으로 분류하도록 했다.

그리고 Q 소팅을 마치고 난 후 배열된 분포도를 기준으로 Q 표본의 번호들을 기입하게 한 후, 응답자의 의사를 가장 강하게 반영해 주는 양극단에 위치한 항목에 대해서 별도의 추가 인터뷰를 진행하여 요인 해석 시 참고 자료로 활용하였다[26].

---

[25] Q 분류 시 Q 표본의 카드에 커뮤니케이션 채널 용어와 함께 해당 이미지를 같이 첨부하여 구성하였는데, 이는 김흥규·홍장선(2010)의 「다문화 가정' 캠페인을 위한 IMC전략」 논문의 진행 시 연구자가 경험했던 연구내용을 참고로 하였다. 아직 한국말에 능통하지 않거나, 커뮤니케이션 도구 용어에 대한 이해도가 미흡하다는 점을 참고로 하여 해당 용어에 그림 이미지를 같이 첨부하고, 이에 대한 설명을 소팅 전에 충분하게 전달하여 이해도를 높였다.

(4) 자료의 처리

P 표본으로 선정된 28명에 대한 Q 소팅이 완성된 후 수집된 표본 자료들의 점수화 작업을 진행하였다. Q 소트지를 점수화하기 위해 분포도에서 가장 동의하지 않는 것과 중립인 경우, 가장 동의하는 것으로 구분하였다. 효과도 면에서 가장 동의하지 않은 것(−4)을 1점으로 시작하여 중립일 경우(0) 5점, 가장 동의하는 것(+4)은 9점을 부여하였다. 그리고 부여된 점수를 Q 표본의 순서대로 코딩한 후 QUANL PC 프로그램을 통해 요인분석을 실행하였다.

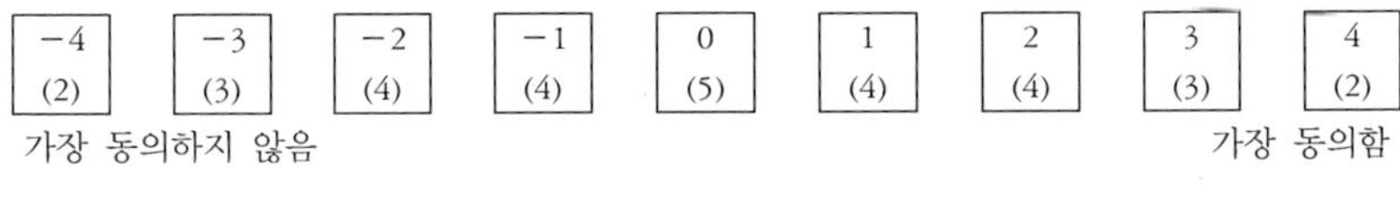

〈그림 5〉 Q 소팅 분포도(N =31)

3. 문화접변 유형과 미디어 태도 특성 – 서베이 분석

본 연구에서는 Q 방법론을 적용하여 발견해 낸 다문화 구성원의 문화접변 유형과 미디어 태도가 실제로 각각 어느 정도 분포하고 있으며, 유형별 주관적 구조의 특성과 인구통계학적 특성과 미디어 이용태도에 관한 특성의 변인들과는 어떠한 관련성이 있는지 알아보

---

26) Q 소팅은 연구자나 보조연구자(Q 소팅 보조자)가 P 표본 28명 모두를 직접 접촉하여 분류 과정을 시켜보았디(보조연구자의 경우 연구자에게 Q 소팅에 관한 교육을 1년 이상 받았으며, 연구자와 함께 2~3차례 Q 소팅 과정을 진행해 본 경험 있는 사림으로 선정하였다).
Q 소팅은 서울−경기도 기관 사무실이나 학교 강의실, 음식점에서 1인당 평균 27분 정도 소요가 되었다. Q 분류 과정에 앞서서 해당 Q 표본에 대한 전반적인 설명 및 브리핑을 통해 이해도를 높였고, 소팅 과정에서 질의의 방법으로 추가적인 설명을 통해 해석에 대한 원활한 커뮤니케이션 과정을 가졌다.

기 위해 서베이를 실시하였다.

R 방법론 측면의 서베이 방법을 추가로 채택하여 진행한 것은 Q 방법론을 통해서 발견한 결과가 다문화 구성원의 문화접변 유형과 미디어 태도에 대한 주관적인 구조이기 때문이다. 즉 돌출한 결과가 가설을 발견한 것이고, 이렇게 발견된 유형들이 가지고 있는 결과의 실제 크기가 어느 정도인지 알 수 없기에 추가적 진행이 필요한 것이다. 따라서 각각 유형의 특성들이 인구통계학적 특성, 미디어 역할, 미디어 효용, 미디어 이용태도 및 인식 등의 변인들과 어떠한 관계를 형성하고 있는지 비교하였다.

이는 Q 방법론을 이용해서 발견했었던 유형의 가설을 검증하는 작업이기도 하다. Q 방법론을 통해 발견한 유형별 특성에 대한 각 유형이 어떤 관련성을 가지고 있는지, 그리고 각각의 유형들이 전체 모집단에서 어느 정도의 크기로 존재하고 있는지에 대한 확인 작업이다. 이를 위해서 사정도구인 Q-도구를 개발하여 활용하였다.

Q-도구는 <연구문제 1>을 통해서 발견된 각각의 요인(유형)을 토대로 개발하게 된다. 요인들을 분석한 결과로 나타난 각각의 유형 특성을 별도로 새롭게 특징짓는 작업이다. 서로 배타적으로 나타나고 있는 Q 표본(진술문)들을 추출해 내고, 이를 종합적으로 반영하여 문단을 재구성하고 각각의 요인들의 특징짓는 형태의 문단으로 세 개를 만들었다. 또한 유형간의 관계분석을 위해서 <연구문제 1>과 같이 <연구문제 2>에서도 <연구문제 2>를 통해서 발견된 각각의 유형을 토대로, 서로 배타적인 Q 진술문들을 통해서 종합적으로 반영한 문단을 새롭게 구성하고 각각의 유형을 특징짓는 형태의 문단으로 네 개를 작성하였다.

이렇게 만들어진 Q-도구를 서베이 설문지에 포함시켜서 빈도분포를 측정하였다. 응답자들이 Q-도구를 통해서 자신에게 가장 적합하다고 생각하는 요인(유형)을 선택하도록 한 후, 전체 모집단에서 각 유형에 해당하는 빈도의 분포를 측정한 것이다. 즉 다문화 구성원의 일반적 특성과 문화접변 현상의 인식 유형에 따른 미디어 역할, 미디어 효용의 차이, 미디어의 이용태도 특성의 차이를 살펴본 것이다.

또한 부분적으로 심층면접을 통해서 개인의 의미와 해석에 대한 관찰을 진행하였다. 이는 해석을 용이하게 하고 풍부한 데이터를 제공해 주어 실제 현상을 이해하는 데 효과적이기 때문이다(Taylor, 1994). 문화접변의 사회화 과정에서의 미디어 커뮤니케이션은 미디어 사용자 개인의 솔직한 답변이 필요한 형태이기에 추가적인 인터뷰 방식이 적절한 방법이라고 판단된다.

1) 주요 개념의 조작적 정의

본 서베이에 사용된 변인들의 측정 척도는 기존의 연구들을 토대로 개발하였다. 먼저 문화접변과 관련한 문항은 김진영(2003)의 「미디어 의존 이론 연구: 미국 유학생들의 인터넷 이용, 민족 정체성, 미디어 의존 그리고 인지적, 행동적 변화와의 관계를 중심으로」 연구에서 사용된 문항 중 문화접변에 대한 반응 카테고리를 기초로 재구성하였다. 또한 임선일(2010)의 「에스니시티의 변형을 통한 한국 사회 이주노동자의 문화변용 연구」에서 언급된 베리(Berry)의 문화변용 이론의 재구조화 유형을 본 연구의 내용에 맞게 수정하였고, 이장섭(1993)의 문화접변과 동화에 언급된 내용을 서베이 구성에 일부 반영하였다. 이창현(2000)의 「탈북자들의 남한방송 수용과 문화적응」과 김인영·박관여·이인회(2008)의 「TV프로그램에 나타난 한국적 다문화주의의 특수성에 관한 미디어 담론」의 연구도 측정 항목을 구성하는 데 참고하였다.

미디어 인식 유형에 따른 미디어 역할 특성 등에 관한 문항은 안수근(2006)의 「뉴질랜드 거주 교민의 한국어 매체 이용 및 문화적응 요인에서 제시된 현지 매체 이용동기 및 평가 항목과 함께」 김진영(2003)의 「디어 의존 이론 연구: 미국 유학생들의 인터넷 이용, 민족 정체성, 미디어 의존 그리고 인지적, 행동적 변화와의 관계를 중심으로」 연구에서 사용된 문항 중 미디어 의존과 인터넷 의존과 같은 관련된 항목의 카테고리를 기반으로 재구성하였다. 미디어 이용 태도와 관련해서는 김승환(2008)의 「텔레비전 뉴스의 시청유형과 그 특성에 관한 연구」의 TV 뉴스 시청에 관한 설문항목 가운데 본 연구와 접목될 수 있는 일부 항목을 수정하여 재구성하였고, 허균(1980)의 「미국 내의 이질소수민족의 매스미디어에 관한 실태연구」에서 매스미디어의 독자 및 시청자의 미디어 사용 유형에서 언급된 항목 일부를 활용하여 적용하기도 했다. 또한 김선남·홍숙형(2006)의 다문화 관련 TV 프로그램의 시청동기에 관한 연구와 이창현(2000)의 「탈북자들의 남한방송 수용과 문화적응」, 이선영(2006)의 「주한 외국인의 뉴스 미디어 이용에 관한 연구」의 논문을 기초하여 측정 항목을 구성하는 데 일부 이용하였다.

(1) 인구통계학적 변인

문화접변에 사회화 과정에서 다문화 구성원의 인구통계학적 특성에 따른 문화접변 유형과 미디어 태도의 특성에 영향을 미칠 것으로 예상되는 변인으로 선행연구들에서 다룬 방식과 비슷하게 변인들을 구성하였다. 성별, 국적, 연령, 직업, 학력, 월평균 가계소득과 같은 항목과 별도로 결혼유무, 이주동기, 거주기간을 추가로 구성하여 총 아홉 가지에 대해서 조사를 하였다.

(2) 문화접변 요인의 사정도구

Q 방법론을 통해 발견한 요인(유형)을 바탕으로 실제 바깥세상에 밝혀진 각 요인들이 얼마나 존재하며 지역적 분포나 인구학적 특성에 대해서 어떠한 관련성이 있는지에 대한 추론 작업이다. 따라서 Q 요인을 확인하기 위한 사정도구(assessment tool)을 개발해 간단한 서베이를 진행하였다. Q-도구는 요인 가중치가 비교적 낮은 사람도 어려움 없이 스스로를 특정 유형으로 분류할 수 있다는 장점을 가진다. 그리고 Q 방법론으로 발견된 유형, 즉 요인의 해석 과정에서 사용한 요인 배열표와 요인 간의 차이, 심층 인터뷰, 인구통계학적 특성 등을 종합적으로 고려해서 만든 간략한 설명 문단이다(김흥규, 2008a; 2008b).

이를 위해 본 연구에서는 Q 분석 결과 발견된 세 가지 요인들의 특성을 토대로 만든 Q-도구를 제시하여 다문화 구성원의 문화접변에 대해서 응답자 자신에게 해당하는 것에 표기를 하도록 하였다.

(3) 미디어 이용의 특성

① 문화접변에서의 미디어 역할

본 카테고리는 다문화 구성원이 문화접변과 미디어를 어떻게 인식하고, 미디어가 문화접변 시 어떠한 역할을 하는지 알아보기 위한 카테고리이다. 안수근(2006)의 「뉴질랜드 거주 교민의 한국어 매체 이용 및 문화적응 요인」 연구에서 현지 매체의 이용동기나 평가에 대한 다양한 변인 항목들이 제시되어 있는데, 그 가운데 본 연구와 직접적 관련이 있는 내용을 토대로 응용 및 변화시켜 네 가지의 항목으로 재구성하였다.

네 가지 항목은 ㉠ '나는 사람들과 직접 만나 대화하고 교류하면서 사회에 적응하고 있다', ㉡ '나는 미디어가 한국어 소통능력을 향상시켜 사회에 적응하는데 도움을 준다고 생각한다', ㉢ '미디어를 통해서 대한민국 사람으로 갖추어야 할 정보와 지식을 얻는다', ㉣ '미디어를 시청할 때 친구나 가족이 같이하면 편안하고 이해가 쉽다'로 구성되어 있다. 각 문항에는 1점은 전혀 그렇지 않다, 4점은 보통이다, 7점은 매우 그렇다 등 리커트 7점 척도로 표기되었으며, 해당 항목에 응답자의 의견이 가까운 점수에다 체크하도록 하였다.

② 문화접변에서의 미디어 효용

본 카테고리는 다문화 구성원이 문화접변 과정에서 얻을 수 있는 미디어의 효용성을 알아보기 위한 질문이다. 김진영(2003)은 미디어를 정치적 & 경제적 활동－여가제공 등과 같이 다양한 사회적 과정을 전달해 주는 중요 매개체라 했으며, 김선남·홍숙영(2009)의 연구와 김인영·박관영·이인회(2008)는 다문화주의 프로그램 텍스트의 내용이 사회적 과정에서 이질감, 차별화 등으로 표현되어 언급되고 있다고 했다. 즉 미디어 프로그램이 다문화 구성원 개인과 그 출신국가에 대한 인식이 어떻게 인식될지에 대한 생각들을 대상으로 연구와 관련된 항목으로 응용화하여 네 가지의 항목으로 재편하였다.

네 가지 항목은 ㉠ '나는 내가 대한민국의 일원이기에 한국 사회에서 어떤 일이 일어나고 있는지 알고 싶다', ㉡ '나는 나 자신을 포함해 대한민국 사람들이 어떤 생각을 가지는지 알고 싶다', ㉢ '나는 나 자신을 포함해 다문화 구성원이 어떤 생각을 가지는지 알고 싶다', ㉣ '내가 미디어를 접촉하는 이유는 무엇인가'이다. 각 항목에는 1점은 전혀 그렇지 않다, 4점은 보통이다, 7점은 매우 그렇다 등 리커트 7점 척도로 표기하였고, 네 번째 항목에 대해서는 아홉 가지 별도 응답항목 가운데 두 가지를 선택할 수 있도록 구성하였다.

③ 문화접변과 미디어의 이용태도(모국 미디어와 한국 미디어)

본 카테고리는 다문화 구성원이 문화접변에 있어서 미디어를 어떻게 이용하거나 인식하고 있는가를 알아보기 위한 질문이다. 정보 확인 및 수용의 형태에 있어서 오늘날 국가 간 미디어 형태가 객관화되어 있고, 미디어 경계가 없어진 만큼 모국의 미디어 이용태도와 한국의 미디어 이용태도로 구분하여 항목을 구성하였다.

이창현(2000)이나 김진영(2003), 허균(1980), 이선영(2006)의 연구를 참고해 보면 미디어 수용이나 이용동기와 같이 미디어에 대해서 갖는 태도가 매우 다양하다는 것을 알 수 있는데, 문화접변의 원활성의 중심에는 미디어가 있다는 것을 강조하면서, 정보에 대한 욕구 역시 미디어에 의해서 크게 좌우됨을 설명하고 있다. 본 연구의 카테고리를 만들기 위해서 적합하다고 판단되는 항목들을 응용화하거나 일부 사용하였으며, 김승환(2008)의 연구에서 언급된 다양한 채널들을 이용해 열 가지의 카테고리를 재구성하였다.

먼저 문화접변과 모국의 미디어 이용태도 항목으로는 ㉠ '나는 모국의 미디어를 정기적으로 접촉하는 편이다', ㉡ '모국의 미디어는 대한민국의 중요한 정보나 뉴스를 습득하는데 도움을 준다', ㉢ '모국의 미디어는 대한민국에서 현재 가장 중요한 이슈가 무엇인지 잘 알려준다', ㉣ '모국 미디어는 생활하는 데 따분하지 않고 시간을 보내는 데 큰 도움을 준다', ㉤ '모국의 정보를 얻는 데 주로 이용하는 미디어 채널은?'으로 구성하였다. 각 항목에는 1점은 전혀 그렇지 않다, 4점은 보통이다, 7점은 매우 그렇다 등 리커트 7점 척도로 표기하였는데, 1번의 경우는 미디어를 어느 정도 접촉하는지 추가로 직접 기술하게 하였고, 5번의 경우는 여섯 개의 항목 가운데 선택하도록 구성하였다.

그리고 문화접변과 한국 미디어의 이용태도 항목으로는 ㉠ '나는 대한민국 미디어를 정기적으로 접촉하는 편이다', ㉡ '대한민국 미디어는 한국의 중요한 정보나 뉴스를 습득하는 데 도움을 준다', ㉢ '대한민국 미디어는 한국에서 현재 가장 중요한 이슈가 무엇인지 잘 알려준다', ㉣ '대한민국 미디어는 생활하는 데 따분하지 않고 시간을 보내는 데 큰 도움을 준다', ㉤ '대한민국에서 정보를 얻는 데 주로 이용하는 미디어 채널은?'으로 구성하였다. 각 항목에는 1점은 전혀 그렇지 않다, 4점은 보통이다, 7점은 매우 그렇다 등 리커트 7점 척도로 표기하였는데, 문화접변과 모국의 미디어 인식항목처럼 1

번의 경우는 미디어를 어느 정도 접촉하는지 추가로 직접 기술하게 하였고, 5번의 경우는 아홉 개의 항목 가운데 선택하도록 구성하였다.

(4) 문화접변 경험 채널의 선호 유형의 사정도구

<연구문제 2>를 통해서 발견한 유형별 특성에 대해서 각 유형이 어떤 관련성을 가지고 있는지에 대한 작업이다. 발견한 네 개 유형의 가설을 검증하는 작업으로서, Q 방법론을 통해 발견한 유형별 특성에 대해서 각 유형의 관련성이나 전체 모집단에서 존재하고 있는 크기에 대한 확인 작업이다. 이를 위해서 Q 요인 확인을 위한 사정도구를 개발해 간단한 서베이를 진행하였다.

Q-도구는 요인 가중치가 비교적 낮은 사람도 쉽게 특정 유형으로 분류할 수 있도록 만들어진 진술 문장이다(김흥규, 2008a). Q-도구는 <연구문제 2>을 통해서 발견된 각각의 유형을 토대로 개발하게 된다. 유형들을 분석한 결과로 나타난 각각의 유형 특성을 가지고 새로운 문단을 작성하는 것인데, 서로 배타적으로 나타나고 있는 Q 표본(진술문)들을 추출해 내어 이를 종합적으로 반영하여 특징짓는 문단으로 네 개를 재구성하였다. 이렇게 만들어진 Q-도구를 서베이 설문지에 포함시켜서, 다문화 구성원에게 문화접변 경험 채널의 선호에 대해서 응답자 스스로가 가장 적합하다고 생각하는 유형을 선택하도록 한 후 전체 모집단에서 각 유형에 해당하는 빈도의 분포를 측정하였다.

2) 표본선정 및 분석방법

(1) 응답자의 인구통계학적 특성

본 연구를 위해서 전국의 다문화 생활공간을 중심으로 조사를 진행하였다. 조사 대상의 범주는 다문화를 구성하는 유학생, 해외 이민자, 노동자, 국제결혼, 비즈니스, 한류문화 동경 등을 목적으로 한국에서 거주하는 외국인을 대상으로 하였다.

다문화 생활공간은 서울과 경기도를 중심으로 대전, 공주, 부산 등 대도시의 정부기관이나 다문화센터, 대학이나 민간 다문화기관을 중심으로 분배하였다. 물론 다문화라는 특수성이 있기에 일대일 면접으로 진행[27]하였는데, 이들이 가지는 특성들을 종합적으로 고려하여 샘플링을 구성하였고, 표본 수는 200명 이상을 책정하였다. 또한 설문지 구성 및 작성에 있어서 설문의 내용을 충분히 숙지할 수 있도록 하기 위해서 한글과 영어, 중국어, 일본어 등 네 가지 언어로 표기한 설문지[28]를 제작하고 배포하였다.

최종적으로 서베이는 2012년 4월 21일부터 5월 3일까지 13일간에 걸쳐서 실시하였다. 실제 배포된 설문지 250부이며, 이 가운데

---

[27] 설문을 진행한 연구자와 조사원 그리고 보조 연구원은 서울, 경기도(평택, 안산, 안양, 오산, 과천 등), 충남(대전, 공주), 부산에 각각 파견되어 설문지를 직접 배포하고 설문을 진행하였다. 조사원들은 기본적으로 영어나 기타 외국어 표현이 가능하며, 다문화 구성원과의 교류 경험이 있는 사람들로 구성하였다. 이들은 설문을 진행하기에 앞서 연구자와 미팅을 갖거나 전화와 이메일을 통해서 본 연구의 목적과 설문에 대한 내용을 사전에 정확하게 숙지할 수 있도록 오리엔테이션 과정을 진행하여 조사의 효율성을 높였다.

[28] 다문화 구성원의 설문지 이해와 답변 작성을 원활하게 하기 위해서 설문지를 네 개의 언어로 번역하였다. 번역과정은 연구자나 연구자의 지인을 통해서 진행되었는데, 번역은 연구자가 확인하고 검증하는 작업을 통해서 순조롭게 이루어졌다. 영문, 중문, 일문 설문지를 담당한 번역가 모두 한국어와 해당 언어에 능통한 사람들인데, 영문은 미국에 10년 이상 거주하면서 박사과정에 있는 한국인 A씨에게, 중문은 한국에서 7년 이상 거주하고 현재 박사과정에 있는 중국인 B씨에게, 일문은 한국에서 20년 이상 거주하고 있고 현재 미디어 분야에서 근무하고 있는 일본인 C씨가 작업하였다.

233부의 설문지가 일대일 면접에 의한 방식에 의해서 답변이 기입되어 회수하였고, 회수된 설문지 안에서 불성실한 응답과 무응답이 되어 있는 설문지를 제외시켜 총 214부를 설문지를 최종 분석 자료로 활용하였다.

표본의 수는 통계청 발표 인구통계자료(2010년 기준)를 기초로 '국적'을 고려하여 구분하였는데, 중국(45.2%)과 베트남(28.8%), 필리핀(19.3%) 출신들이 전체의 다수(93.3%)를 차지하고 있어서 이들을 중심으로 설문을 진행하고자 하였다. 하지만 다문화 생활공간을 서울과 경기도를 중심으로 대전, 공주, 부산 등의 도시에 거주하거나 생활하고 있는 다문화 구성원을 기준으로 설문을 진행하다 보니 통계자료와는 다소 차이가 나는 구성원 표본이 형성되었다. 중국, 베트남, 인도네시아, 미국, 일본, 필리핀, 기타 아시아와 유럽 출신국 등으로 다양하게, 성별은 남자와 여자, 연령은 10대와 20대, 30대, 40대, 50대 이상으로 할당하였다.

(2) 자료의 처리 및 분석방법

회수된 설문지는 SPSS for Window 18.0 통계 패키지 프로그램을 이용하여 자료의 입력 및 분석을 실행하였다. 입력한 자료는 빈도분석, 기술통계분석, 카이스케어 검정, t-test와 일원변량분석, 다중범위 검정 등의 통계 분석방법을 이용하여 통계치를 구하고 이를 바탕으로 결과물을 해석하였다.

빈도분석(Frequency Analysis)방법은 다문화 구성원의 문화접변 경험 채널의 선호 유형별 분포를 살펴보는 데 이용하였다. 다문화 구성원의 일반적 특성과 문화접변 현상에 대한 인식 유형에 따른 미디어 역할, 미디어 효용의 차이, 미디어의 이용태도 차이의 특성을 알아보기 위하여 실시하였다. 문화접변 현상에 대한 인식 유형에 따른 미디어 역할, 미디어 효용의 차이, 미디어의 이용태도에 대한 각 문항의 신뢰도 검사를 실시하여 문항 간의 신뢰도를 측정하여 예측가능성, 정확성 등을 살펴보았으며, 문항간의 신뢰도는 Cronbach's α의 계수로 판단하였다. 또한 문화접변의 미디어 역할, 미디어 효용, 모국 미디어의 이용태도, 한국 미디어의 이용태도의 평균과 표준편차를 알아보기 위하여 기술통계분석을 실시하였다.

다문화 구성원의 인구통계학적 특성에 대한 일반적 요소와 문화접변 현상의 인식 유형에 따른 미디어 역할, 미디어 효용의 차이, 미디어의 이용태도의 차이를 확인하기 위해서 t-test와 일원변량분석(one-way ANOVA)을 이용하였고, Scheffe의 다중범위 검정(Scheffe's multiple range test)을 통하여 p<.05에서 유의한 차이를 검정하였다. 본 연구의 실증분석은 모두 유의수준 5%에서 검증 작업이 이루어졌다.

4. 문화접변 요인과 문화접변 경험 채널 유형 간의 상관관계 분석

문화접변 현상에 있어서 다문화 구성원의 미디어 태도 유형과 다문화 구성원의 문화접변 경험 채널의 선호 유형 및 특성에 대해서 어떠한 관계가 있는지 알아보았다. 이를 위해서 교차분석을 이용해 진행하였다. 앞서 진행한 다문화 구성원의 문화접변 Q-도구의 결과를 토대로 문화접변에 대한 미디어 태도 요인과 문화접변 경험 채널의 선호 유형간의 관계를 카이스케어 검증(χ^2)으로 분석하였다. 다문화 구성원의 일반적 특성과 문화접변 현상의 인식 유형에 따른 미디어 역할, 미디어 효용의 차이, 미디어의 이용태도 특성의 차이를 살펴본 것이다.

그리고 빈도분석을 통해서 다문화 구성원의 문화접변 요인에 각 유형들의 실제 모집단이 얼마나 분포되어 있는지, 다문화 구성원의 문화접변 경험 채널의 선호 유형에서 발견된 각 유형들이 실제 모집단에서 얼마나 분포되어 있는지를 알아보았다. 다음으로 이들 각 유형 간의 관계를 알아보기 위해서 교차분석을 실시하여 그 내용을 분석하였다.

또한 문화접변 경험 채널을 선호하는 다문화 구성원의 유형과 일대일 면접을 통해서 이해하고 발견한 개인별 특성의 양측 면을 모두 고려해서 미디어 커뮤니케이션 채널 특성의 차이점도 비교하였다.

Ⅳ. 문화접변과 미디어 커뮤니케이션 채널의 연구결과

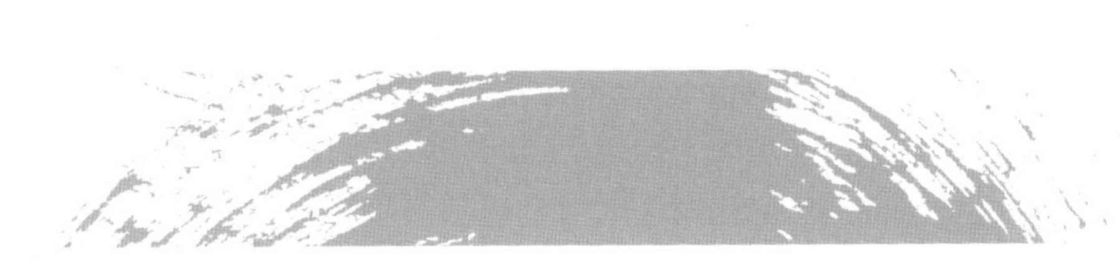

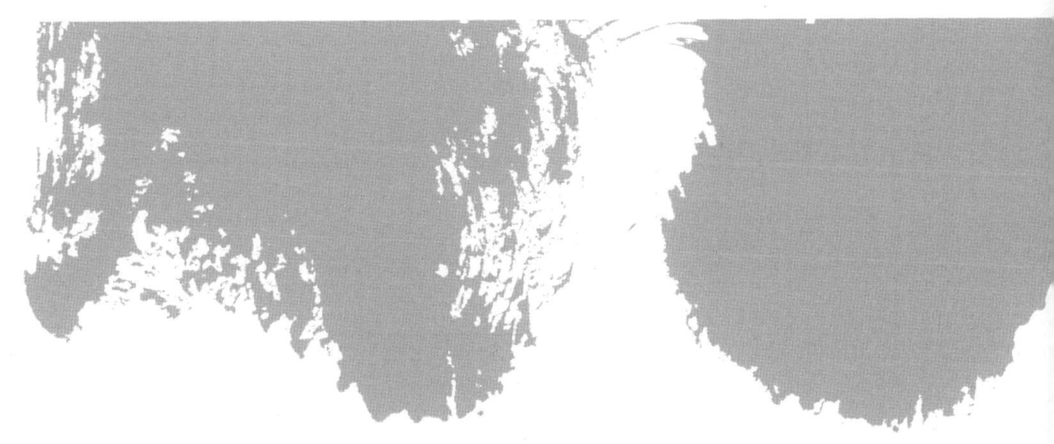

1. 문화접변 요인의 결과분석

본 연구에서는 Q 요인분석을 통한 해석을 진행하였다. Q 요인(유형)분석은 배리맥스(varimax)와 퀴티맥스(quartimax)와 같은 비이론적 회전방식의 통계적 방법으로 요인들을 회전하여 유형을 찾았다.

Q 분석을 위한 프로그램으로 비이론적 회전방식의 QUANL과 이론적 회전방식인 PQMethod가 있다. 이론적 회전은 연구자의 판단이 개입(judgmental rotation)된 방식으로서 연구자의 이론적 관점 혹은 관심에 따라서 회전시켜 결과를 분석한다. 이는 변량을 극대화한 기준으로 회전하는 배리맥스 등의 방법인 비이론적 회전(atheoretical rotation)과는 다르다. 본 연구에서는 연구자의 판단을 불허하는 비이론적 회전 방식인 QUANL을 사용하였다. 그것은 설명변량의 극대화를 제공하면서 자료입력에 따른 매우 다양한 결과물을 얻어낼 수 있고, 유형의 결과치를 통한 해석의 편리성을 가져오기 때문이다(김흥규, 2008a). 이를 이용해서 분석된 결과물을 가지고 각각의 요인(유형)을 발견하였다.

또한 요인의 발견에 있어서 유형의 수를 결정할 때는 아이겐 값(eigen value)[29] 1.00 이상을 기준으로 하였다. 그 밖에도 요인 간의 상관관계계수, 각 요인에 적재된 인자가중치, 설명변량(김흥규, 2008a) 등의 여러 정황을 종합적으로 고려하여 결정하였다.

---

[29] 아이겐 값(eigen value)이란 요인 추출과정에서 나오는 양의 잔여계수를 의미한다. 마치 차를 마실 때 차를 얼마나 우려서 뽑았는가와 같다. 첫 번째 우려낸 차의 향과 맛의 내음을 두 번, 세 번 우려내면서 그 횟수에 따라 향과 맛이 없어지는지 반복된 과정이라 볼 수 있다. 이 과정에서 나오는 차의 향과 맛의 양이 곧 아이겐 값이다.

1) Q 분석결과

　다문화 구성원의 문화접변 요인에 관한 유형분석 결과 세 개의 요인(유형)을 발견하였다.

　본 연구에서 나타난 요인별 아이겐 값은 각각 11.2431, 3.0291, 1.8596으로 나타났는데, 제1요인이 가장 크게 차지하고 있고, 다음으로 제2요인, 제3요인 순으로 나타났다. 총 변량은 0.5761로 본 연구에서 발견된 세 개의 요인이 약 58%의 설명력을 갖고 있다는 것이 확인되었다. 하지만 아이겐 값이나 변량, 총변량은 피험자의 수에 영향을 받는 것이기 때문에 Q에 있어서는 상대적으로 무의미한 개념이라 할 수 있겠다.

〈표 3〉 아이겐 값과 변량과 총변량

	제1요인	제2요인	제3요인
아이겐 값 (eigen values)	11.2431	3.0291	1.8596
변량 (variance)	0.4015	0.1082	0.5761
총변량 (total variance)	0.4015	0.5097	0.5761

　<표 4>는 요인(유형) 간 상관계수를 보여준다. 제1요인과 제3요인과의 상관관계는 0.659로 다른 요인 간의 상관관계보다 상대적으로 다소 높음을 확인할 수가 있다.

　<표 4>에 나타난 요인별 상관관계를 살펴보자면, 제1요인과 제2요인과의 상관관계는 0.292, 제2요인과 제3요인과의 상관관계는

0.468로 각각 나타났다. 그러나 이러한 상관관계계수는 주관적 통계 지수에 불과하기 때문에 각 요인별 특성을 대변하지 않고 있음을 주지할 필요가 있다.

<표 4> 요인 간 상관계수

	제1요인	제2요인	제3요인
제1요인	1.000	0.292	0.659
제2요인	0.292	1.000	0.468
제3요인	0.659	0.468	1.000

제1요인, 제2요인, 제3요인별로 P 표본의 특성을 살펴보면 성별이나 나이, 국적, 학력 등이 모두 고르게 분포되어 있다. 각 요인별로 P 표본이 고루 분포된 모습이 보이고 있는데, 제2요인에서 결혼의 유무가 유형별 전체 P 표본 가운데 가장 높게 나타났다.

각 요인(유형)에 있어서 인자가중치가 1.000 이상인 P 표본은 그 요인을 대표하는 특성을 가졌다고 할 수 있는데, 유형을 해석하거나 분석할 때 각 요인에 해당하는 P 표본의 특성을 반영하여 진행한다면 보다 정확하면서 특색 있는 요인별 설명이 가능할 것이다. 그것은 인자가중치가 높은 사람일수록 그 축(요인)에 가깝게 위치하거나, 동시에 원점에서 멀리 위치해 있기 때문이다. 즉 인자가중치가 높은 사람은 해당 요인에 있어서 전형적이거나 대표적인 사람을 의미한다.

제1요인은 No. 2, No. 4, No. 6, No. 18, No. 28이 인자가중치가 1.000을 넘겼는데, 특히 No. 7, No. 16, No. 27은 인자가중치가 2.000이 넘게 나와 그 특성을 별도로 독특하게 살펴 볼 수 있다. 제2요인은 No. 14, No. 17이 인자가중치 1.000을 넘겼고, 제3요인에서는 No. 5, No. 10, No. 19, No. 21, No. 25, No. 26이 인자가중치가 1.000 이상 나왔다

<표 5> 문화접변 요인 P 표본의 인구통계학적 특성 및 인자가중치

요인	No.	성별	나이	결혼 유무	국적 (출신국적)	직업	인자가중치
제1요인	1	여	33	유	인도네시아	공무원	0.9080
	2	남	29	무	케냐	학 생	1.2852
	3	남	33	유	인도네시아	공무원	0.8380
	4	여	31	유	베트남	공무원	1.1366
	6	여	30	무	중국	학 생	1.4379
	7	여	24	무	중국	무 직	2.6975
	16	여	24	무	중국	학 생	2.6806
	18	여	26	무	중국	학 생	1.0255
	20	남	26	무	중국	학 생	0.8231
	22	여	28	무	중국	학 생	0.9168
	27	남	29	무	미국	강 사	2.2900
	28	여	28	무	미국	교 사	1.5943
제2요인	8	남	37	무	중국	학 생	0.8784
	14	남	42	유	중국	회사원	1.4844
	17	여	27	유	중국	주 부	1.9853
	24	여	28	유	중국	학 생	0.8848
제3요인	5	남	28	무	중국	학 생	1.2268
	9	여	24	무	중국	학 생	0.3642
	10	여	39	유	중국	회사원	1.3270
	11	남	26	무	중국	종업원	0.2689
	12	남	38	유	베트남	주 부	0.8640
	13	여	60	유	중국	주 부	0.6384
	15	여	24	무	중국	학 생	0.9466
	19	여	27	무	중국	학 생	1.0636
	21	여	24	무	중국	무 직	1.1401
	23	남	27	무	중국	학 생	0.5409
	25	남	26	무	중국	학 생	1.3023
	26	남	27	무	중국	학 생	1.2603

2) Q 요인의 해석

Q 방법론의 가장 큰 관심은 진술문과 같은 표본에 있다. 진술문들이 획득한 요인점수가 곧 특정 태도를 반영하고 있기 때문이다. 소터들의 전체적인 시각들 사이에서 나타나는 몇 개의 요인으로 가설을 검증하기도 하고, 새로운 가설과 이론을 구축해 나가는 것에 목적을 두기도 한다(김흥규, 2008).

Q의 해석은 그 안에 감추어진 마음을 읽기 위해 모든 정보와 직관을 동원하여 진행된다. Q 표본의 특정 분포에 대한 해답이나 설명을 찾아가는 과정을 가설생성적이라 하는데, 특정 요인에 속한 각 사람의 적재치에 따라 가중 처리가 된다.

해석 시 활용되는 요소들은 주제와 관련된 이론을 주로 사용한다. 또한 인구통계적 정보의 활용이다. Q 요인은 보통 인구통계학적 속성이 의미 있는 구분으로 진행되지 않지만, 특정 P 표본으로 구성될 경우 인구학적 속성과 관련 있는 것으로 추측하여 해석하기도 한다. 또한 설문조사 자료도 있다. 설문조사 자료를 요인과 연관시켜 그 상관성을 관찰함으로써 해석 과정에 많은 도움을 받을 수 있다. 그리고 Q 소트의 양극항목(예를 들면 −4, −3과 +3, +4 등)에 대한 추후 인터뷰 자료의 활용이다. 연구자 나름대로의 선입견이나 전제에 의존하지 않고 소터의 의견을 중심으로 해석을 전개하여 정확성을 가져오기도 한다(김흥규, 2008).

이러한 과정을 통해서 다문화 구성원의 문화접변과 미디어 태도에 대한 주관적 성향을 Q 요인분석한 결과 각각 독특한 특성을 가진 세 개의 요인이 발견되었고, 각각을 '실제적 수용형', '적극적 판단형', '미디어 이용형'으로 명명하였다.

(1) 제1요인 - 실제적 수용형(The Actual Acceptance)

제1요인에서는 문화접변 현상의 긍정적 태도가 묻어 있다. 문화 간 접촉에 대해서 자연스럽게 받아들이며 적극적으로 적응하려는 모습들이 보인다. 다문화 생활에 대해서 깊은 만족감을 표출하는 유형인 것이다. 갈라혼(Gallahorn)은 문화접변을 개인이 가치나 신념, 특별한 습관, 커뮤니케이션 패턴과 같은 새로운 문화적 요소를 충분히 이해하면서 성공적인 적응력을 보이는 모습으로 설명한다. 개인적인 만족의 방식으로 문화접변을 표출하고 있는데, 두 문화 속에서 살고 있는 다문화 구성원 자신들이 처해 있는 현재의 상황을 즐거워하거나 만족하면서 생활하는 것이다.

이들에게 있어서 문화 간 접촉은 직간접적인 과정으로 이루어지는데, 사람들과 직접적 만남을 통해서 겪는 면대면 커뮤니케이션의 방식과 미디어 매체를 이용해서 간접적 접촉을 시도하는 비대면 커뮤니케이션의 방식이 공존해 있다.

여기서 제1요인은 문화접변의 현상이나 문화접변의 적응에 있어서 미디어의 도움보다는 사람 간 만남을 더욱 중요시한다. 이들에게 있어서 대한민국 사회는 제2의 모국이나 다름이 없다. 이들은 직접적으로 사람들을 만나면서 적극적 문화수용 행태를 보여주고 있다. 그래서 주변 사람들을 만나기 좋아하고(#24), 모국의 문화만을 고수하지 않고 대한민국의 문화와 적절하게 접목시켜(#1, #6) 살아가고 있다.

- 평소에 남의 시선을 많이 의식하는 편이 아닙니다. 그냥 평범하
  게 생활하며 주변에 많은 사람들과 같이 생활하거나 많은 일상
  적 만남을 즐겨 갖는 편이지요. (No. 6, 여자, 30세)
- 주변의 시선에 신경을 쓴다는 것 자체가 다문화를 두려워한다고
  생각하는데요. 그런 의식 자체가 없어야 원활한 문화접변이 이루
  어지는 것이 않을는지……. (No. 22, 여자, 28세)
- 한국 사람들은 새로운 문화를 받아들이는 데 매우 개방적이라고
  생각합니다. 환경적으로도 쉽게 문화를 접목시킬 수 있습니다.
  (No. 3, 남자, 33세)

제1요인은 다문화에 대해서 문화 간 접목 행위를 구성원 각자가 스스로 적응하는 데 별 무리가 없고, 일상적인 생활에 있어서도 주변인들의 도움을 받으며 원활한 활동을 펼쳐가고 있음을 보여주고 있다. 대한민국 사회는 별도로 구분되어 있는 또 다른 문화의 사회가 아니라 이들이 직접 지내고 생활하는 융합된 하나의 생활터전인 것이다. 그래서 이들은 자신들이 적응하는 데 있어서 경험했던 방식과 의식을 토대로 다른 다문화 구성원과 친근한 관계를 유지한다. 그래서 다른 다문화 구성원이 생활의 어려움에 처해서 도움을 청할 때는 스스럼없이 도와줘서 대한민국의 다문화 사회 형성에 적극 동참하는 태도를 보인다(#14). 그러다 보니 주변 사람들뿐만 아니라 타문화 출신 사람들과 같이 오랜 기간 동안 살아가는 생각을 꿈꾸기도 한다(#25). 동시에 본인과 같이 대한민국 사회에 잘 적응하고 화목하게 살아가는 구성원들을 보면 마음이 흐뭇해(#11)서 삶의 만족이 고취되기도 한다.

- 세계 사회의 일원으로서 우리는 더욱더 다른 문화나 사회를 이
  해하려는 자세를 가져야 한다고 본다. 그것이 올바른 문화접변의

> 현상이다. (No. 1, 여자, 33세)
> ─세계가 점점 더 글로벌화되면서 각각의 나라별 소통이 중요하다
>   고 본다. 다른 문화를 이해하고 조화롭게 하는 과정은 문화접변
>   에 있어서 필요하다. (No. 4, 여자, 31세)
> ─사람들은 모두 평등한 대우를 받을 권리가 있다고 생각한다. 다
>   른 다문화 구성원이 어려운 점이 있다면 당연히 도와줄 의향이
>   있다. 나도 처음에 다른 사람들의 도움을 받았을 때 큰 도움이
>   되었으니까……. (No. 16, 여자, 24세)

하지만 간혹 등장하는 편협한 민족주의자(#2)나 출신국 혹은 지역적으로 편견과 차별을 일삼는 사람들(#17), 그리고 인종차별주자들은 극도로 싫어하는 경향(#19)을 보여주고 있다. 이들에게는 이분법적인 구분이나 차별이 문화접변을 방해하는 요소일 뿐이다.

> ─인종차별은 문화 간 갈등의 근원이다. 우리들의 열린 마음이 필
>   요할 때이다. (No. 3, 남자, 33세)
> ─생활하면서 가끔씩 그런 느낌이 들 때가 있다. 특히 영어권 나라
>   에 대한 숭배가 있는 것 같다. (No. 7, 여자, 24세)
> ─서양 사람들에게는 과잉으로 친절하면서, 동남아 사람에 대해서
>   는 무시하고 불친절한 모습을 종종 보았다. 미디어에서 보이는
>   모습도 다르지 않았다. (No. 16, 여자, 24세)

한편 이들에게 있어 문화접변의 적응이나 사회화 과정에서 미디어 영향은 회의적이다. 제1요인은 미디어 접촉을 통한 문화적응이나 사회화보다는 주변 사람들과의 일상적인 대화나 이야기와 같은 직접적 대면을 선호한다. 즉 미디어라는 비대면 커뮤니케이션을 통한 간접적인 문화접변보다는 면대면 커뮤니케이션을 통한 직접적 문화접변을 추구한다(#29). 그러다 보니 미디어 안에서 펼쳐지는 다양한 정보나 이야기 거리들이 실제 생활에 혼란만 가중시킨다고 여기고

미디어를 기피하는 경향이 나타난다(#31). 또한 '나는 한국인이다'라는 자긍심이나 '한국 사람 같다'라는 인식이나 생각이 미디어를 시청함으로써 반복적으로 주입되어 생겨난 것이 아니라(#9), 주변 사람들과의 같이 더불어 살아가면서 얻어지는 자생적인 현상인 동시에 일상생활 속에서 이루어지는 교류에서 자연스레 나타나는 것으로 인식하고 있다.

> ―사람과의 대화를 통해서 정보를 직접적으로 얻을 수 있는데, 무엇보다는 정을 쌓을 수 있는 데 있어서 더 효과적이다. (No. 6, 여자, 30세)

즉 자기가 속한 집단의 긍정적 특성을 재발견하여 소유하게 되면서 점차 자아 존중감을 향상시키게 되는데, 생활이나 문화적 환경 속에서 긍정적인 특성을 찾아 문화접변 현상의 만족감을 유지하려는 것이다(Tajfel & Turner, 1986).

〈표 6〉 제1요인에서 z-score가 +1.00 이상 또는 -1.00 이하를 보인 대표 항목들

번호	Q 표본	z-score
14	다른 다문화 구성원이 도움을 청한다면 스스럼없이 도와줄 것이다.	1.69
17	서양 사람과 동남아 사람에 대한 지역적 편견이 매우 다른 것처럼 보인다.	1.60
8	문화접변은 이해와 화합을 위한 문화적 장을 마련해 준다고 생각한다.	1.47
19	나는 인종차별주의자를 경멸한다.	1.32
11	행복해 보이는 다문화 구성원의 가족애가 너무나 부럽다.	1.12
25	다문화 구성원들과 함께 가정을 이루는(외국인 홈스테이, 외국인 튜터) 현상이 너무 좋다.	1.07
2	대한민국만을 외치는 편협한 민족주의는 문화접변에 방해가 된다고 생각한다.	1.05
16	대한민국 사회가 프랑스나 터키의 사회문제처럼 붉어지지 않을까 염려된다.	-1.01

9	미디어를 통한 문화접변 과정에서 나는 내가 한국인이라는 착각에 빠지게 된다.	−1.17
27	집이 가난해서 미디어를 접촉할 수 있는 기회가 없어서 아쉽다.	−1.25
1	나는 자민족 중심주의가 강해서 다른 문화집단에 대한 이미지의 배척이 심하다.	−1.27
6	나는 새로운 문화와의 접촉을 거부하면서 모국의 민족 문화만을 유지하고 싶다.	−1.29
15	오바마 미국 대통령처럼 대한민국 대통령을 꿈꾸고 싶다.	−1.36
24	주변의 시선이 더욱 두려워서 외출하기가 꺼려진다.	−1.75

(2) 제2요인−적극적 판단형(The Active Engagement of Judgment)

문화접변으로 겪는 새로운 문화와의 만남은 문화적 충격과 갈등의 과정을 거치게 되는데, 서서히 새로운 문화를 수용하면서 문화적 동화나 변동을 가져온다(이장섭, 1993). 제2요인에서는 문화접변에 대한 필요성을 강조함과 동시에 대한민국 사회에서 볼 수 있는 문화접변에 대한 문제점을 날카롭게 지적하는 모습이 드러난다. 문화 간 접촉이 다문화 사회로 진입하는 기본이며 자연발생적 흐름이지만 대한민국 사람들은 아직 문화접변 의식이 확고하지 않다는 지적이 있기도 하다.

제2요인은 대한민국 사회에서 다문화를 이끄는 주체를 다문화 구성원으로 특화시키기도 한다. 다문화를 형성하는 주체는 이주 구성원뿐만 아니라 원주민인 한국 사람이 더불어 만들어 가야 하는데, 제2요인에서는 한국 사람보다도 이주한 다문화 구성원의 역할을 더욱 부각시킨 것이다.

다문화 구성원은 다수의 주류집단에 의해 편견을 가져오는 주체로 인식되기 쉽기 때문에 자신들의 자아 존중감과 적응력 강화를 위해 더욱더 적극적인 방법들을 강구하게 된다(Tajfel, 1982). 이들은 매우 능동적이어서 다문화 구성원 스스로가 모국에 대한 정체성을 지켜내기보다는 이주한 대한민국 사회나 문화에 먼저 적응하려는 모습이 강하게(#5) 보인다. 동시에 다른 한편으로는 그들의 정체성을 지키면서, 한국 문화를 이해하고 적응하려는 노력이나 태도가 나타나기도 한다(#4).

> – 새로운 문화수용에 관심이 없다면 한국에 오지도 않았을 것이다. 문화에 관심이 있고 적극적이었기에 대한민국 사회에 적응하면서 살고 있는 깃이다. (No. 8, 남자, 37세)
> – 대한민국 문화에 관심이 없는 것이 아니다. 문화를 접할 수 있는 접근방법을 얻기가 어려워서 못 하는 것뿐이다. 접근방법이 편하면 더욱 적극적으로 문화를 수용할 것이다. (No. 17, 여자, 27세)

그래서 다문화 구성원은 이주한 대한민국 사회를 한국 사람만의 영역이 아니라 모두의 영역임을 외친다. 이들은 다문화라는 요소가 공통의 요소로 인식해야 함을 주장한다. 그래서 대한민국을 만들어가는 주체가 현재 한국에 살고 있는 다문화 구성원과 한국 사람 모두임을 강조한다(#18). 그렇기 때문에 다문화 구성원과 한국 사람이 문화접변 과정에 있어서 그 적응을 조속히 하여 다 같이 평화롭고 편안하게 잘 살 수 있는 사회가 되기를 바라고 있다. 또한 구성원 모두가 서로서로 도움을 주고받는 관계를 강조하면서 생활습관 속에서 더불어 살아가는 사회로 자리매김하기를 희망하고 있다(#14).

> – 너나 나나 가리지 않고 같은 위치에 서 있는 것이 공감할 수 있는 말이다. (No. 8, 남자, 37세)

> ─다른 문화를 접근할 때 그 국가의 사람을 직접 만나는 것이 더
> 좋은 이해의 방법이다. 실제생활을 보는 것이 문화를 더 잘 이해
> 할 수 있는 것이다. (No. 17, 여자, 27세)

하지만 이들이 걱정하는 것은 대한민국 정부와 한국 사람들이 느끼고 있는 다문화주의에 대한 시각의 차이다. 다문화 구성원은 관광객처럼 다른 문화를 단순히 즐기기 위해 이동했거나 이주한 집단이 아니라 그것을 삶의 현실로 받아들이는 주체이다. 따라서 대한민국 정부가 삶의 공간적 환경에 대해서 제도적이면서 의식적으로 사회의 함의를 끌어와야 한다.

다문화 구성원은 한국 사회가 다문화주의를 표방하여 사회구조적 시각으로 다변화되었다는 데 환영하지만 정작 같이 지내야 하는 한국 사람들의 인식이 여기에 미치지 못하고 있어서 아쉬움을 토로한다. 따라서 제2요인에서는 다문화 구성원이 한국 사회에 적응하기 위해서 매우 노력하고 있지만 반대로 한국 사람들은 무관심하거나 대응의 태도가 미온적임(#21)을 말해주고 있다. 그래서 대한민국 사회에서 이들이 겪고 느끼는 현상으로 인해 한국 사람들에 대한 오해와 걱정이 넘친다. 다문화 구성원인 내가 한국 사람들보다 더 적극적으로 활동하거나 다가간다면 나를 이상하게 쳐다볼 것 같다는 우려의 목소리를 내놓는다. 그래서 자칫 내 모국에 대한 잘못된 선입견을 전달해 줄 수 있다는 우려 섞인 걱정을 하기도 한다(#7).

> ─한국 사람들은 다문화 구성원을 위해서 아무런 준비를 하고 있
> 지 않고 있어서 내가 함부로 활동하거나 나서기가 꺼려진다.
> (No. 14, 여자, 42세)

제2요인 역시 제1요인에서처럼 문화접변의 현상에 있어서 미디어와 같은 비대면 커뮤니케이션보다는 직접 만나고 대화를 나누는 면대면 커뮤니케이션을 선호하고 있다. 미디어를 통한 사회화나 사회 적응력의 강화보다는 사람들과의 관계 속에서 소중한 삶의 방식을 배워 나가는 것을 중요시한다(#29).

이들은 미디어에서 전달하는 텍스트 내용에 대해서 거부감을 가지기도 한다. 간혹 시청하는 TV 프로그램에서 다문화 구성원과의 원활한 문화접변 과정을 강조하는 내용이 아닌 다른 측면의 콘텐츠로 구성되어 있음을 경계한다. 제대로 된 다문화 스토리가 아니라 편견이 담겨져 있는 내용들이 다문화 구성원을 이해시키는 텍스트의 형태로 표현되거나 비춰지고 있기 때문이다. 그래서 이러한 미디어 프로그램은 다문화 구성원과의 문화접변에 역효과만 있을 것이라 본다(#3). 미디어 콘텐츠의 스토리는 사회적 문화적 맥락에서 본다면 주체가 아니라 객체가 되고 타자의 위치로 주변화되거나 소외시되는 경향을 보이면서, 자칫 복제오리엔탈리즘의 전형들이 담겨 왜곡된 이미지만을 생산하여 주입하고 있을 뿐이다(홍장선, 2009). 그렇기에 제2요인에서는 내가 대한민국에서 살고 있는 한국인 임에도 불구하고 미디어를 시청하고 있으면 한국 사람이 아닌 것 같은 이분법적인 착각을 느끼게 만들어 매우 거부감이 든다(#9).

그렇다 하더라도 미디어 자체를 나쁜 것만으로 볼 수는 없다. 미디어 플랫폼에 따라서 다양한 방식으로서 긍정적인 영향을 전달하고 있기 때문인데, SNS나 SMS처럼 발달되어 있는 IT 수단들에 의해서 효과적인 커뮤니케이션을 구현하기도 한다. 생활 정보나 삶의 지식, 한국어 교육과 같은 지식습득에 있어서 도움을 받기도 한다(#28).

<⟨표 7⟩ 제2요인에서 z-score가 +1.00 이상 또는 -1.00 이하를 보인 대표 항목들

번호	Q 표본	z-score
14	다른 다문화 구성원이 도움을 청한다면 스스럼없이 도와줄 것이다.	1.90
18	우리 모두 대한민국 사회를 만들어 가는 구성원이라 생각한다.	1.53
29	미디어 접촉보다는 주변 사람들과의 대화나 구전이 생활에 있어서 도움을 주는 편리한 수단이라고 생각한다.	1.39
28	세계 어느 나라보다도 빠르고 정확한 정보전달이 대한민국에서 정착하는 데 많은 도움을 준다.	1.38
20	대한민국의 사회구조가 다문화주의를 표방하는 것으로 보여 매우 기쁘다.	1.22
11	행복해 보이는 다문화 구성원의 가족애가 너무나 부럽다.	1.13
5	나는 모국 정체성을 유지하지 않고 주류 이주 문화에 대한 관계만이 중요하다고 생각한다.	1.12
2	대한민국만을 외치는 편협한 민족주의는 문화접변에 방해가 된다고 생각한다.	-1.06
7	내가 모국 이미지에 대한 편견을 심어준다는 생각에 불안하다.	-1.06
21	내가 생각하기에 한국 사람들은 진정한 마음으로 다국적 구성원들을 받아들일 수 있는 준비가 전혀 되어 있지 않다.	-1.10
3	문화접변을 강조하는 다문화의 스토리는 편견이 가득한 이미지를 생산할 뿐이다.	-1.24
19	나는 인종차별주의자를 경멸한다.	-1.31
9	미디어를 통한 문화접변 과정에서 나는 내가 한국인이라는 착각에 빠지게 된다.	-1.33
4	나는 모국의 문화에 대해서 유지하거나 정체성을 지키려는 노력이나 새로운 문화수용에 관심이 없다.	-1.90

(3) 제3요인-미디어 이용형(The Media Use)

문화접변에 있어서 커뮤니케이션은 낯선 사회에 적응하는 데 중요한 요소이다. 특히 미디어는 문화접변에 있어서 중개된 커뮤니케이션으로서 문화적응을 쉽게 해주는 효과적인 재사회화 요소이다. 문화집단이 공유하는 모든 무형의 커뮤니케이션(박기순, 2003)은 가치, 세계관, 사회적 조직 같은 인지적 요소와 언어적 요소, 비언어적 요소에 의해서 의사소통기능을 수행하게 되는데, 제3요인에서는 대한민국 사회의 문화적응이나 문화접변의 현상에 있어서 미디어를 통한 정보 습득을 추구하고 있다. 다문화 구성원이 미디어 접촉에 의해서 간접적인 문화접변 과정을 경험함으로써 현실사회에서의 적응력을 도와주고 있다.

미디어를 이용한 문화접변은 사회 구성원이나 그 공존 집단에 대한 고정관념을 덜어주는 데 적합한 도구이다. 서로에 대한 다양성을 인정하고 융합하면서 사회가 지향하는 유토피아를 만들어 내어 전파할 수도 있다. 현실에서는 불가능한 문화교류나 문화접촉을 미디어를 통해 미리 만들어 보고 이에 대한 반응을 살펴보면서 현실사회에 적합한 형태로 수정보완시킬 수 있는 기회를 마련해 주기도 한다.

미디어는 시공간의 거리와는 상관없이 문화 간 접촉과 수용을 즉각적으로 이루어지게 한다. 따라서 미디어는 사람들과 직접적 만남을 통해서 겪는 면대면 커뮤니케이션의 방식과는 다르게 간접적 접촉의 비대면 커뮤니케이션의 방식으로서 문화접변을 용이하게 만든다. 무엇보다도 IT 강국이라 불리는 대한민국에서의 미디어 접촉은 미디어가 가지는 빠른 확산성과 파급력에 대해서 매우 긍정적이다. 조그마한 미디어 플랫폼만 지니고 있어도 IT 기술력에 기반해서 제공되는 정보 덕분에 생활의 편리나 쉽게 적응할 수 있는 혜택들을 누리고 있다.

제3요인은 경제적인 여유가 어느 정도 있기 때문에 다양한 미디어 플랫폼을 소유하고1 있다(#27). TV, 라디오, 신문, 잡지, 스마트폰, 컴퓨터와 같은 다양한 미디어 플랫폼을 통해서 정보 습득이나 사람들 간의 비대면 커뮤니케이션을 자주 시도하기도 한다. 미디어는 그림과 영상, 문자 등으로 구성되어 있기 때문에 한국어 능력과는 상관없이 커뮤니케이션의 도구로서 즐길 수 있다(#26).

> ─실질적인 문제입니다. 경제력이 있으면 미디어 매체를 쉽게 소유
> 할 수 있고 이를 통한 정보습득이 원활하게 됩니다. (No. 9, 여자,
> 24세)
> ─한류 연예인을 좋아해서 미디어를 자주 접촉합니다. TV 채널이
> 나 신문의 기사를 많이 봅니다. (No. 21, 여자 24세)

특히 다문화 구성원을 다룬 프로그램에도 관심이 많은데(#10), 미디어를 보고 있노라면 내가 한국에서 태어난 토종 한국인이라는 착각에 빠질 정도로 프로그램을 집중해서 보기도 한다(#9). 그렇다 하더라도 제3요인은 미디어를 통한 간접적 문화접변과 함께 주변 사람들과 대화나 이야기를 통해서 직접적 교류를 하는 면대면 커뮤니케이션에 대해서도 긍정적으로 생각한다(#29).

제3요인에서는 다문화 구성원이 모국의 문화만을 외치기보다는 대한민국 문화에 관심이 많아 더욱 적극적인 문화접변을 시도한다. 이를 통해서 모국의 문화와 대한민국 문화의 비교를 통한 다양한 문화적 취향을 누리거나 얻고자 하고 있다(#1, #4, #6).

> ─사람이 사회적으로 적극적인 행동을 하는 것이 더 좋다고 생각
> 한다. 모국의 문화만 유지하면 시야가 좁아져서 싫다. (No. 5, 여
> 자, 28세)
> ─나는 자민족 중심주의나 민족 정체성이 약해서 다른 문화를 수
> 용하기를 좋아한다. (No. 21, 여자, 24세)

제3요인은 다문화 구성원이 대한민국에서 살고 있으면서 마치 두 명의 엄마를 가진 것 같은 의식을 지니고 있다고 본다. 다문화 구성

원의 모국과 현재의 대한민국을 제2의 모국으로 여기고 양쪽 모두
를 좋아한다(#13). 또 한국 사람과 만나고 교류하는 것을 좋아해서
능동적인 자세를 취하거나 매우 적극적인 활동을 펼치기도 한다
(#24).

- 주변의 시선이 자신의 행위에 영향을 주는 것보다 자신의 주관적
  의식이 더 분명하게 나타나야 한다고 생각한다. (No. 5, 여자, 28세)
- 모국으로 돌아갔을 때 한국에 대한 나쁜 이야기를 듣는 것이 매
  우 싫다. 물론 한국에서도 나의 모국에 대한 나쁜 이야기를 하거
  나 듣는 것도 싫다. 두 나라를 옹호하는 나 자신을 자주 발견한
  다. (No. 15, 여자 24세)

〈표 8〉 제3요인에서 z-score가 +1.00 이상 또는 -1.00 이하를 보인 대표 항목들

번호	Q 표본	z-score
19	나는 인종차별주의자를 경멸한다.	1.92
29	미디어 접촉보다는 주변 사람들과의 대화나 구전이 생활에 있어서 도움을 주는 편리한 수단이라고 생각한다.	1.71
14	다른 다문화 구성원이 도움을 청한다면 스스럼없이 도와줄 것이다.	1.38
20	대한민국의 사회구조가 다문화주의를 표방하는 것으로 보여 매우 기쁘다.	1.22
25	다문화 구성원들과 함께 가정을 이루는(외국인 홈스테이, 외국인 튜터) 현상이 너무 좋다.	1.13
24	주변의 시선이 더욱 두려워서 외출하기가 꺼려진다.	-1.26
1	나는 자민족 중심주의가 강해서 다른 문화집단에 대한 이미지의 배척이 심하다.	-1.31
10	미디어를 접촉할 때면 다문화 구성원에 관심이 없어 TV 채널이나 신문의 기사를 보기 싫다.	-1.39
4	나는 모국의 문화에 대해서 유지하거나 정체성을 지키려는 노력이나 새로운 문화수용에 관심이 없다.	-1.63
6	나는 새로운 문화와의 접촉을 거부하면서 모국의 민족 문화만을 유지하고 싶다.	-1.72

2. 문화접변 경험 채널의 선호 유형 결과 분석

본 연구 역시 1절의 결과분석 방식처럼 Q 요인분석을 통한 해석을 진행하였다. Q 요인(유형)분석은 배리맥스(varimax)와 쿼티맥스(quartimax)와 같은 비이론적 회전방식의 통계적 방법으로 요인들을 회전하여 유형을 찾았다. 설명변량의 극대화를 제공하면서 자료입력에 따른 매우 다양한 결과물과 해석의 편리성을 위해서 QUANL 프로그램을 사용하였다.

또한 유형의 발견에 있어서도 1절의 결과분석 방식처럼 유형의 수를 아이겐 값(eigen value) 1.00 이상을 기준으로 하여 결정하였다. 그 밖에도 요인 간의 상관관계계수, 각 요인에 적재된 인자가중치, 설명변량(김흥규, 2008) 등의 여러 정황을 종합적으로 고려하여 결정하였다.

1) Q 분석결과

다문화 구성원의 문화접변 경험 채널의 선호 특성에 관한 요인(유형) 분석결과 네 개의 유형을 발견하였다.

본 연구에서 나타난 유형별 아이겐 값은 각각 6.0069, 4.7347, 2.1960, 1.7759로 나타났는데, 제1유형이 가장 크게 차지하고 있고, 다음으로 제2유형, 제3유형, 제4유형 순으로 나타났다. 총 변량은 0.5255로 본 연구에서 발견된 네 개의 유형이 약 53%의 설명력을 갖고 있다는 것이 확인되었다. 하지만 아이겐 값이나 변량, 총변량은 피험자의 수에 영향을 받는 것이기 때문에 Q에 있어서는 상대적으로 무의미한 개념이라 할 수 있겠다.

<표 9> 아이겐 값과 변량과 총변량

	제1유형	제2유형	제3유형	제4유형
아이겐 값 (eigen values)	6.0069	4.7347	2.1960	1.7759
변량 (variance)	0.2145	0.1691	0.0784	0.0634
총변량 (total variance)	0.2145	0.3836	0.4621	0.5255

<표 10>는 유형 간 상관계수를 보여준다. 제2유형과 제4유형과의 상관관계는 0.387로 다른 유형 간의 상관관계보다 상대적으로 다소 높음을 확인할 수가 있다.

<표 10>에 나타난 유형별 상관관계를 살펴보자면, 제1유형과 제2유형과의 상관관계는 −0.085, 제1유형과 제3유형과의 상관관계는 0.156, 제1유형과 제4유형과의 상관관계는 0.176으로 각각 나타났다. 또한 제2유형과 제3유형과의 상관관계는 0.297, 제3유형과 제4유형과의 상관관계는 0.310으로 나타났다. 그러나 이러한 상관관계 계수는 주관적 통계지수에 불과하기 때문에 각 요인별 특성을 대변하지 않고 있음을 주지할 필요가 있다.

<표 10> 유형 간 상관계수

	제1유형	제2유형	제3유형	제4유형
제1유형	1.000	−0.085	0.156	0.176
제2유형	−0.085	1.000	0.297	0.387
제3유형	0.156	0.297	1.000	0.310
제4유형	0.176	0.387	0.310	1.000

2) Q 유형의 해석

Q 유형의 해석은 수수께끼를 푸는 과정처럼 어렵고 많은 시간이 할애된다. 해석은 연구자로 하여금 대담하고 창의적인 사고를 요구하는데, 분명해 보이는 것(진술문의 표준점수와 같은)뿐만 아니라 복잡한 것(여러 개의 진술문들의 조합이 모순된 것일 때)을 모두 고려해야 한다. 그래서 인내의 과정이나 직관, 가설생성적 논리의 틀이 필요하다. Q의 관심은 모든 항목들의 전체적인 양상에 초점이 맞추어진다. 따라서 각각의 항목(진술문 등)이 몇 점을 받았는지에 연연해서는 안 된다(김흥규, 2008).

Q 유형은 특정 주제에 대해서 사람들이 가지는 비슷한 생각의 자결적 조합이다. 어떤 특성을 공유한 사람들의 집단이 아니라 한 사람 안에서 특정되는 주관적 특성이다(김흥규, 1990).

Q 유형을 해석할 때에는 관련된 이론이나 해당 주제를 고려해서 접근하는데, 인구통계학적 정보나 설문조사 자료, Q 소트의 양극 항목(예를 들어 비동의 측면의 −4, −3나 동의 측면의 +3, +4 등) 인터뷰 자료 등이 활용되기도 한다. 또한 P 표본인 소터의 의견을 듣고 객관적인 데이터를 활용함으로써 해석을 정확하게 진행할 수 있다(김흥규, 2008). 이렇게 진행하는 해석의 과정이 이른바 가설을 돌출하는 것으로서, Q 표본에 대한 해답이나 설명을 찾아가는 과정이라고 할 수 있다.

이러한 과정을 통해서 다문화 구성원의 문화접변 경험 채널의 선호 특성을 Q 유형 분석한 결과 각각 독특한 특성을 가진 네 개의 유형이 발견되었다. 발견된 각각의 유형을 '체험채널 추구형', '뉴미디

어 추구형', '타깃화된 BTL 채널 선호형', '대중적 공식채널 추구형'
으로 명명하였다.

(1) 제1유형 – 체험채널 추구형(The Experience Channel)

제1유형에서는 체험이라는 경험을 바탕으로 적극적인 메시지 수
용을 강화하는 것으로서 사회적, 문화적 현실에 부합하여 면대면 커
뮤니케이션을 추구한다. 그래서 사람과 사람과의 소통을 바탕으로
한 진정성이 보이면서, 그 진정성을 바탕으로 진실된 의미의 호소가
가능하다.

제1유형은 개인 중심의 체험 커뮤니케이션 채널을 선호하고 있다.
자극을 경험하면서 얻게 되는 소비자 혹은 행위자의 체험에 중심을
둔 형태이다. 슈미트(Schmitt, 1999)는 소비적 경험과 감성적 경험으
로서 구분하여 설명하고 있는데, 소비적 경험이나 행위적 경험은 구
매나 이용의 과정에서 소비자가 해당 사항들을 직접 사용하게 됨으
로써 접촉과 지각이 진행되는 측면에서의 경험을 말하고, 감성적 측
면에서의 경험은 이성적이면서 합리적인 요소와 대비되는 형태의 감
성, 쾌락, 감각, 상징적 의미의 경험을 의미한다(신현신·이항, 2011).

즉, 체험채널에서의 메시지 전달은 수동적이면서 획일화되거나
일방향적이지 않고, 능동적이면서 쌍방향적인 메시지의 전달을 목적
으로 한다.

따라서 제1유형에서는 다문화 구성원을 이루고 있는 외국인들을
특별한 사람으로 여기지 않는다. 외국인이라는 차이가 있으나 역으
로 대한민국 사회를 구성하고 있는 한 사람으로 인식하고 응대하는
것이다. 외국인을 이방인으로 취급하는 것이 아니라 내국인으로 대

하는 전환된 인식이 전개되고 있는 것이다.

한국어 어학당에서 진행되는 한국어 교육과정(#25)이나 다문화 구성원들의 사회참여와 적응력을 놀이와 함께 강화해 줄 수 있는 노래교실 프로그램(#26), 정착 이주민들에게 대한민국 사회에서 경제적 자립 및 정착의 기회를 마련할 수 있는 창업이나 직업교육(#28)처럼 다문화 구성원들을 위한 교육시스템이 긍정적인 커뮤니케이션 채널 수단으로서 강조되고 있다. 또한 결혼한 다문화 구성원들을 위한 부부상담클리닉(#27)도 이들의 사회 적응력을 도와주는 커뮤니케이션 프로그램 수단이기도 하다.

> − 사회 적응력에 있어서 가장 먼저가 되어야 하는 것이 언어입니다. 그래서 자연스럽게 정보들을 얻을 수 있는 좋은 커뮤니케이션이라고 생각합니다. (No. 3, 남자, 33세)
> − 외국인 노동자나 이민자들이 일을 할 수 있는 기회가 만들어졌으면 좋겠다. 이를 통한 개인의 가치 실현도 실행되면 더욱 좋을 것이다. (No. 5, 여자, 28세)
> − 직업교육 자체가 하나의 사회적 과정이어서, 그 과정에서 더 적극적으로 교류할 수 있을 거 같아요. (No. 9, 여자, 24세)

한편, 체험(experience)은 지극히 개인적이고 복합적인 요소를 포함하고 있는데, 체험이라는 단어 자체에 직접적이면서 상호작용적인, 그리고 자기 자신의 심리적 변화 등이 포괄적으로 내재되 있기 때문이다(이경렬·백지희·박기대, 2010). 체험은 그 주체가 쌍방향 커뮤니케이션을 기반으로 소비자 스스로의 경험을 통해 이루어지는 결정체이다. 즉 체험은 주관적 의식으로서 감각과 성찰을 통해 인간의 심성−감성과 이성−을 자극시키는 통합적 힘이다(고경순, 2004).

전통 음식 만들기(#16) 행사나 어린이 합창대회(#18)와 같은 다문화 축제나 공연 이벤트(#17)도 대한민국 사회에서의 사회화 과정이나 적응력을 강화시키는 데 도움이 되는 수단이다. 특히 보고-느끼고-만지는 실질적 체험의 기회는 즐거운 경험으로 승화되어 문화를 이해하고 적응하려는 제1유형들의 적극적인 의지의 표출이기도 하다.

> -체험 프로그램은 아주 중요하다고 생각합니다. 다양한 프로그램
> 을 통해서 다문화 구성원의 건전한 자아의식이나 타자의식을 형
> 성할 수 있기 때문입니다. (No. 6, 여자, 30세)

이러한 제1유형의 체험 커뮤니케이션 채널들처럼 면대면을 통한 직접적 체험은 문화 간 차이를 좁혀주고, 한국어를 기준점으로서 문화와 인식, 견해의 폭을 줄여주는 데 적합하게 작용되고 있다. 높은 참여도는 기억에 오래 남는 추억을 제공하여 장기적으로 긍정적 효과를 가져다줄 수도 있다.

반면에 제1유형에서는 수동적인 태도나 획일적이면서 비대면적 형태를 극도로 기피한다. 즉 일방향적인 커뮤니케이션에 대해서는 부정적 입장을 취한다. 쓸모없는 스팸성 이메일 레터(#6)나 DM 메일(#4) 등은 이들에게 실질적인 효능이나 이익을 제공하지 않는 단순 정보 수단이다. 구청이나 기업, 지역센터 등에서 보내주는 정보 소식 브로셔(#31) 역시 불필요함을 느낀다. 면대면으로 직접 만나지 않는 전화상담 시비스(#3)도 형식적이거나 보여주기식의 수단으로 인식하고 있기 때문에 매우 꺼려한다. 또한 프레스 릴리즈와 같은 기자회견(#9)은 제1유형에게는 생소하기도 하며 그러한 기회도 쉽

게 얻지 못하는 도구이기에 전혀 필요 없는 채널이다.

> ─기관을 홍보하기 위해 가짜 소식을 전할 수도 있다. 그래서 진실
> 성이 떨어진다. (No. 18, 남자, 26세)
> ─한국에서 생활하다 보면 종종 이상한 전화를 자주 받습니다. 그
> 래서 모르는 전화에 대한 거부감이 있습니다. (No. 6, 여자, 30세)

〈표 11〉 제1유형에서 z−score가 +1.00 이상 또는 −1.00 이하를 보인 대표 항목들

번호	Q 표본	z − score
25	교육이벤트(다문화한국어학당)	2.07
18	체험이벤트(다문화어린이합창대회)	1.45
16	체험이벤트(전통음식만들기)	1.42
26	교육이벤트(다문화노래교실)	1.41
27	교육이벤트(다문화부부상담교실)	1.41
17	체험이벤트(다문화축제공연)	1.38
28	교육이벤트(창업 및 직업교육)	1.14
6	이메일레터(on−line)	−1.39
4	뉴스레터제작(off−line)	−1.63
3	전화상담서비스(T/S)	−1.72
14	인터넷 배너광고	−1.04
31	기관 소식지 브로셔	−1.48
9	프레스 릴리즈	−1.56

(2) 제2유형-뉴미디어 추구형(The New Media)

제2유형은 뉴미디어 플랫폼이나 뉴미디어 시스템을 활용한 커뮤
니케이션 채널을 선호한다. 뉴미디어 커뮤니케이션이란 정보 체계의
디지털화와 IT 기기의 진화로 개발된 소프트웨어나 새로운 디지털
기술로 인해서 개발된 플랫폼을 말하는 것으로서, 뉴미디어의 본질
적인 성향을 그대로 인지하면서 쌍방향 정보교류가 가능한 메시지
전달을 목적으로 한다.

제2유형에서는 제1유형의 참여체험과는 다르게 매체 혹은 플랫폼을 이용한 정보습득 방식에 차이를 보인다. 디지털과 인터넷을 이용하는 쌍방향 뉴미디어 매체는 음성, 텍스트, 동영상 등 모든 정보전달의 유형이 포함된 복합적 융합 정보전달 수단이다.

종전의 4대 매체에 대한 의존성에서 벗어나 다양성을 바탕으로 특화된 커뮤니케이션 채널이 확장되면서, 뉴미디어는 제2유형들에게 인터넷 홈페이지, 커뮤니티, 블로그, UCC, SNS 등 다양한 형태의 인터렉티브(Interective) 수단들을 쉽게 접촉할 수 있도록 하였다.

뉴미디어는 이들에게 참여-공유-개방의 특성 때문에 언제 어디서나 이용자의 능동성과 적극성을 중심으로 이용된다. 특이한 것은 제2유형들은 이러한 뉴미디어를 이용하면서 가상의 공간에서 새로운 형태의 삶을 구축하고 있다는 점이다. 이들은 가상의 공간에서 새로운 정체성을 만들어 가는데, 뉴미디어의 기반인 인터넷 공간에서 다원적 정체성을 구현하면서 새로운 커뮤니케이션의 양식을 만들어 나간다.

즉 대인 커뮤니케이션 미디어들은 실질적 만남에 의한 커뮤니케이션을 보충해주는 수단으로서 인간의 커뮤니케이션을 확장하고 대인관계를 유지시켜 주고 있는 것이다(권상희·김위근, 2005). 메시지의 내용이나 주체 역할을 송신자 측이 독점하지 않는다. 수신자인 다문화 구성원들 역시 그 내용을 소유하고 능동 교환 행동이 가능하게 만들었다(김혜성, 2012). 정보의 흐름이 종전의 일방향 구조로부터 쌍방향 구조로 변환되면서 새로운 관계들이 생겨나게 되었는데, 기관이나 정부, 단체와 제2유형끼리의 메시지 교류나 거래는 물론 제2유형끼리의 거래나 교류도 가능해진 것이다.

또한 지리나 거리의 영역 제한 없이 무한한 확장이 가능하기 때문에 대한민국 사회 내부에서뿐만 아니라 외부에서도 지속적이면서 꾸준한 정보 교류를 바탕으로 문화적응력을 높여 준다.

제2유형에서는 커뮤니케이션 과정에 있어서 송신자와 수신자가 명확하게 정해진 것이 아니라 송신자와 수신자가 수시로 공유되거나 교류되는 현상으로서 정보의 주체가 이용자 대상 자신들임을 강조한다. 따라서 이들은 정보를 개인의 생활 속 일부로 인식하면서 쉽게 접할 수 있는 방식을 선호하는데 웹사이트(#1)나 UCC(#12), 페이스북(#30)처럼 생활 정보수단인 인터넷 기반의 컴퓨터 플랫폼을 주로 사용한다.

- 항상 인터넷을 합니다. 그러다 보니 궁금한 정보를 얻고 싶으면 인터넷 안에서 관련 사이트나 페이지에 쉽게 들어가 찾습니다. (No. 23, 남자, 27세)
- 나의 한국에서의 주된 생활은 주변의 내 친구들과 다른 모든 사람들과의 대화이다. 그래서 페이스북을 이용해 그런 삶을 즐기고 있는데 매우 행복하다. (No. 4, 여자, 31세)
- 페이스북을 통해서 한국 친구들과 쉽게 친해지게 되었다. 직접 만나서 대화를 하게 되면 괜히 어색할 때가 많았는데, 페이스북을 통해서 대화하게 되면 서먹한 것에 대한 걱정이 사라지고 금방 친해질 수 있다. (No. 24, 남자, 28세)

뿐만 아니라 손안의 이동 매체인 스마트폰 플랫폼을 통해서도 신속하고 다양한 정보를 시시각각 전달받는다. 또 SMS 문자 메시지(#5)나 트위터, 카카오톡과 같이 즉각적인 대화나 이야기가 가능한 SNS(#29)를 이용해 정보를 교환한다.

　-시간과 장소에 제한 없이 언제 어디서나 편안하게 정보를 주고
　받을 수 있어서······. (No. 17, 여자, 27세)
　-그냥 습관적으로 사용하는 일상 매체이고, 최신 정보를 실시간으
　로 교류할 수 있어 좋다. (No. 22, 여자 28세; No. 26, 남자, 27세)

　비록 면대면 방식의 커뮤니케이션은 아니지만 비대면 방식으로서
도 쌍방향 커뮤니케이션이 가능하다는 점에서 제2유형은 독특한 특
성을 지닌다. 또래 집단이나 동질 집단, 긴밀한 사이의 집단 간의 정
보전달을 통해서 제2유형들에게 대한민국 사회의 사회적응력을 강
화시킨다.

　하지만 제2유형은 쌍방향 참여체험 커뮤니케이션 채널과는 거리
를 둔다. 커뮤니케이션을 통한 정보 교류에 있어서 면대면 만이 전
부가 아님을 강조하는 것이다. 다시 말해서 기술적 진화에 따른 사
회문화의 변화는 비대면 형태의 과정이 마치 쌍방향 커뮤니케이션
의 수단으로 전환되고 있어서 체험형 요소를 거부하기도 한다.

　체험형 채널인 다문화 노래교실(#26)이나 부부상담교실(#27)과
같은 교육 이벤트는 이들이 바라는 것이 아니다. 또한 전화상담 서
비스(#3)나 잡지섹션의 행사 애드버토리얼(#10)의 경우 언어나 문
화에 따라 의사소통의 부재가 가속되는 채널이기에 더욱 거부하기
도 한다.

　-상담 서비스는 좋은데 아직 한국어 능력이 부족해 커뮤니케이션
　과정에서 말이 안 통하거나 교류의 오류가 발생할까 봐 선택하
　기가 싫다. (No. 4, 여자, 31세; No. 17, 여자, 27세)
　-애드버토리얼은 광고잖아요. 그것은 과장된 거짓만 나열되어 있
　습니다. (No. 22, 여자, 28세)

〈표 12〉 제2유형에서 z-score가 +1.00 이상 또는 -1.00 이하를 보인 대표 항목들

번호	Q 표본	z-score
5	SMS 모바일 서비스	2.20
29	SNS정보교류(트위터, 카카오톡)	2.18
1	외국인 전용 웹사이트	1.79
30	페이스북	1.46
12	UCC	1.38
27	교육이벤트(다문화부부상담교실)	-1.03
10	행사 애드버토리얼(잡지섹션)	-1.26
3	전화상담서비스(T/S)	-1.30
26	교육이벤트(다문화노래교실)	-1.42

(3) 제3유형-타깃화된 BTL 채널 선호형(The Targeted BTL Channel)

제3유형은 IMC 개념 측면에서 볼 때 전통적인 ATL 채널보다 BTL 채널이라는 새로운 대안 매체에 중심을 둔 유형이다. 과거 단기적 목적으로 사용되던 TV, 라디오, 신문, 잡지와 같은 전통적인 커뮤니케이션 프로그램보다는 이들에게 더 효율적으로 작동되는 새롭고 다양한 접근 방법이 필요하게 되었는데 그것이 바로 BTL 채널이다.

BTL 채널은 불명확한 대중을 대상으로 하는 것이 아니라 다문화 구성원과 같이 특정 대상을 위해 사용되는 타깃화된 세분화 접근이다. 즉 이들은 불특정 다수나 일반인들을 대상으로 진행되는 단일방향적 정보 전달 행위를 거부한다(김흥규·홍장선, 2010). 오히려 다문화 구성원과의 지속적인 관계형성을 유지하고, 이들과 다양한 접점 관리를 통해 평생의 가치를 부여하면서 커뮤니케이션의 극대화를 꾀한다. 즉 정교화된 대상에 대한 직접적 관계의 지속이라 하겠다. 제3유형들과의 접점에서 발생할 수 있는 '일관성 있는 다양한 만남'을 위한 다각적인 세분화된 채널인 것이다(김혜성, 2012).

제3유형은 앞서 발견된 제1유형이나 제2유형처럼 쌍방향 커뮤니
케이션이라는 공통된 요소들을 공유하고 있지만 그 의미는 다르다.
제1유형이 직접적 만남과 접촉을 통한 면대면 체험 커뮤니케이션으
로의 쌍방향이라면, 제2유형은 직접적 만남은 아니지만 긴밀하면서
시간이나 장소에 제한되지 않으면서 신속하게 커뮤니케이션이 가능
한 쌍방향이다. 제3유형은 이 두 유형의 상위 개념으로서 접점으로
서 관계유지를 유도하는 동시에 세분화와 정교화를 바탕으로 특정
대상에게만 전달될 수 있는 쌍방향 커뮤니케이션을 지향한다.

즉 이들에게 있어서 정보의 교류나 정보의 습득은 현대 사회를 구성
하는 트렌드나 지금의 사회를 표현하고 대표할 수 있는 특화된 유행이
나 이슈에 맞춘 맞춤형 도구들의 선호를 의미한다. 다시 말하면 다문
화 구성원처럼 주체 타깃이 분명하고 명확한 대상을 중심으로 실제 정
보 메시지 전달에 도움을 주는 커뮤니케이션 채널을 사용하는 것이다.

이들은 나만을 위한 맞춤형 도구를 선호로 한다. 즉 개인이 중심
이 되어 접할 수 있는 개인만의 메시지 습득을 목표로 한다. 이러한
성향을 담아서 전달할 수 있는 커뮤니케이션은 오프라인(off-line)이
나 온라인(on-line) 모두 가능하다.

온·오프라인으로 이용할 수 있는 이메일(e-mail)(#6)이나 메일
(mail), DM처럼 대상 타깃을 겨냥해서 전달된 메시지는 나에게만 전
달되는 것이라서 제3유형들에게 유용한 정보 전달이 가능하다. 또한
이들만을 위한 다양한 축제(#17)나 행사, 공연 역시 나만을 위한 타
깃형 도구로서 그 주목도가 높다.

　　－자주 이용되거나 제공받는 정보전달의 수단이다. 그런데 다문화
　　　출신 사람으로서 혹은 외국인이기에 경험하거나 즐길 수 있는
　　　독특한 대상이다. (No. 28, 여자, 28세)

특히 개인 공동체 집단들의 자유로운 메시지 전달을 가능케 하는 페이스북(#30)이나 트위터, 카카오톡(#29)과 같이 나에게만 혹은 나만을 위한 커뮤니케이션 메시지 전달 채널이나 또는 나에게만 이야기하는 나를 위한 구전의 메시지들이 효과적 수단이라고 인식하고 있다. 나만을 위한(for me), 나에게만(to me)이라는 차별성이 부여됨과 동시에 배려와 세심함이 포함되어 있다.

> −페이스북이나 카카오톡, 트위터와 같은 정보 사이트를 통해서 내 친한 친구들과 쉽고 편리하게 직접적인 소통을 할 수 있어서 좋다. 이들과 SNS 대화를 통해서 한국인의 삶이나 생활을 더욱 빠르고 쉽게 전달받을 수 있어서 좋다. (No. 1, 여자, 33세)
> −소셜 네트워크 서비스(SNS)는 매우 중요한 채널이다. 개인적 상황에 있어서 서로 간에 강한 연대의식과 유대감을 만들어주기 때문에…… 또한 사람관계나 사적인 관계나 모두 다 통용이 되는 편리한 수단이다. (No. 27, 남자, 29세)

반면에 제3유형은 메시지 전달의 대상이 불특정 다수이거나 일반인들을 겨냥한 목적 형태의 커뮤니케이션 채널이라면 거부의 의사를 표출한다. 메시지의 내용이나 전달방식이 나만을 위한 혹은 나에게만 허용되는 것이 아니기에 좋아하지 않는다. 이들은 모든 메시지의 전달방식이나 정보가 '내 것'이라는 소유의 개념이 포함되어 있어야 한다. 따라서 이 범주를 벗어나 버리면 메시지 수용에 의미를 두지 않는다.

그래서 기자 간담회와 같은 프레스 릴리즈(#9)나 전화상담 서비스(#3)와 같이 송신자가 수신자를 다수 중의 하나 혹은 단순 객체로 인식하고 있다고 의심되는 채널들을 부정한다.

-한국어 실력이 약해서 전화를 통한 이야기는 힘들다. 그리고 전
화 메시지가 나만을 위한 것이 아니라 그저 평범한 내용의 대화
일 뿐이다. (No. 1, 여자, 33세)

또한 제3유형은 전통적인 매체인 TV나 라디오를 이용해 전달되
는 메시지를 싫어한다. 전통적인 매체는 불특정 다수나 다수의 일반
인들을 대상으로 전개되는 메시지 전달일 뿐 제3유형만을 위한 혹
은 제3유형만을 위해서 사용되는 커뮤니케이션이 아니기 때문이다.
그래서 케이블 TV 행사(#2)나 인터넷 라디오 방송(#2), TV 프로그
램 연계(#19)처럼 아날로그식 전통적 단일방향 미디어를 거부하고
있다. ATL 채널로 점철되는 도구들은 불특정 다수나 집단에게 무분
별하게 전달되는 무의미한 메시지들의 나열일 뿐이기 때문이다.

〈표 13〉 제3유형에서 z-score가 +1.00 이상 또는 -1.00 이하를 보인 대표 항목들

번호	Q 표본	z-score
30	페이스북	2.06
29	SNS정보교류(트위터, 카카오톡)	1.87
17	체험이벤트(다문화축제공연)	1.70
23	구전PR(정기모임)	1.24
6	이메일레터(on-line)	1.22
11	교통광고(버스, 지하철)	1.01
12	UCC	-1.10
9	프레스 릴리즈	-1.24
27	교육이벤트(다문화부부상담교실)	-1.37
3	전화상담서비스(T/S)	-1.41
19	TV 프로그램 연계(러브인아시아 등)	-1.42
2	인터넷 라디오 방송	-1.51
20	케이블 TV행사 진행	-1.63

(4) 제4유형 - 대중적 공식채널 추구형(The Popular Official Channel)

제4유형은 신뢰도가 높은 대중적 공식채널을 통한 정보 습득을 선호하는 유형이다. 이들은 메시지를 전달하는 송신자가 어떤 주체인가에 더 중요성을 부여한다. 정보를 만들고 전달하는 대상이 특정한 목적성이나 주제를 바탕으로 메시지를 전달하기 때문에 그 신뢰나 믿음, 진정성을 매우 고려한다.

미디어 커뮤니케이션은 사회적 메시지로서, 공식적인 통로로서의 역할을 가지기도 한다. 보편적인 가치나 공동체의 권익, 사회적 효용가치의 극대화, 다수의 이익이나 사회적 약자와 같은 공적 형태의 메시지는 그 구성원들에게 사회 공중을 위한 이익적 측면에서 공식적인 전달매체로 인식된다(조용석·황장선, 2011).

따라서 이들은 공식적인 의견이나 입장을 바탕으로 전달되는 정보 교류의 과정에서 송신자와 수신자와의 관계에 의미를 부여한다. 양측 간의 믿음과 신뢰도가 바탕이 되고, 이를 쉽고 간단하게 정보 접촉수단으로 이용하는 보편적 미디어 수단을 통해서 다문화라는 특수한 주제의 메시지를 자연스럽게 공유하게 되는 것이다. 그리고 제4유형은 다문화 구성원이나 한국인 등 대한민국을 구성하고 있는 모든 구성원들이 언제든 쉽게 정보 메시지를 얻을 수 있는 대중적이면서 전통적인 채널을 선호한다.

대중매체는 정보 수용자들에게 가장 공정하고 신뢰할 만하며 유익한 정보를 제공할 수 있는 원천이다. 그래서 대중적이면서 전통적인 매체 가운데서도 라디오나 잡지와 같은 매체보다는 TV나 신문과 같은 매체를 더 선호로 한다(현택수·홍장선, 2007). 보통 TV 프로그램이나 TV 광고의 텍스트에 대해서 다문화 구성원을 완성도 높게 표현하고 있다면 매우 우호적인 태도를 가지고 있다고 할 수 있겠다. 다시 말해서 TV에서 비추어지는 정보나 이미지가 매우 호의적이기에 이들 역시 한국 사회에 대한 긍정적 반응을 보이는 것이다(Alwitt & Prabhaker, 1992).

즉 다문화 구성원에 대한 가치 확립이나 사회학습, 지식제공 등에 대한 전달은 TV 매체라는 올드미디어를 선호하는 형태에서 매우 호의적 태도가 동반되었기에 특징적 요소로 나타난 것이다.

한편 제4유형은 제3유형과는 다르게 특정한 개인이나 집단을 대상으로 하는 것이 아니라 일반적인 사람이나 불특정 다수에게 전달되는 커뮤니케이션을 선호한다. 이들은 일대일 맞춤형 정보 전달이나 특정인들만을 겨냥한 차별적 행위의 메시지 전달보다는 누구에게나 공평하고 평등하게 전달될 수 있는 넓은 개념의 인식과 열려진 기회를 추구한다.

이들에게 정보란 특정적 집단만을 위한 독점적 수단이 아니라 누구나 평등하게 가질 수 있는 보편적 요소임을 강조한다. 정보 열람이 늘 열려 있어 누구나 쉽고 편리하게 정보를 접할 수 있고, 커뮤니케이션 채널을 쉽게 사용할 수 있는 현상을 표출한다. TV 광고(#21)와 같이 단순 노출만을 통해서 다수가 정보를 쉽게 얻을 수 있는 커뮤니케이션 채널이나 블로그 홍보관(#8), 외국인 전용 웹사이트(#1)처럼 장소와 때를 가리지 않고 언제나 접속할 수 있는 온라인 도구를 선호로 한다. 또한 트위터나 카카오톡(#29)처럼 동일집단 내에서나 쉽게 일촌으로 연결된 이들끼리의 방대한 정보의 교류도 커뮤니케이션의 긍정적 측면으로 인식하기도 한다.

－믿을 수 없는 정보들이 워낙 많아서 불안했다. 그래서 신뢰성과
전문성이 갖추어진 커뮤니케이션 채널이 정말로 실질적인 도움
을 준다. (No. 21, 여자, 24세)
－다문화 구성원이라는 특정 대상이나 공식적 기관에서 만든 웹사
이트는 많은 도움이 된다. 특히 말이 잘 안 통하기 때문에 믿을
수 있는 단체나 기관에서 운영하는 웹사이트에 신뢰가 간다.
(No. 25, 남자, 26세)

위의 커뮤니케이션 채널들처럼 비대면으로 연결되는 오픈 소스(open
source) 커뮤니케이션 말고도 면대면으로 연결되는 도구들 가운데 전
달 대상을 가리지 않고 대한민국과 연계가 가능한 한국어 교육 프로
그램(#25)도 정보 습득의 원활성을 강화시키는 요소로 본다. 다문화
한국어 교육 프로그램은 국가기관이나 대학, 전문 어학단체에서 운용
이 되어 대중적이면서도 신뢰도 면에서 충분하다. 한국어 능력을 공
증받은 강사들이 단기코스나 정규 프로그램 과정을 통해서 올바른
언어교육의 제공해주고, 언어교육에 의한 대한민국 사회의 이해력 강
화나 문화접변의 적응력을 키워주기 때문에 효율적인 수단이다.

반면에 제4유형은 특정인들만을 대상으로 하는 도구들에는 관심
이 없다. 송신인과 수신인이 명확한 뉴스레터(#4)라든가 전화상담
(#3)은 불필요한 것들이다. 심지어 멘토링 시스템도 끼리끼리의 교
류이기에 불편해한다.

또한 아웃도어(out－door)의 활동보다는 인도어(in－door)의 생활을
추구하기도 한다. 그래서 정보를 얻기 위해서 특별히 외출을 하거나
특정 장소나 공간에 방문하기를 꺼려한다. 대한민국이라는 낯선 환경
에서의 생활을 어느 정도 두려워하고 있는 것이다. 따라서 외출을 통
해서 습득하는 정보나 커뮤니케이션 채널을 거부한다. 기관 소식지
브로셔(#31)나 자원봉사 멘토링(#15), 다문화 부부상담교실과 같은

교육이벤트(#27)처럼 기관이나 행정기관을 방문해서 관련 채널의 정보를 얻거나 이용하는 것을 싫어한다. 특히 다문화 부부상담교실은 1회성 단발 이벤트로 인식하는 경우가 많고, 전문성이 결여된 상담인을 고용하고 있어서 불필요한 수단으로 인식하고 있다.

또한 이들은 대중적이지 않고, 공식적이지 않는 정보 메시지를 신뢰하지 않기 때문에 인터넷 라디오 방송과 같이 대안 매체로서의 커뮤니케이션 채널들이나 특화된 대상만을 위해서 진행되는 방송에서 전문 방송인이 아닌 일반인이 운영하거나 진행하는 방송에 대해서도 거부감을 나타낸다. UCC(#12) 역시 전문 영상제작자가 특정 목적에 의해서 영상물을 제공하는 것이 아니라 일반 개인이 콘텐츠를 개발하거나 제작하는 만큼 공식적이지 않고 개인적 이야기를 담은 메시지이기에 제4유형들이 선호하지 않는 채널이다.

〈표 14〉 제4유형에서 z-score가 +1.00 이상 또는 -1.00 이하를 보인 대표 항목들

번호	Q 표본	z-score
21	TV광고	1.79
8	블로그 홍보관	1.70
25	교육이벤트(다문화한국어학당)	1.19
29	SNS정보교류(트위터, 카카오톡)	1.04
1	외국인 전용 웹사이트	1.01
31	기관 소식지 브로셔	-1.05
2	인터넷 라디오 방송	-1.23
15	자원봉사 멘토링	-1.36
3	전화상담서비스(T/S)	-1.37
27	교육이벤트(다문화부부상담교실)	-1.38
12	UCC	-1.56
26	교육이벤트(다문화노래교실)	-1.67
4	뉴스레터제작(off-line)	-1.71

3. 문화접변 유형과 미디어 태도 특성 결과분석

1) 응답자의 인구통계학적 특성

다문화 구성원의 인구통계학적 특성에 따른 문화접변 유형과 미디어 태도에 영향을 미칠 것으로 예상되는 변인으로 성별, 국적, 연령, 직업, 학력, 월평균 가계소득과 같은 항목과 결혼유무, 이주동기, 거주기간을 추가로 구성하여 이렇게 총 아홉 가지에 대해서 그 특성을 살펴보았다.

다문화 구성원 응답자의 일반적 특성을 살펴본 결과는 <표 15>와 같다.

전체 다문화 구성원 응답자 가운데 성별 비율은 남성이 73명으로 34.0%, 여성이 142명으로 66.0%를 차지하고 있었다. 이들의 결혼유무는 기혼자가 23.3%(50명), 미혼자가 76.7%(165명)이었다. 다문화 구성원의 국적으로는 중국이 40.9%(88명)으로 가장 많았고, 기타가 24.2%(52명)[30], 미국이 8.8%(19명), 일본이 7.9%(17명), 베트남이 7.0%(15명), 기타 아시아가 6.0%(13명)[31], 필리핀이 4.2%(9명), 인도네시아가 0.9%(2명) 순으로 나타났다. 연령별로는 20대가 70.6%(151명)으로 대부분이었으며, 30대가 14.5%(31명), 10대가 7.0%(15명), 40대가 4.7%(10명), 50대 이상이 3.3%(7명)이었다.

---

[30] 다문화 구성원 응답자의 국적별 특성에 있어서 기타는 18개국 출신들이 대답을 했는데, 터키와 남아프리카 공화국 출신의 다문화 구성원들이 각각 전체의 2% 이상을 구성하였다. 이밖에 서부 유럽(프랑스, 스페인, 영국, 스웨덴)과 기타 유럽(러시아, 불가리아, 이집트), 중남미(과테말라, 콜롬비아, 엘살바도르 등), 캐나다, 뉴질랜드 등으로 구분되었다.

[31] 다문화 구성원 응답자의 국적별 특성에 있어서 기타 아시아권 국가는 8개국 출신들이 대답을 했는데, 대만과 태국, 라오스, 부르나이, 말레이시아, 몽고, 방글라데시, 카자흐스탄, 우즈베키스탄으로 나타났다.

학력은 대학교 재학이 26.0%(56명), 대학원 이상이 24.7%(53명), 대학교 졸업이 23.3%(50명), 고등학교 졸업이 20.5%(44명), 중학교 졸업 이하가 5.6%(12명) 순으로 나타나 대학교 재학 이상이 전체의 74.0%를 차지하고 있었다. 직업은 학생이 59.1%(127명)으로 가장 많았고, 기타 구성원이 14.9%(32명)[32], 주부가 7.0%(15명), 종업원이 5.1%(11명), 사무원은 3.7%(8명), 공무원은 3.3%(7명), 강사나 교수가 2.8%(6명), 무직이 2.3%(5명), 자영업자가 1.4%(3명), 산업노동자가 0.5%(1명) 순으로 많았다.

대한민국에 오게 된 동기로는 유학이 66.4%(142명)이고, 기타는 12.6%(27명), 구직이 11.7%(25명), 결혼 때문이 7.5%(16명), 한류문화는 1.4%(3명), 사업이 0.5%(1명) 순으로 나타났다. 월평균 가계소득은 100만 원 미만이 58.2%(124명), 100~200만 원 미만이 18.3%(39명), 200~300만 원 미만이 15.5%(33명), 300~500만 원 미만이 5.2%(11명), 500만 원 이상이 2.8%(6명) 순이었다. 대한민국에서의 거주기간은 1년 미만이 37.9%(81명)로 가장 많았고, 1~2년 미만이 21.5%(46명), 4년 이상이 15.4%(33명), 2~3년 미만이 14.0%(30명), 3~4년 미만이 11.2%(24명) 순으로 나타났다.

---

32) 다문화 구성원 응답자의 직업별 특성에 기타 구성원에 해당하는 직업은 군인과 학원강사가 다수를 차지하고 있었다.

〈표 15〉 다문화 구성원 응답자의 일반적 특성

구분		빈도	퍼센트
성별	남성	73	34.0
	여성	142	66.0
결혼유무	기혼	50	23.3
	미혼	165	76.7
국적	중국	88	40.9
	필리핀	9	4.2
	인도네시아	2	.9
	일본	17	7.9
	베트남	15	7.0
	미국	19	8.8
	기타 아시아	13	6.0
	기타	52	24.2
연령 (무응답=1)	10대	15	7.0
	20대	151	70.6
	30대	31	14.5
	40대	10	4.7
	50대 이상	7	3.3
학력	중학교 졸업 이하	12	5.6
	고등학교 졸업	44	20.5
	대학교 재학	56	26.0
	대학교 졸업	50	23.3
	대학원 이상	53	24.7
직업	주부	15	7.0
	학생	127	59.1
	공무원	7	3.3
	사무원	8	3.7
	자영업자	3	1.4
	산업노동자	1	.5
	종업원	11	5.1
	강사/교수	6	2.8
	무직	5	2.3
	기타	32	14.9

동기 (무응답=1)	유학	142	66.4
	결혼	16	7.5
	사업	1	.5
	구직	25	11.7
	한류문화	3	1.4
	기타	27	12.6
월소득 (무응답=2)	100만 원 미만	124	58.2
	100~200만 원 미만	39	18.3
	200~300만 원 미만	33	15.5
	300~500만 원 미만	11	5.2
	500만 원 이상	6	2.8
거주기간 (무응답=1)	1년 미만	81	37.9
	1~2년 미만	46	21.5
	2~3년 미만	30	14.0
	3~4년 미만	24	11.2
	4년 이상	33	15.4
전체		405	100.0

2) 문화접변 요인의 Q-도구

Q 방법론을 통해 발견한 요인(유형)을 바탕으로 실제 바깥세상에 밝혀진 각 유형들의 존재성이나 지역적 분포, 인구학적 특성에 대한 관련성 작업을 진행하였다. 즉 Q 분석결과 발견된 세 가지 요인들의 특성을 토대로 만든 Q-도구를 통해 다문화 구성원의 문화접변 요인에 대해서 살펴보았다.

(1) 사정도구 개발

사정도구(assessment tool)는 Q 방법론을 통해 밝혀진 Q 요인(유형)에 대해서 인구통계학적 특성이나 주제와 관련된 여러 특성들 간의 차이를 손쉽게 수행할 수 있도록 하는 것이다. 서베이 등을 통해 특정인이 어떤 유형에 속하는가를 쉽게 판별하고 그들의 인구통계학적 변인이나 연구주제와 관련한 변인들과의 관련성을 추론할 수 있다(김흥규, 1999; 2001; 2008b). 이것은 Q 방법론으로 추론된 작동이론(working theory)과 조작적 측정도구가 가지는 예측 타당도(predictive validity)와 구성 타당도(construct validity) 등을 확인할 수 있는 기회를 만들거나 제공한다는 점에서 의의가 있다(김흥규, 2008a; 2008b).

사정도구[33]는 보통 두 단계에 걸쳐 완성된다. 첫 번째는 Q 방법론적 접근을 통해 발견한 각각의 요인에 대해서 해석을 진행하는 것이다. Q 요인(Q 유형)은 특정한 주제에 대해서 유사한 생각을 가지고 있는 사람들의 자결적 조합이다. 하지만 어떠한 특성을 공유한 사람들의 집단이라 말하기보다는 한 사람 안에서 특정 짓게 되는 주관적인 특성이라 보는 것이 좋다. 또한 이렇게 요인별 해석을 통해 발견한 요소는 그 안에 감추어진 마음을 알기 위해 모든 직관과 정보를 끄집어내어 가설생성적인 방법으로 진행하게 된다(김흥규, 2008a).

이러한 사정도구의 개발을 위해 사용되는 정보는 Q 소팅 과정을 거쳐 수집한 Q 소트들이다. Q 소트를 점수화하여 QUANL 프로그램을 통해서 얻은 분석결과가 사정도구의 중심이 된다. 그리고 결과 안에서 각 요인의 표준점수가 −1.00, +1.00 이상인 Q 표본(진술문 혹은 다양한 표본들)들의 특성을 바탕으로 다른 요인과의 차이를 찾아낸다. 그리고 각 요인에 포함되거나 해당되는 P 표본들의 추가 인터뷰 내용이

---

33) 사정도구 설명과 그 과정의 프로세스는 김흥규(2008a)의 「Q 방법론−과학철학, 이론, 분석 그리고 적용」과 김흥규(2008b)의 「Q−블럭과 Q−도구의 일치도 연구」 논문, 윤용필(2010)의 「3차원 입체영상의 현실감(프레즌스) 연구: 수용자 인식유형 및 행태를 중심으로」 박사학위 논문을 참고로 하여 일부 인용과 활용 및 정리하여 진행하였다.

나 인구통계학적 특성 등을 바탕으로 유형의 해석을 완성시킨다.

두 번째는 Q 표본과 각 요인에 해당되는 표준점수를 이용하는 것
이다. 표준점수가 적힌 요인 배열표를 이용하여, 특정 Q 표본의 요
인 간 표준점수를 서로 비교하여 −1.00, +1.00 이상 월등히 차이가
나는 판별력(discriminant power) 높은 Q 표본을 해당 요인의 특성을
대표하는 것으로 추출한다.

본 연구에서 발견된 세 개의 요인이 특정 Q 표본에 있어서 항목
의 유사성과 상이성을 보여주고 있어서 요인간의 전체적인 구조를
확인할 수 있다. 연구에서 나타난 높은 판별력은 <표 16>에서처럼
제1요인에서는 세 개의 진술문, 제2요인에서는 일곱 개의 진술문,
제3요인에서는 세 개로 나타났다. 제1요인의 13번 진술문을 예로 든
다면 제1요인에서는 표준점수가 −0.8, 제2요인에서는 0.9, 제3요인
에서는 0.9로 나타났는데, 각각의 표준점수 간의 차이를 비교했을
때 제1요인의 표준점수만이 다른 유형의 표준점수와 −1.00, +1.00
이상 차이를 보이고 있기 때문에 제1요인을 대표하는 진술이라고
할 수 있다.

<표 16> 문화접변의 요인별 판별력이 높은 Q 표본과 표준점수

유형	Q 표본(진술문)	요인별 표준점수		
		Q1	Q2	Q3
제1요인	13. 나는 마치 두 개의 엄마(국가)를 가진 것과 같은 생각이 든다.	−0.8	0.9	0.9
	17. 서양 사람과 동남아 사람에 대한 지역적 편견이 매우 다른 것처럼 보인다.	1.6	−0.3	−0.7
	20. 대한민국의 사회구조가 다문화주의를 표방하는 것으로 보여 매우 기쁘다.	0	1.2	1.2

제2요인	2. 대한민국만을 외치는 편협한 민족주의는 문화접변에 방해가 된다고 생각한다.	1	−1.1	0.1
	5. 나는 모국 정체성을 유지하지 않고 주류 이주 문화에 대한 관계만이 중요하다고 생각한다.	−0.9	1.1	−0.6
	6. 나는 새로운 문화와의 접촉을 거부하면서 모국의 민족 문화만을 유지하고 싶다.	−1.3	−0.3	−1.7
	8. 문화접변은 이해와 화합을 위한 문화적 장을 마련해 준다고 생각한다.	1.5	−0.2	0.8
	15. 오바마 미국 대통령처럼 대한민국 대통령을 꿈꾸고 싶다.	−1.4	0.7	−0.6
	19. 나는 인종차별주의자를 경멸한다.	1.3	−1.3	1.9
	21. 내가 생각하기에 한국 사람들은 진정한 마음으로 다국적 구성원들을 받아들일 수 있는 준비가 전혀 되어 있지 않다.	0.3	−1.1	0.1
제3요인	9. 미디어를 통한 문화접변 과정에서 나는 내가 한국인이라는 착각에 빠지게 된다.	−1.2	−1.3	0.5
	10. 미디어를 접촉할 때면 다문화 구성원에 관심이 없어 TV 채널이나 신문의 기사를 보기 싫다.	−0.4	−0.2	−1.4
	26. 한국어를 이해하지 못해서 미디어 이용 자체가 괴롭다.	0	0.7	−1

　다음은 첫 번째와 두 번째 단계에서의 요인별 해석과 각 요인에서 높은 판별력을 가지는 Q 표본들을 조합하여 공통점을 찾아내는 것이다. 동시에 다른 요인들의 특성이 중복되지 않도록 속성들을 걸러낸 후 요인의 특성을 강조하거나 함축하여 새로운 문장으로 진술문을 만든다.

　<표 17>은 다문화 구성원의 문화접변에 대해서 발견된 세 가지 각 요인들에 대해서, 위와 같은 과정과 방법을 거쳐 정리하여 만들어진 사정도구(Q－도구)이다.

　사정도구는 Q 연구를 통해 발견된 유형을 R 연구로 연결시켜 주는 매개체 역할을 담당한다. 사정도구(Q－도구)를 가지고 Q를 통해

발견한 자결적 요인(유형)들이 실제로 어느 정도 분포되었는지 통상적인 서베이 과정을 통해서 검증하는 것이다. 특정인이 어떤 유형에 속해 있는지 간단하게 판별하면서 인구통계학적 변인이나 연구주제와 관련된 변인들이 서로 어떤 관련성을 가지는지 어떤 차이점을 가지는지를 검증한다(김흥규, 2008a).

<표 17> 사정도구(Q-도구)

유 형	특 성
제1요인 (실제적 수용형)	(대한민국에서 생활하고 있는 나) 나는 한국에서 한국의 문화와 모국의 문화가 같이 공유되어 살아가고 있다. 그런데 나는 평소에 두 개의 문화가 내 안에 있다고 생각하지 않고 통합된 한 개의 문화만이 존재한다고 본다. 이것은 대한민국의 사회구조가 다문화주의를 표방해서 다문화 구성원들의 인식이 긍정적으로 변화하였고, 인권도 향상되어 나타난 결과라고 생각한다. 다만 한국 사람들이 종종 서양 출신의 다문화 구성원과 동남아 출신의 다문화 구성원들에 대해서 지역적이고 편협적인 차별을 보여주고 있는 듯 싶어서 유감스럽다.
제2요인 (적극적 판단형)	(대한민국에서 생활하고 있는 나) 나는 생활하는 데 있어서 한국의 문화나 모국의 문화 가운데 한쪽만을 표현하거나 외쳐서는 안 된다고 본다. 문화를 받아들이는 데 있어서 다양하고 다채로운 방식이나 태도로 수용해야 한다고 생각한다. 복잡하면서도 시끄러운 현상이겠지만 이것이 진정한 문화수용의 태도라 확신한다. 하지만 한국에서 살고 있는 만큼 한국 문화에 대한 적극적인 수용과 친밀성이 바탕이 되어야 할 것이다. 그리고 한국 사람들과의 솔직하고 진정한 교류가 한국 생활에 많은 도움을 줄 것이라 믿는다.
제3요인 (미디어 이용형)	(대한민국에서 생활하고 있는 나) 나는 한국 생활의 적응에 있어서 미디어가 필수품이라고 본다. 미디어는 한국생활에 있어서 한국문화에 대해서 알아가거나 이해하는 데 도움을 준다. 문화적 차이나 가치관의 차이로 인해 발생하는 문제가 미디어에서 직간접적으로 대신 알려주고 있기 때문에 도움이 된다. 또한 나와 비슷한 다문화 구성원들의 모습들을 간접적으로 비추어 바라볼 수 있어서 좋다. 그래서 비록 한국어 능력이 부족해도 미디어 이용을 즐겨하고 있는데, 미디어를 이용하고 있노라면 한국 사람처럼 느낄 수 있어서 좋다.

(2) 문화접변 요인

다문화 구성원의 문화접변 현상에 대한 인식 요인을 살펴본 결과는 <표 18>과 같다.

〈표 18〉문화접변 현상에 대한 인식 요인

요인	빈도	퍼센트
(제1요인) 실제적 수용형	42	20.2
(제2요인) 적극적 판단형	132	63.5
(제3요인) 미디어 이용형	34	16.3
전체	208	100.0

빈도분석 결과 제2요인인 '적극적 판단형'은 전체 응답자 208명 가운데 132명으로 63.5%인 절반 이상을 차지하였고, 제1요인인 '실제적 수용형'은 20.2%(42명), 제3요인인 '미디어 이용형'은 16.3%(34명)이었다. 다문화 구성원이 대한민국 사회에 생활하면서 겪는 문화접변은 두려운 현상이 아니라 적극적이면서 능동적으로 해결할 수 있는 현실의 문제임을 보여주고 있다.

<그림 6>과 같이 세 가지 요인으로 발견되었던 다문화 구성원의 문화접변 요인들은 미디어 태도에 대해서 행위적, 인지적, 감정적 성격을 복합적으로 각각 표현하고 있다. 미디어는 커뮤니케이션의 놀이나 여가를 위한 단순한 수단이 아니라 정보습득이나 사회화 과정과 같은 목적성을 가진다.

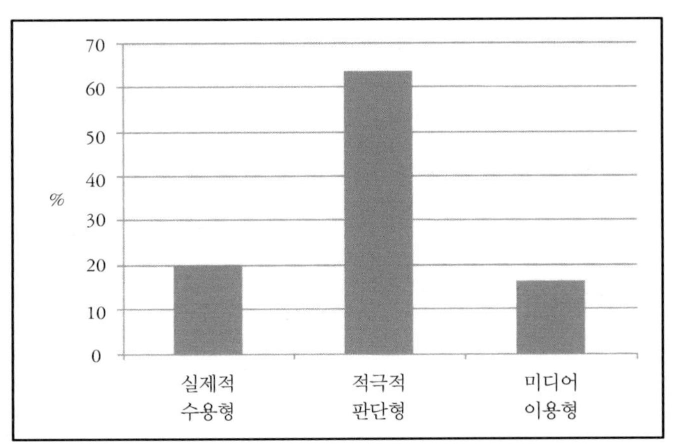

〈그림 6〉 문화접변 현상에 대한 인식 요인

일반적 특성에 따른 문화접변 요인의 차이

다문화 구성원의 문화접변 요인 차이에 대한 특성을 살펴본 결과는 <표 19>와 같다.

대한민국 사회에서의 다문화 구성원의 문화접변 현상에 대한 인식 요인에 대한 응답자의 국적에 따른 차이는 유의미한 것으로 나타났다. 하지만 성별과 결혼유무, 연령, 학력, 직업, 대한민국에 오게 된 동기, 월소득, 거주기간에 따른 차이는 유의수준 5%에서 유의미하지 않은 것으로 드러났다.

국적에 있어서 중국 국적의 다문화 구성원은 제2요인인 '적극적 판단형'이 69.0%로 가장 강하게 나왔고, 제1요인인 '실제적 수용형'(26.2%)이 그다음으로 높게 확인되었다. 일본 국적의 다문화 구성원은 제2요인인 '적극적 판단형'이 70.6%, 제3요인인 '미디어 이용형'이 29.4%의 순으로 나타났으며, 기타 아시아 지역 국적의 다문화 구성원은 제2요인인 '적극적 판단형'이 48.6%, 제3요인인 '미디어 이용형'이 35.1%의 순으로 드러났다. 미국 국적의 다문화 구성원의 경우 제2요인인 '적극적 판단형'이 83.3%이고, 제1요인인 '실제적 수용형'은 11.1%의 순으로 높게 조사되었고, 기타 지역은 제2요인인 '적극적 판단형'이 55.8%, 제1요인인 '실제적 수용형'이 23.1%의 순으로 높은 반응을 나타났다(χ^2=28.282, p<.001). 특히, 일본 국적의 다문화 구성원과 미국 국적의 다문화 구성원은 제2요인인 '적극적 판단형'에서 각각 70.6%와 83.3%로 다른 국적의 다문화 구성원에 비해 월등히 높게 나타났으며, 기타 아시아 지역 국적의 다문화 구성원은 제3요인인 '미디어 이용형'에서 35.1%로 높은 반응을 보였다.

일본과 기타 아시아 지역 국적의 다문화 구성원이 다른 지역 국적의 다문화 구성원들보다 지리적으로나 문화적으로 가까운 위치에 있기 때문에 문화적 교류가 용이하고, 밀접한 친밀 관계를 유지하고 있어서 '미디어 이용형'에 있어서 적극적인 행동을 취했다. 반면에 중국 국적의 다문화 구성원의 경우는 타 지역이나 국가에 비해서 국가의 미디어 통제가 강하기 때문에 그리고 정치적 이념이 다른 관계로 매우 낮은 반응을 보였다.

다문화 구성원의 거주기간에 따라서도 미디어 이용의 차이를 보였는데, 초기 이주나 체류의 상황이나 거주기간이 짧을수록 미디어의 이용이 높은 반면, 체류 기간이 길수록 미디어의 이용이나 관심도가 낮아지는 특성을 보여주고 있다.

<표 19> 응답자의 일반적 특성에 따른 요인의 차이

구분		(제1요인) 실제적 수용형		(제2요인) 적극적 판단형		(제3요인) 미디어 이용형		전체		$\chi^2(p)$
		N	%	N	%	N	%	N	%	
성별	남성	15	21.4%	49	70.0%	6	8.6%	70	100.0%	4.692
	여성	27	19.6%	83	60.1%	28	20.3%	138	100.0%	(.096)
결혼 유무	기혼	11	22.9%	30	62.5%	7	14.6%	48	100.0%	.357
	미혼	31	19.4%	102	63.8%	27	16.9%	160	100.0%	(.836)
국적	중국	22	26.2%	58	69.0%	4	4.8%	84	100.0%	28.282[***]
	일본	0	.0%	12	70.6%	5	29.4%	17	100.0%	(.000)
	기타 아시아	6	16.2%	18	48.6%	13	35.1%	37	100.0%	
	미국	2	11.1%	15	83.3%	1	5.6%	18	100.0%	
	기타	12	23.1%	29	55.8%	11	21.2%	52	100.0%	
연령	10대	2	13.3%	7	46.7%	6	40.0%	15	100.0%	10.597
	20대	29	19.7%	96	65.3%	22	15.0%	147	100.0%	(.102)
	30대	9	30.0%	16	53.3%	5	16.7%	30	100.0%	
	40대	2	12.5%	13	81.3%	1	6.3%	16	100.0%	
학력	고등학교 졸업	12	21.8%	32	58.2%	11	20.0%	55	100.0%	6.000
	대학교 재학	13	24.1%	36	66.7%	5	9.3%	54	100.0%	(.423)
	대학교 졸업	8	16.7%	34	70.8%	6	12.5%	48	100.0%	
	대학원 이상	9	17.6%	30	58.8%	12	23.5%	51	100.0%	
직업	주부	4	26.7%	7	46.7%	4	26.7%	15	100.0%	5.599
	학생	26	21.1%	77	62.6%	20	16.3%	123	100.0%	(.470)
	강사/교수	8	23.5%	20	58.8%	6	17.6%	34	100.0%	
	기타	4	11.1%	28	77.8%	4	11.1%	36	100.0%	
동기	유학	29	21.0%	88	63.8%	21	15.2%	138	100.0%	3.400
	결혼	5	31.3%	8	50.0%	3	18.8%	16	100.0%	(.757)
	구직	5	20.0%	16	64.0%	4	16.0%	25	100.0%	
	기타	3	10.7%	19	67.9%	6	21.4%	28	100.0%	
월 소득	100만 원 미만	26	21.5%	75	62.0%	20	16.5%	121	100.0%	4.970
	100~200만 원 미만	10	25.6%	24	61.5%	5	12.8%	39	100.0%	(.548)

월 소득	200~300만 원 미만	2	6.5%	23	74.2%	6	19.4%	31	100.0%	4.970 (.548)
	300~500만 원 미만	4	25.0%	10	62.5%	2	12.5%	16	100.0%	
거주 기간	1년 미만	14	17.3%	50	61.7%	17	21.0%	81	100.0%	11.863 (.157)
	1~2년 미만	11	25.6%	28	65.1%	4	9.3%	43	100.0%	
	2~3년 미만	4	13.8%	17	58.6%	8	27.6%	29	100.0%	
	3~4년 미만	3	12.5%	18	75.0%	3	12.5%	24	100.0%	
	4년 이상	10	32.3%	19	61.3%	2	6.5%	31	100.0%	
전체		42	20.2%	132	63.5%	34	16.3%	208	100.0%	

3) 미디어 이용의 특성

문화접변에서 다문화 구성원 스스로가 자신을 어떻게 이해하고 있는지 확인해 보았다. 사회정체성의 측면에서 지역사회의 애착과 관여도를 고려해서 접근했는데, 문화접변은 사회정체성이 다문화 구성원 개개인이 속한 그룹에서 나오는 특수성을 가짐을 알 수 있었다. 이를 위해서 문화접변의 미디어 역할 영역, 문화접변과 미디어의 이용 인식 영역에 대해서 살펴보았다. 각 영역별로 신뢰성 검증을 통해서 측정값을 구한 것이다.

신뢰도란 동일한 대상이나 특성 혹은 구성을 비교 가능하게 하고, 독자적인 측정으로 나타난 결과들이 어느 정도 유사성이 있는지를 나타내는 것으로서 안전성, 의존 가능성, 예측 가능성, 일관성, 정확성 등의 동의어로 사용된다. 본 연구에 사용된 측정도구는 Cronbach's α 계수를 이용하여 분석하였으며, 일반적으로 0.6 이상이면 비교적 신뢰성이 높다고 하겠다(채서일, 1990).

〈표 20〉 각 영역의 신뢰도 검증

	문항수	신뢰도
문화접변에 있어서 미디어 역할	4	.765
문화접변에 있어서 미디어 효용	3	.771
문화접변에 있어서 모국 미디어의 이용태도	4	.702
문화접변에 있어서 한국 미디어의 이용태도	4	.875

(1) 문화접변에서의 미디어 역할

대한민국 사회에서 생활하는 다문화 구성원이 문화접변과 미디어를 어떻게 인식하고, 미디어가 문화접변 시 어떠한 역할을 하고 있었는지에 대해서 살펴본 결과는 <표 21>과 같다.

한국 사회에서 생활하고 있는 다문화 구성원의 문화접변에 있어서 미디어 역할의 평균은 4.62로 나타났다. 각 항목에 대해서는 '나는 미디어가 한국어 소통능력을 향상시켜 사회에 적응하는 데 도움을 준다고 생각한다'(M=4.87), '나는 사람들과 직접 만나 대화하고 교류하면서 사회에 적응하고 있다'(M=4.82), '미디어를 통해서 대한민국 사람으로 갖추어야 할 정보와 지식을 얻는다'(M=4.45), '미디어를 시청할 때 친구나 가족이 같이하면 편안하고 이해가 쉽다'(M=4.37)의 순서로 미디어 역할이 높은 것으로 확인되었다. 무엇보다 다문화 구성원이 대한민국 사회에 적응하는 데 필요한, 한국어 소통능력을 향상시키는 데 미디어가 언어습득의 수단으로 활용되고 있었다. 현재의 일상적이고 트렌디한 표현이나 드라마 속 배우의 대사와 행동을 토대로 세밀한 표현법과 화법 능력을 키우는 데 도움이 되는 것으로 조사되었다.

〈표 21〉 문화접변에서의 미디어 역할

미디어 역할	평균	표준편차
나는 사람들과 직접 만나 대화하고 교류하면서 사회에 적응하고 있다.	4.82	1.41
나는 미디어가 한국어 소통능력을 향상시켜 사회에 적응하는데 도움을 준다고 생각한다.	4.87	1.53
미디어를 통해서 대한민국 사람으로 갖추어야 할 정보와 지식을 얻는다.	4.45	1.60
미디어를 시청할 때 친구나 가족이 같이하면 편안하고 이해가 쉽다.	4.37	1.54
전체	4.62	1.17

① 미디어 역할 차이에 따른 응답자의 일반적 특성

다문화 구성원 응답자의 일반적 특성에 따른 미디어 역할의 차이를 살펴본 결과는 <표 22>와 같다.

다문화 구성원 응답자의 성별과 국적, 직업에 따른 미디어 역할의 차이는 유의미한 것으로 확인되었으나, 결혼유무와 연령, 학력, 대한민국에 오게 된 동기, 월소득, 거주기간에 따른 차이는 없는 것으로 조사되었다.

성별에 있어서 '남성'의 평균은 4.23이고 '여성'의 평균은 4.82로 확인되어서 여성의 미디어 역할이 상대적으로 더 높은 것으로 나타났다($t = -3.567$, $p < .001$). 국적별로는 '중국'($M = 4.97$), '기타 아시아'($M = 4.80$), '일본'($M = 4.43$), '기타'($M = 4.24$), '미국'($M = 3.87$)의 순으로 조사되었는데, 중국 국적의 다문화 구성원과 기타 아시아 지역 국적의 다문화 구성원에게 미디어 역할이 더 높은 것으로 드러났다($F = 6.067$, $p < .001$). 직업에 있어서는 '주부'($M = 5.07$), '학생'($M = 4.80$), '취업자'($M = 4.32$), '기타'($M = 4.13$)의 순으로 미디어 역할이

높은 것으로 확인되었다(F=4.992, p<.01).

<표 22> 미디어 역할에 대한 응답자의 일반적 특성

		N	평균	표준편차	t/F	p
성별	남성	71	4.23	1.24	−3.567***	.000
	여성	141	4.82	1.08		
결혼유무	기혼	50	4.50	1.40	−.728	.469
	미혼	162	4.66	1.09		
국적	중국	87	4.97 a	1.07	6.067***	.000
	일본	17	4.43 ab	.73		
	기타 아시아	38	4.80 a	.93		
	미국	18	3.87 b	1.65		
	기타	52	4.24 ab	1.19		
연령	10대	14	4.82	1.04	1.089	.355
	20대	150	4.69	1.05		
	30대	31	4.35	1.48		
	40대 이상	17	4.38	1.59		
학력	고등학교 졸업 이하	54	4.70	1.24	.919	.433
	대학교 재학	55	4.54	1.13		
	대학교 졸업	50	4.45	1.27		
	대학원 이상	53	4.80	1.02		
직업	주부	15	5.07 a	1.41	4.992**	.002
	학생	124	4.80 ab	.98		
	취업자	36	4.32 ab	1.23		
	기타	37	4.13 b	1.38		
동기	유학	139	4.68	1.03	.456	.713
	결혼	16	4.75	1.31		
	구직	25	4.52	1.36		
	기타	31	4.45	1.48		
월소득	100만 원 미만	122	4.76	.95	1.793	.150
	100~200만 원 미만	39	4.63	1.26		
	200~300만 원 미만	33	4.35	1.54		
	300만 원 이상	17	4.23	1.43		

					F	p
거주 기간	1년 미만	81	4.57	1.22		
	1~2년 미만	44	4.59	.98		
	2~3년 미만	30	4.77	1.34	.281	.890
	3~4년 미만	24	4.53	1.21		
	4년 이상	33	4.74	1.13		

[**] $p<.01$, [***] $p<.001$, Scheffe's test: a>b

② 문화접변 현상에 대한 인식 유형에 따른 미디어 역할의 차이

다문화 구성원의 미디어 인식 유형에 따른 문화접변의 미디어 역할의 차이를 살펴본 결과는 <표 23>과 같다.

대한민국 사회에서의 다문화 구성원의 문화접변 현상에 대한 인식 유형에 따른 미디어 역할의 차이는 제3요인인 '미디어 이용형'(M=4.90), 제1요인인 '실제적 수용형'(M=4.68), 제2요인인 '적극적 판단형'(M=4.53)의 순서로 미디어 역할이 높게 나타났으나, 이 차이는 유의수준 5%에서 유의미하지 않은 것으로 조사되었다.

〈표 23〉 문화접변 현상에 대한 인식 유형에 따른 미디어 역할의 차이

요인	N	평균	표준편차	F	p
(제1요인) 실제적 수용형	42	4.68	1.24		
(제2요인) 적극적 판단형	131	4.53	1.16	1.423	.243
(제3요인) 미디어 이용형	34	4.90	1.06		

(2) 문화접변에서의 미디어 효용

대한민국 사회에서 생활하는 다문화 구성원이 문화접변과 미디어를 어떻게 인식하고, 미디어가 문화접변 시 어떠한 효용을 하고 있는지에 대해서 살펴본 결과는 <표 24>와 같다.

대한민국 사회에서 생활하고 있는 다문화 구성원의 문화접변 현상에 대한 인식 유형에 따른 미디어 효용의 차이 평균은 4.90으로 나타났다. 각 항목에 대해서는 '나는 나 자신을 포함해 대한민국 사람들이 어떤 생각을 가지는지 알고 싶다'(M=5.18), '나는 나 자신을 포함해 다문화 구성원이 어떤 생각을 가지는지 알고 싶다'(M=5.17), '나는 내가 대한민국의 일원이기에 한국 사회에서 어떤 일이 일어나고 있는지 알고 싶다'(M=4.38)의 순서로 미디어 효용이 높은 것으로 조사되었다. 미디어에서 표현되는 다문화에 대한 텍스트가 사회에서 이질감이나 차별화 등으로 표현되거나 언급된다(김인영 외, 2008; 김선남 외, 2009)는 선행연구에서처럼 다문화 구성원은 미디어를 통해서 문화접변 과정에서 나타나는 다문화 구성원이나 대한민국 사람들의 생각이나 인식에 대한 요소를 살펴볼 수 있다는 데 긍정적이었다.

〈표 24〉 문화접변에서의 미디어 효용

	평균	표준편차
나는 내가 대한민국의 일원이기에 한국 사회에서 어떤 일이 일어나고 있는지 알고 싶다.	4.38	1.56
나는 나 자신을 포함해 대한민국 사람들이 어떤 생각을 가지는지 알고 싶다.	5.18	1.40
나는 나 자신을 포함해 다문화 구성원이 어떤 생각을 가지는지 알고 싶다.	5.17	1.36
전체	4.90	1.22

그리고 미디어 접속 이유를 추기로 살펴본 결과는 <표 25>와 같다. 다문화 구성원이 미디어를 접속하는 이유는 '생활 및 시사정보를 얻기 위해'가 28.3%로 가장 많았고, 그다음으로는 '대한민국의 사회

이해를 하기 위해' 17.4%, '휴식을 취할 목적으로' 14.9%, '무료한 시간을 보내기 위해' 14.4%, '한국의 대중문화를 즐기려고' 14.1%, '한류 스타를 보기 위해' 6.5%, '외로움을 잊기 위해' 3.5%, '잡다한 일들에서 벗어나기 위해' 1.0%의 순으로 나타났다.

<표 25> 다문화 구성원의 미디어 접속 이유 (※ 복수응답)

미디어 접속 이유	빈도	퍼센트
무료한 시간을 보내기 위해	58	14.4
외로움을 잊기 위해	14	3.5
잡다한 일들에서 벗어나기 위해	4	1.0
휴식을 취할 목적으로	60	14.9
한류 스타를 보기 위해	26	6.5
생활 및 시사정보를 얻기 위해	114	28.3
대한민국의 사회 이해를 하기 위해	70	17.4
한국의 대중문화를 즐기려고	57	14.1
전체	403	100.0

① 미디어 효용 차이에 따른 응답자의 일반적 특성

다문화 구성원 응답자의 일반적 특성에 따른 미디어 효용의 차이를 살펴본 결과는 <표 26>과 같다.

다문화 구성원 응답자의 성별과 결혼유무, 국적, 연령, 학력, 직업, 대한민국에 오게 된 동기, 월소득, 거주기간에 따른 문화 적응력과 생활 만족감에 있어서 미디어 효용의 차이는 없는 것으로 나타났다.

〈표 26〉 미디어 효용에 대한 응답자의 일반적 특성

구분		N	평균	표준편차	t/F	p
성별	남성	72	4.80	1.38	−.820	.413
	여성	141	4.95	1.13		
결혼유무	기혼	50	4.95	1.41	.331	.741
	미혼	163	4.88	1.16		
국적	중국	87	4.76	1.10	1.659	.161
	일본	17	5.14	.72		
	기타 아시아	38	5.07	1.05		
	미국	19	4.44	1.81		
	기타	52	5.09	1.35		
연령	10대	15	4.84	1.51	.332	.803
	20대	150	4.95	1.16		
	30대	31	4.74	1.50		
	40대 이상	17	4.76	.87		
학력	고등학교 졸업 이하	55	4.86	1.43	.633	.595
	대학교 재학	55	4.82	1.24		
	대학교 졸업	50	4.81	1.05		
	대학원 이상	53	5.09	1.12		
직업	주부	15	5.09	1.68	.134	.940
	학생	125	4.88	1.17		
	취업자	36	4.89	1.14		
	기타	37	4.89	1.29		
동기	유학	140	4.86	1.14	1.356	.257
	결혼	16	4.69	1.54		
	구직	25	5.35	1.11		
	기타	31	4.87	1.40		
월소득	100만 원 미만	123	4.92	1.10	.431	.431
	100~200만 원 미만	39	4.75	1.13		
	200~300만 원 미만	33	4.81	1.62	.431	.431
	300만 원 이상	17	5.31	1.29		
거주기간	1년 미만	81	4.89	1.30	.419	.795
	1~2년 미만	45	5.00	1.31		
	2~3년 미만	30	4.73	1.02		
	3~4년 미만	24	5.08	1.13		
	4년 이상	33	4.79	1.13		

② 문화접변 현상에 대한 인식 유형에 따른 미디어 효용의 차이

다문화 구성원의 미디어 인식 유형에 따른 문화접변의 미디어 효용의 차이를 살펴본 결과는 <표 27>과 같다.

대한민국 사회에서의 다문화 구성원의 미디어 인식 유형에 따른 미디어 효용의 차이는 제3요인인 '미디어 이용형'(M=5.27), 제1요인인 '실제적 수용형'(M=4.93), 제2요인인 '적극적 판단형'(M=4.79)의 순서로 미디어 역할이 높게 나타났으나, 이 차이는 유의수준 5%에서 유의미하지 않은 것으로 조사되었다.

〈표 27〉 문화접변 현상에 대한 인식 유형에 따른 미디어 효용의 차이

요인	N	평균	표준편차	F	P
(제1요인) 실제적 수용형	42	4.93	1.19		
(제2요인) 적극적 판단형	132	4.79	1.27	2.161	.118
(제3요인) 미디어 이용형	34	5.27	1.02		

(3) 문화접변과 미디어 이용태도 - 모국 미디어

대한민국 사회에서 생활하는 다문화 구성원이 문화접변에 있어서 구성원 모국의 미디어 이용태도 결과는 <표 28>과 같다.

대한민국에서 생활하고 있는 다문화 구성원의 문화접변에 있어서 모국 미디어 이용태도의 평균은 4.47로 나타났다. 각 항목에 대해서는 '나는 모국의 미디어를 정기적으로 접촉하는 편이다'(M=5.09), '모국 미디어는 생활하는 데 따분하지 않고 시간을 보내는 데 큰 도움을 준다'(M=4.71), '모국의 미디어는 대한민국의 중요한 정보나 뉴스들을 습득하는 데 도움을 준다'(M=4.09), '모국의 미디어는 대한민국에서 현재 가장 중요한 이슈가 무엇인지 잘 알려준다'(M=

4.00)의 순서로 확인되었는데, 이들의 모국 미디어의 이용이 높은 것
으로 나타났다.

<표 28> 문화접변에서의 모국 미디어의 이용태도

모국 미디어의 이용	평균	표준편차
나는 모국의 미디어를 정기적으로 접촉하는 편이다.	5.09	1.78
모국의 미디어는 대한민국의 중요한 정보나 뉴스들을 습득하는 데 도움을 준다.	4.09	1.71
모국의 미디어는 대한민국에서 현재 가장 중요한 이슈가 무엇인지 잘 알려준다.	4.00	1.71
모국 미디어는 생활하는 데 따분하지 않고 시간을 보내는 데 큰 도움을 준다.	4.71	1.65
전체	4.47	1.25

그리고 모국 미디어의 이용 채널을 살펴본 결과는 <표 29>와 같다.
다문화 구성원이 대한민국에서 사용하고 있는 그들의 모국 미디
어 채널은 'Internet'이 51.3%로 가장 높게 나왔고, 'TV' 21.9%, '스마
트폰' 19.4%, '신문' 3.4%, '잡지' 1.7%, '기타' 1.4%, 'Radio' 0.9%의
순으로 조사되었다.

즉 다문화 구성원은 모국에 대한 그리움이나 대한민국 사회에서의
원활한 생활을 위해서 인터넷이나 TV를 통한 그들의 이야기가 담긴
프로그램을 접하곤 했는데, 평균적으로 주 1회 이상 접촉을 하고 있
었다. 또한 기술발전과 시대적 흐름에 의해서 국가 간의 미디어 경계
가 소멸된 만큼 자연스럽게 모국의 미디어 접촉이 매우 쉬워졌다.

<표 29> 다문화 구성원이 이용하는 모국의 미디어 채널 (※ 복수응답)

이용 미디어 채널	빈도	퍼센트
TV	77	21.9
Radio	3	.9
Internet	180	51.3
신문	12	3.4
잡지	6	1.7
스마트폰	68	19.4
기타	5	1.4
전체	351	100.0

① 모국 미디어의 이용 차이에 따른 응답자의 일반적 특성

다문화 구성원 응답자의 일반적 특성에 따른 그들 모국의 미디어 이용의 차이를 살펴본 결과는 <표 30>과 같다.

다문화 구성원 응답자의 성별과 국적에 따른 모국 미디어 이용의 차이는 유의미한 것으로 나타났으나, 결혼유무와 연령, 학력, 직업, 대한민국에 오게 된 동기, 월소득, 거주기간에 따른 차이는 없는 것으로 조사되었다.

성별에 있어서 '남성'의 평균은 4.23이고 '여성'의 평균은 4.60으로 확인되어서 여성의 모국 미디어 이용이 상대적으로 더 높은 것으로 나타났다(t=−2.095, p<.05). 국적별로는 '중국'(M=4.88), '기타 아시아'(M=4.58), '일본'(M=4.40), '기타'(M=3.93), '미국'(M=3.90)의 순으로 드러났는데, 중국 국적의 다문화 구성원들에게서 모국 미디어 이용이 가장 높은 것으로 나타났다(F=6.413, p<.001).

<표 30> 모국 미디어 이용의 차이에 따른 응답자의 일반적 특성

구분		N	평균	표준편차	t/F	p
성별	남성	72	4.23	1.28	−2.095[*]	.037
	여성	141	4.60	1.21		
결혼유무	기혼	50	4.39	1.36	−.577	.564
	미혼	163	4.50	1.21		
국적	중국	87	4.88 a	1.09	6.413[***]	.000
	일본	17	4.40 ab	1.30		
	기타 아시아	39	4.58 ab	1.44		
	미국	18	3.90 b	.87		
	기타	52	3.93 ab	1.19		
연령	10대	14	4.29	1.03	.218	.884
	20대	150	4.51	1.25		
	30대	31	4.37	1.39		
	40대 이상	17	4.51	1.26		
학력	고등학교 졸업 이하	54	4.52	1.13	.307	.820
	대학교 재학	56	4.57	1.22		
	대학교 졸업	50	4.35	1.39		
	대학원 이상	53	4.45	1.27		
직업	주부	15	4.28	1.58	1.159	.327
	학생	125	4.60	1.12		
	취업자	36	4.22	1.35		
	기타	37	4.37	1.39		
동기	유학	140	4.58	1.19	1.237	.297
	결혼	16	4.08	1.52		
	구직	25	4.42	1.50		
	기타	31	4.25	1.12		
월소득	100만 원 미만	122	4.56	1.20	1.103	.349
	100~200만 원 미만	39	4.21	1.20		
	200~300만 원 미만	33	4.57	1.32	1.103	.349
	300만 원 이상	17	4.21	1.55	1.103	.349
거주기간	1년 미만	81	4.48	1.20	.418	.795
	1~2년 미만	45	4.32	1.24		
	2~3년 미만	30	4.62	1.20		
	3~4년 미만	24	4.39	1.49		
	4년 이상	33	4.62	1.25		

[*] p<.05, [***] p<.001, Scheffe's test: a>b

② 문화접변 현상에 대한 모국 미디어 이용태도의 차이

다문화 구성원이 대한민국에서 생활할 때 그들의 모국 미디어 이용태도의 차이를 살펴본 결과는 <표 31>과 같다.

대한민국 사회에서의 문화접변 현상에 대한 모국 미디어 이용태도의 유형은 제1요인인 '실제적 수용형'(M=4.49), 제2요인인 '적극적 판단형'(M=4.46), 제3요인인 '미디어 이용형'(M=4.44)으로 나타났는데, 모국 미디어의 이용에 있어서 별 차이가 없이 비슷하게 확인되었다.

〈표 31〉 문화접변 현상에 대한 모국 미디어 이용태도의 차이

요인	N	평균	표준편차	F	P
(제1요인) 실제적 수용형	42	4.49	1.31		
(제2요인) 적극적 판단형	131	4.46	1.25	.013	.987
(제3요인) 미디어 이용형	34	4.44	1.24		

(4) 문화접변과 미디어 이용태도 - 한국 미디어

대한민국 사회에서 생활하는 다문화 구성원이 문화접변에 있어서 한국의 미디어 이용태도 결과는 <표 32>와 같다.

대한민국에서 생활하고 있는 다문화 구성원의 문화접변에 있어서 한국 미디어 이용태도의 평균은 4.49로 나타났다. 각 항목에 대해서는 '대한민국 미디어는 한국의 중요한 정보나 뉴스들을 습득하는 데 도움을 준다'(M=4.76), '대한민국 미디어는 한국에서 현재 가장 중요한 이슈가 무엇인지 잘 알려준다'(M=4.75), '대한민국 미디어는 생활하는 데 따분하지 않고 시간을 보내는 데 큰 도움을 준다'(M=4.28), '나는 대한민국의 미디어를 정기적으로 접촉하는 편이다'(M=

4.16)의 순서로 확인되었는데, 이들의 한국 미디어의 이용이 높은 것
으로 조사되었다.

<표 32> 문화접변에서의 한국 미디어의 이용태도

한국 미디어의 이용	평균	표준편차
나는 대한민국의 미디어를 정기적으로 접촉하는 편이다.	4.16	1.83
대한민국 미디어는 한국의 중요한 정보나 뉴스들을 습득하는 데 도움을 준다.	4.76	1.62
대한민국 미디어는 한국에서 현재 가장 중요한 이슈가 무엇인지 잘 알려준다.	4.75	1.58
대한민국 미디어는 생활하는 데 따분하지 않고 시간을 보내는 데 큰 도움을 준다.	4.28	1.72
전체	4.49	1.44

그리고 한국 미디어의 이용 채널을 살펴본 결과는 <표 33>과 같다.
다문화 구성원이 대한민국에서 주로 이용하는 미디어 채널은
'TV'가 29.6%로 가장 높게 나왔고, '한글Internet' 26.3%, '스마트폰
프로그램' 11.7%, '영문Internet' 10.7% 순으로 나타났으며, 이 외에
'Radio' 1.2%, '한글신문' 5.0%, '한글잡지' 1.0%, '영문신문' 2.4%,
'영문잡지' 1.0%, '체험 이벤트' 3.8%, '교육 이벤트' 1.9%, '구전'
2.4%, '옥외광고' 1.9%, '기타' 1.2%가 있었다.

즉 다문화 구성원은 대한민국 사회에서 겪는 문화접변의 원활한
적응을 위해서 뉴미디어 시스템이나 플랫폼을 활용한 커뮤니케이션
을 선호하고 있었다. 한국어 인터넷 홈페이지나 영문 인터넷 홈페이
지, 스마트폰의 다양한 앱(Apps)을 통해서 쌍방향 정보교류에 의한
문화적응력을 강화하고 있다.

<표 33> 다문화 구성원이 이용하는 한국의 미디어 채널 (※ 복수응답)

이용 미디어 채널	빈도	퍼센트
TV	124	29.6
Radio	5	1.2
한글Internet	110	26.3
한글신문	21	5.0
한글잡지	4	1.0
영문Internet	45	10.7
영문신문	10	2.4
영문잡지	4	1.0
체험 이벤트	16	3.8
교육 이벤트	8	1.9
구전	10	2.4
옥외광고	8	1.9
스마트폰 프로그램	49	11.7
기타	5	1.2
전체	419	100.0

① 한국 미디어의 이용 차이에 따른 응답자의 일반적 특성

다문화 구성원 응답자의 일반적 특성에 따른 한국 미디어 이용태도의 차이를 살펴본 결과는 <표 34>와 같다.

다문화 구성원 응답자의 성별과 국적, 직업에 따른 한국 미디어의 이용태도의 차이는 유의미한 것으로 나타났으나, 결혼유무와 연령, 학력, 대한민국에 오게 된 동기, 월소득, 거주기간에 따른 차이는 유의수준 5%에서 유의미하지 않은 것으로 조사되었다.

성별에 있어서 '남성'의 평균은 3.98이고 '여성'의 평균은 4.75으로 확인되어서 여성의 한국 미디어의 이용이 상대적으로 더 높은 것으로 나타났다(t=−3.778, p<.001). 국적별로는 '중국'(M=4.90), '기타 아시아'(M=4.86), '일본'(M=4.53), '기타'(M=3.83), '미국'(M=

3.58)의 순으로 드러났는데, 중국 국적의 다문화 구성원들과 기타 아시아지역 국적의 다문화 구성원에게서 한국 미디어 이용이 가장 높은 것으로 나타났다(F=7.828, p<.001). 직업별로는 '주부'(M=5.18), '학생'(M=4.59), '취업자'(M=4.36), '기타'(M=3.97) 순으로 확인되었는데, '주부'가 한국 미디어 이용에 있어서 상대적으로 다른 직업군보다 좀 더 높은 것으로 나타났다(F=3.190, p<.05). 단순 거주나 체류의 목적보다는 대한민국 사회에서 장기적으로 생활하거나 이민으로 이입된 다문화 구성원이 한국 미디어에 대해서 높은 관심과 시청행위를 보였는데, 특히 아시아 문화권이라는 요소에 부합되는 아시아인들이 한국 미디어 시청에 있어서 적극성을 보였다.

〈표 34〉 한국 미디어 이용태도의 차이에 따른 응답자의 일반적 특성

구분		N	평균	표준편차	t/F	p
성별	남성	72	3.98	1.48	−3.778***	.000
	여성	140	4.75	1.35		
결혼유무	기혼	49	4.47	1.59	−.076	.940
	미혼	163	4.49	1.40		
국적	중국	87	4.90 a	1.20	7.828***	.000
	일본	17	4.53 ab	1.17		
	기타 아시아	38	4.86 a	1.24		
	미국	18	3.58 b	1.63		
	기타	52	3.83 ab	1.61		
연령	10대	14	4.54	1.23	.034	.992
	20대	149	4.49	1.45		
	30대	31	4.45	1.54		
	40대 이상	17	4.40	1.44		
학력	고등학교 졸업 이하	54	4.74	1.26	2.269	.082
	대학교 재학	55	4.18	1.55		
	대학교 졸업	50	4.30	1.41		
	대학원 이상	53	4.74	1.47		

		N	M	SD	F	p
직업	주부	15	5.18 a	1.32	3.190[*]	.025
	학생	125	4.59 ab	1.33		
	취업자	35	4.36 ab	1.60		
	기타	37	3.97 b	1.56		
동기	유학	140	4.55	1.40	.740	.530
	결혼	16	4.80	1.36		
	구직	25	4.35	1.29		
	기타	30	4.22	1.74		
월소득	100만 원 미만	121	4.58	1.34	1.171	.322
	100~200만 원 미만	39	4.60	1.47		
	200~300만 원 미만	33	4.27	1.71		
	300만 원 이상	17	3.99	1.56		
거주기간	1년 미만	81	4.41	1.51	1.417	.230
	1~2년 미만	44	4.14	1.56		
	2~3년 미만	30	4.78	1.25		
	3~4년 미만	24	4.58	1.39		
	4년 이상	33	4.80	1.25		

[*] $p<.05$, [***] $p<.001$, Scheffe's test: a>b

② 문화접변 현상에 대한 한국 미디어 이용태도의 차이

다문화 구성원이 대한민국에서 생활할 때 유형에 따른 한국 미디어의 이용태도 차이를 살펴본 결과는 <표 35>와 같다.

대한민국 사회에서의 문화접변 현상에 대한 한국 미디어 이용태도의 유형은 제3요인인 '미디어 이용형'($M=4.82$), 제2요인인 '적극적 판단형'($M=4.40$), 제1요인인 '실제적 수용형'($M=4.39$)의 순서로 한국 미디어 이용이 높게 나타났으나, 이 차이는 유의수준 5%에서 유의미하지 않은 것으로 나타났다.

<표 35> 문화접변 현상에 대한 한국 미디어 이용태도의 차이

요인	N	평균	표준편차	F	P
(제1요인) 실제적 수용형	42	4.39	1.58		
(제2요인) 적극적 판단형	131	4.40	1.44	1.218	.298
(제3요인) 미디어 이용형	34	4.82	1.24		

4) 문화접변 경험 채널 선호 유형의 Q-도구

(1) 사정도구 개발

문화접변 경험 채널의 선호 유형 사정도구 역시 다문화 구성원의 문화접변 요인의 Q-도구 방식처럼 동일한 과정을 거쳐 개발하였다. Q 소트를 점수화하여 QUANL 프로그램을 통해서 얻은 분석결과가 사정도구의 중심이 되는데, 각 유형의 표준점수가 -1.00, +1.00 이상인 Q 표본(진술문 혹은 다양한 표본들)들의 특성을 바탕으로 다른 유형과의 차이를 찾아내고, 각 유형에 포함되거나 해당되는 P 표본들의 추가 인터뷰 내용이나 인구통계적 특성 등을 바탕으로 유형의 해석을 완성시킨다.

그리고 Q 표본과 각 유형에 해당되는 표준점수를 이용해 특정 Q 표본의 유형 간 표준점수를 서로 비교하여 -1.00, +1.00 이상 월등히 차이가 나는 판별력(discriminant power) 높은 Q 표본을 해당 유형의 특성을 대표하는 것으로 추출한다.

본 연구에서 발견된 네 개의 유형이 특정 Q 표본에 있어서 항목의 유사성과 상이성을 보여주고 있어서 유형 간의 전체적인 구조를 확인할 수 있다. 연구에서 나타난 높은 판별력은 <표 36>에서처럼 제1유형에서는 세 개의 진술문, 제2유형에서는 세 개의 진술문, 제3유형에서는 여섯 개의 진술문, 제4유형에서는 세 개의 진술문으로 나타났다.

〈표 36〉 문화접변 경험 채널의 선호유형별 판별력이 높은 Q 표본과 표준점수

유형	Q 표본(진술문)	유형별 표준점수			
		Q1	Q2	Q3	Q4
제1유형	18. 체험이벤트(다문화어린이합창대회)	1.5	−0.7	0.2	−0.7
	26. 교육이벤트(다문화노래교실)	1.4	−1.4	−0.0	−1.4
	27. 교육이벤트(다문화부부상담교실)	1.4	−1.0	−1.4	−1.4
제2유형	2. 인터넷 라디오 방송	−0.6	0.5	−1.5	−1.2
	5. SMS 모바일 서비스	−0.5	2.2	0.0	0.5
	12. UCC	−0.9	1.4	−1.1	−1.6
제3유형	4. 뉴스레터제작(off−line)	−1.1	−1.0	−0.1	−1.7
	15. 자원봉사 멘토링	−0.4	−0.6	0.6	−1.4
	31. 기관 소식지 브로셔	−1.5	−0.9	0.1	−1.0
	19. TV 프로그램 연계(러브인아시아 등)	−0.1	0.7	−1.4	0.6
	20. 케이블 TV행사 진행	0.0	−0.5	−1.6	0.6
	21. TV광고	0.2	0.8	−0.7	1.8
제4유형	8. 블로그 홍보관	−0.8	−0.7	0.4	1.7
	10. 행사 애드버토리얼(잡지섹션)	−0.9	−1.3	−0.2	0.7
	21. TV광고	0.2	0.8	−0.7	1.8

끝으로 각각의 단계에서 유형별 해석과 각 유형에서 높은 판별력을 가지는 Q 표본들을 조합하여 공통점을 찾아낸다. 동시에 다른 유형들의 특성이 중복되지 않도록 속성들을 걸러낸 후 유형의 특성 강조하거나 함축하여 새로운 문장으로 진술문을 만든다.

<표 37>은 다문화 구성원의 문화접변 경험 채널의 선호 특성에 대해서 발견된 네 가지 각 유형에서, 이와 같은 과정과 방법을 거쳐 정리하여 만든 사정도구(Q−도구)이다.

<표 37> 사정도구(Q-도구)

유형	특 성
제1유형 (체험채널 추구형)	나는 커뮤니케이션의 과정에 있어서 직접적 접촉이 효율적인 미디어 채널이라고 생각한다. 즉 비대면(non face-to-face) 매체를 통한 커뮤니케이션보다는 면대면(face-to-face) 매체에 의해서 진행되는 미디어 채널이 더욱 효율적이고 효과적이라는 것이다. 미디어를 이용하는 주체들이 직접 만나서 이야기를 나누기 때문에 진심과 신뢰가 동반되어 상대방으로 하여금 적극적인 참여나 호기심을 강화시켜 준다고 본다. 따라서 다양한 교육이벤트나 체험 이벤트처럼 직접 만나서 커뮤니케이션하는 방식이 효율적 측면에서 매우 높다고 생각한다.
제2유형 (뉴미디어 추구형)	나는 미디어 채널이 새롭고 독창적인 플랫폼을 통해서 커뮤니케이션되는 것을 선호한다. 컴퓨터나 모바일 기술의 발전으로 개발되는 다양한 사용자 편의의 시스템 프로그램(UCC, 모바일 정보 서비스, 소셜 네트워크 서비스)들처럼 정보의 교환이나 교류가 빠르고 쉽게 전달되는 현상을 좋아한다. 송신자와 수신자가 서로 만나 커뮤니케이션하는 일반적 현상은 직접적으로 만나야 한다는 시공간적인 불편함이 있는데, 이를 극복해서 언제 어디서든 대화가 가능한 새로운 기술이나 결과물을 더욱 추구하게 된다.
제3유형 (타겟화된 BTL채널 선호형)	나는 나만을 위해서 계획되었거나 만들어진 맞춤형 커뮤니케이션 정보를 선호한다. 대다수의 미디어 채널은 커뮤니케이션 과정에 있어서 면대면(face-to-face)을 추구하는데, 일반적인 형태는 나 말고도 다른 사람에게도 전달되는 보편적 정보라 생각되기에 덜 신경 쓰게 된다. 하지만 나를 위해서만 혹은 내가 선택된 사람처럼 인식될 수 있는 차별성과 독특성이 담겨진 커뮤니케이션 과정을 하게 되면 집중도나 관심도가 매우 높아져서 좋다.
제4유형 (대중적 공식채널 추구형)	나는 미디어 커뮤니케이션 채널이 열린 공간으로 존재해야 한다고 생각한다. 다문화 구성원들 모두가 빠르고 쉽게 그리고 편리하게 정보를 얻거나 교류하고 공유해야 한다고 본다. 그래서 나는 독점적으로 특정 사람들만을 위하거나 끼리끼리의 관계에서 공유되는 정보의 흐름을 거부한다. 즉 특정집단 혹은 끼리끼리 관계나 그 문화보다는 정보의 평등성을 통한 모두를 위한 정보의 교류를 추구한다.

(2) 문화접변 경험 채널의 선호 특성

다문화 구성원의 문화접변 경험 채널의 선호특성을 살펴본 결과는 <표 38>과 같다.

문화접변 경험 채널의 선호 특성은 제1유형인 '체험채널 추구형'이 31.0%, 제2유형인 '뉴미디어 추구형'이 41.4%, 제3유형인 '타깃화된 BTL 채널 선호형'이 6.2%, 제4유형인 '대중적 공식채널 추구형'이 21.4%로 나타났는데, 제1유형의 '체험채널 추구형'과 제2유형의 '뉴미디어 추구형'의 특성이 높은 것으로 나타났다.

빈도분석 결과 제1유형인 '체험채널 추구형'은 전체 응답자 210명 가운데 65명으로 31.0%를 차지하였고, 제2유형인 '뉴미디어 추구형'은 87명으로 41.4%, 제3유형인 '타깃화된 BTL 채널 선호형'은 13명으로 6.2%, 제4유형인 '대중적 공식채널 추구형'은 45명으로 21.4%를 구성하였다.

특히 <그림 7>에서처럼 빈도수는 '뉴미디어 추구형'이 가장 높게 나왔고, 그 다음에 '체험채널 추구형', '대중적 공식채널 추구형', '타깃화된 BTL 채널 선호형' 순으로 나타났다.

이는 미디어 커뮤니케이션 채널을 사용하는 다문화 구성원의 사회적 환경이나 교육, 취향과 같은 다양한 외부 요인이 문화접변 경험 채널 선호에 영향을 끼친다는 것을 말해주는 것이다. 다문화 구성원은 문화접변 경험 채널의 선택에 있어서 피상적이고 수동적 태도를 보이는 것이 아니라 능동적인 정보 습득의 행위자로서 독특한 네 가지의 주관적 유형을 표출하고 있었다.

〈표 38〉 문화접변 경험 채널의 선호 특성

유형	빈도	퍼센트
(제1유형) 체험채널 추구형	65	31.0
(제2유형) 뉴미디어 추구형	87	41.4
(제3유형) 타깃화된 BTL 채널 선호형	13	6.2
(제4유형) 대중적 공식채널 추구형	45	21.4
전체	210	100.0

① 일반적 특성에 따른 문화접변 경험 채널의 선호 특성의 차이

다문화 구성원의 일반적 특성에 따른 문화접변 경험 채널의 선호 특성의 차이를 살펴본 결과는 <표 39>와 같다.

다문화 구성원의 결혼유무와 연령, 월소득에 따른 문화접변 경험 채널 선호 특성의 차이는 유의미한 것으로 확인되었다. 그러나 성별과 국적, 학력, 직업, 대한민국에 오게 된 동기, 거주기간에 따른 차이는 유의수준 5%에서 유의미하지 않은 것으로 나타났다.

결혼유무에 있어서 기혼자는 제4유형인 '대중적 공식채널 추구형'에 대한 특성이 36.0%로 가장 높게 나타났고, 미혼자는 제2유형인 '뉴미디어 추구형'에 대한 특성이 44.4%로 가장 높은 것으로 확인되었다(χ^2=11.996, p<.01). 연령에 있어서도 10대는 제1유형인 '체험채널 추구형'에 대한 특성이 33.3%, 제3유형인 '타깃화된 BTL 채

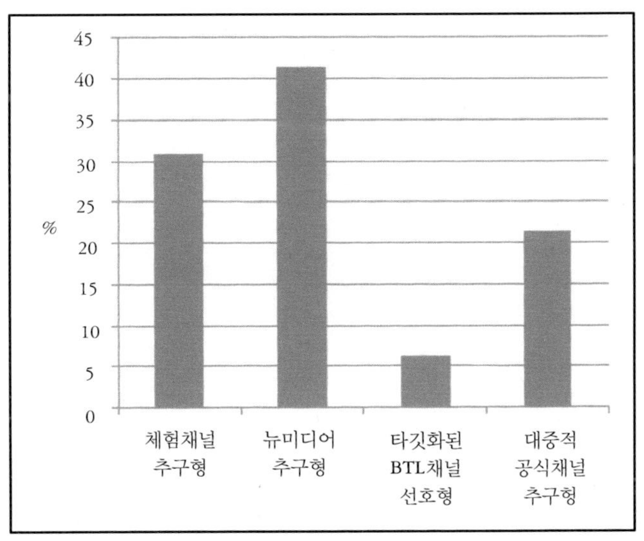

〈그림 7〉 문화접변 경험 채널의 선호 특성

널 선호형'에 대한 특성이 26.7% 순으로 높았고, 20대와 30대, 40대 이상은 제2유형인 '뉴미디어 추구형'에 대한 특성이 각각 42.6%, 46.7%, 41.2%로 가장 높게 나타났다(χ^2=17.026, p<.05). 월소득 측면에서는 100만 원 미만과 200~300만 원 미만, 300만 원 이상에 대해서 제2유형인 '뉴미디어 추구형'에 대한 특성이 각각 37.7%, 54.8%, 58.8%로 가장 높게 확인되었으며, 월소득이 100~200만 원 미만은 제1유형인 '체험채널 추구형' 특성이 38.5%로 가장 높게 나타났다. 특히, 월소득이 300만 원 이상은 제3유형인 '타깃화된 BTL 채널 선호형' 특성이 23.5%로 다른 월소득자에 비해 높게 나타났다(χ^2= 19.972, p<.05).

〈표 39〉 응답자의 일반적 특성에 따른 문화접변 경험 채널의 선호 특성의 차이

구분		(제1유형) 체험채널 추구형		(제2유형) 뉴미디어 추구형		(제3유형) 타깃화된 BTL채널 선호형		(제4유형) 대중적 공식 채널 추구형		전체		χ^2(p)
		N	%	N	%	N	%	N	%	N	%	
성별	남성	17	23.9%	38	53.5%	5	7.0%	11	15.5%	71	100.0%	7.378
	여성	48	34.5%	49	35.3%	8	5.8%	34	24.5%	139	100.0%	(.061)
결혼 유무	기혼	16	32.0%	16	32.0%	0	.0%	18	36.0%	50	100.0%	11.996**
	미혼	49	30.6%	71	44.4%	13	8.1%	27	16.9%	160	100.0%	(.007)
국적	중국	29	34.5%	39	46.4%	2	2.4%	14	16.7%	84	100.0%	
	일본	9	52.9%	6	35.3%	0	.0%	2	11.8%	17	100.0%	
	기타 아시아	9	23.7%	11	28.9%	4	10.5%	14	36.8%	38	100.0%	18.370 (.105)
	미국	4	21.1%	9	47.4%	2	10.5%	4	21.1%	19	100.0%	
	기타	14	26.9%	22	42.3%	5	9.6%	11	21.2%	52	100.0%	
연령	10대	5	33.3%	3	20.0%	4	26.7%	3	20.0%	15	100.0%	
	20대	46	31.1%	63	42.6%	9	6.1%	30	20.3%	148	100.0%	17.026*
	30대	10	33.3%	14	46.7%	0	.0%	6	20.0%	30	100.0%	(.048)
	40대 이상	4	23.5%	7	41.2%	0	.0%	6	35.3%	17	100.0%	

		n	%	n	%	n	%	n	%	n	%	χ^2 (p)
학력	고등학교 졸업 이하	21	38.2%	16	29.1%	2	3.6%	16	29.1%	55	100.0%	11.755 (.227)
	대학교 재학	16	29.6%	28	51.9%	4	7.4%	6	11.1%	54	100.0%	
	대학교 졸업	16	32.7%	20	40.8%	4	8.2%	9	18.4%	49	100.0%	11.755 (.227)
	대학원 이상	12	23.1%	23	44.2%	3	5.8%	14	26.9%	52	100.0%	
직업	주부	7	46.7%	3	20.0%	0	.0%	5	33.3%	15	100.0%	6.982 (.639)
	학생	40	32.5%	51	41.5%	7	5.7%	25	20.3%	123	100.0%	
	취업자	8	22.2%	17	47.2%	3	8.3%	8	22.2%	36	100.0%	
	기타	10	27.8%	16	44.4%	3	8.3%	7	19.4%	36	100.0%	
동기	유학	43	31.2%	58	42.0%	11	8.0%	26	18.8%	138	100.0%	11.246 (.259)
	결혼	8	50.0%	2	12.5%	1	6.3%	5	31.3%	16	100.0%	
	구직	8	32.0%	11	44.0%	0	.0%	6	24.0%	25	100.0%	
	기타	6	20.0%	16	53.3%	1	3.3%	7	23.3%	30	100.0%	
월소득	100만 원 미만	41	33.6%	46	37.7%	8	6.6%	27	22.1%	122	100.0%	19.972[*] (.018)
	100~200 만 원 미만	15	38.5%	14	35.9%	1	2.6%	9	23.1%	39	100.0%	
	200~300 만 원 미만	7	22.6%	17	54.8%	0	.0%	7	22.6%	31	100.0%	
	300만 원 이상	2	11.8%	10	58.8%	4	23.5%	1	5.9%	17	100.0%	
거주 기간	1년 미만	25	31.3%	33	41.3%	6	7.5%	16	20.0%	80	100.0%	6.644 (.880)
	1~2년 미만	13	28.9%	16	35.6%	5	11.1%	11	24.4%	45	100.0%	
	2~3년 미만	10	34.5%	11	37.9%	1	3.4%	7	24.1%	29	100.0%	
	3~4년 미만	6	25.0%	12	50.0%	1	4.2%	5	20.8%	24	100.0%	
	4년 이상	11	34.4%	15	46.9%	0	.0%	6	18.8%	32	100.0%	
전체		65	31.0%	87	41.4%	13	6.2%	45	21.4%	210	100.0%	

[*] p<.05, ** p<.01

4. 문화접변 요인과 문화접변 경험 채널 유형 간의 상관관계 분석

　다문화 구성원의 문화접변 요인과 문화접변 경험 채널의 특성에 대해서 서로 어떠한 상관관계가 있는지 살펴보았다. 이와 함께 미디어 커뮤니케이션 채널을 이용하는 다문화 구성원의 유형에 대해서 다양한 특성을 고려해서 미디어 커뮤니케이션 채널의 습득 방식의 차이점을 비교하였다.

　문화접변에 있어서 다문화 구성원의 미디어 태도 요인과 다문화 구성원의 미디어 커뮤니케이션 채널 특성과의 관계를 알아보기 위해서 교차분석을 진행하였는데, 유형에 따른 미디어 커뮤니케이션 채널의 특성의 차이를 살펴본 결과는 <표 40>과 같다.

　대한민국 사회에서의 다문화 구성원의 문화접변 현상에 대한 인식 유형에 따른 미디어 역할이나 미디어 효용, 미디어 이용태도는 요인별로 각각의 유형별 차이를 보였다. 하지만 유의수준 10%에서는 이 차이가 유의미했으나, 유의수준 5%에서는 유의미하지 않았다. 다문화 구성원의 문화접변 요인의 제1요인인 '실제적 수용형'과 제3요인인 '미디어 이용형'은 문화접변 경험 채널의 제1유형인 '체험채널 추구형' 특성에 대해서 각각 42.9%, 35.3%로 가장 높게 나타났다. 제2요인인 '적극적 판단형'은 제2유형인 '뉴미디어 추구형'의 특성이 48.9%로 가장 높게 확인되었다.

　다문화 구성원의 문화접변 요인이 문화접변 경험채널 유형과 각각 어떤 관계를 보이는지 살펴보자면, 먼저 제1요인인 '실제적 수용형'에서는 제1유형의 '체험채널 추구형'과 제2유형의 '뉴미디어 추구형', 제4유형의 '대중적 공식채널 추구형', 제3유형의 '타깃화된 BTL 채널 선호형'의 순으로 드러났다. 문화 간 접촉의 직간접적 과정에서 직접적인 만남을 통한 면대면 커뮤니케이션을 강조하는 데 있어서 사회적, 문화적 현실에 부합되는 체험이나 경험에 의한 적극적인 커뮤니케이션 채널을 선호하고 있다.

제2요인인 '적극적 판단형'에서는 제2유형의 '뉴미디어 추구형'과 제1유형의 '체험채널 추구형', 제4유형의 '대중적 공식채널 추구형', 제3유형의 '타깃화된 BTL 채널 선호형'의 순으로 확인되었다. 다문화 사회를 이끄는 주체가 현재 한국에 살고 있는 다문화 구성원뿐만 아니라 한국 사람도 해당되는데, 다문화 구성원 자신들의 자아 존중감과 적응력을 위해서 뉴미디어 채널을 통해서 적극적으로 개입하거나 체험채널 커뮤니케이션을 이용해 그들의 존재를 주체적으로 표출하고 있다.

제3요인인 '미디어 이용형'에서는 제1유형의 '체험채널 추구형'과 제2유형인 '뉴미디어 추구형', 제3유형의 '대중적 공식채널 추구형', 제4유형의 '타깃화된 BTL 채널 선호형'의 순서로 나타났다. 다문화 구성원이 문화접변의 현상에서 미디어라는 비대면 매체를 활용하여 간접적인 문화접변 과정을 이행하면서 현실사회의 적응력을 강화시키는데, 체험 커뮤니케이션이 가능한 채널이나 뉴미디어 채널을 이용해 문화집단이 공유하는 가치나 세계관의 의사소통을 원활하게 펼쳐 나가는 모습을 보이고 있다.

또한 다문화 구성원의 문화접변 경험 채널의 선호 유형에 있어서 제3유형인 '타깃화된 BTL 채널 선호형'은 미디어 태도 요인의 차이에 있어서 전체적으로 낮게 분포되어 있다. 하지만 제1요인인 '실제적 수용형'에서는 상대적으로 높은 수치를 보이고 있는데, '적극적 판단형'과 '미디어 이용형'보다는 긍정적이었다.

〈표 40〉 유형에 따른 미디어 커뮤니케이션 채널의 특성의 차이

경험채널 선호유형 문화접변과 미디어 태도	(제1유형) 체험채널 추구형		(제2유형) 뉴미디어 추구형		(제3유형) 타깃화된 BTL채널 선호형		(제4유형) 대중적 공식 채널 추구형		전체		$\chi^2(p)$
	N	%	N	%	N	%	N	%	N	%	
(제1요인) 실제적 수용형	18	42.9%	10	23.8%	5	11.9%	9	21.4%	42	100.0%	
(제2요인) 적극적 판단형	35	26.7%	64	48.9%	6	4.6%	26	19.8%	131	100.0%	11.729 (.068)
(제3요인) 미디어 이용형	12	35.3%	11	32.4%	2	5.9%	9	26.5%	34	100.0%	
전체	65	31.4%	85	41.1%	13	6.3%	44	21.3%	207	100.0%	

V. 결론

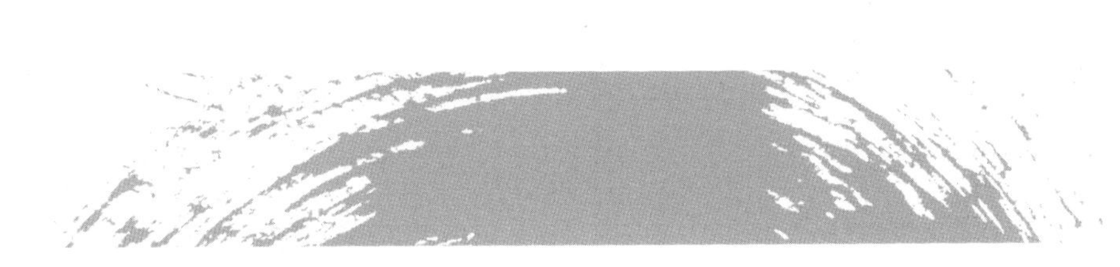

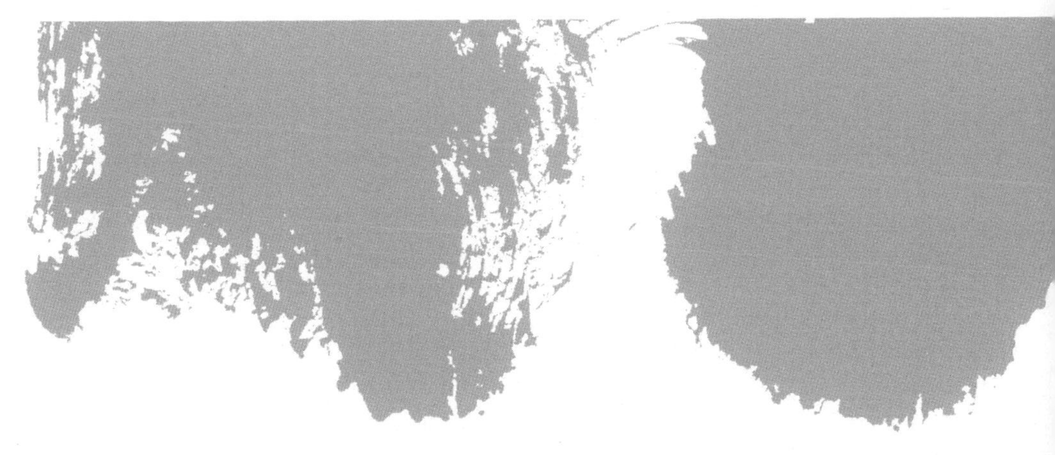

지금까지 본 연구의 주제인 '문화접변과 미디어 커뮤니케이션 채
널: 대한민국의 다문화 구성원을 중심으로'에 대해서 연구를 진행하
였다.

먼저 다문화 구성원의 문화접변 요인을 발견하였고, 다음으로는
문화접변 과정에서 나타나는 다문화 구성원의 문화접변 경험 채널
의 선호 유형과 특성을 발견하였다. 이를 바탕으로 인구통계학적 특
성에 따른 문화접변 유형과 미디어 태도의 특성을 실증적으로 분석
하였으며, 이와 함께 다문화 구성원의 문화접변 요인과 문화접변에
영향을 주는 미디어 커뮤니케이션 채널 유형 간의 관계를 확인하였다.

마지막으로 본 장에서는 연구결과를 종합하여 요약하고, 이를 바
탕으로 다문화 구성원을 위한 미디어 커뮤니케이션 채널의 시사점
에 대해서 논의하고자 한다. 또한 본 연구의 한계점과 향후 연구방
향에 대해서도 제시하고자 한다.

1. 문화접변과 미디어 커뮤니케이션 채널의 연구결과 요약

본 연구는 다문화 구성원의 문화접변 요인(유형) 및 그 특성을 밝
혀낸 후, 발견한 각각의 요인들이 가지는 실제 빈도 분포와 더불어
유형에 따른 문화접변 경험 채널의 선호 및 수용 행태를 분석하기
위해서 네 가지의 연구문제를 설정하여 진행하였다.

이를 위해서 문화접변 연구에 관한 이론을 바탕으로 다문화 구성
원의 미디어 태도와 문화접변 연구, 문화접변 경험 채널의 선호 유
형과 특성에 관한 연구를 수행하기 위해 Q 방법론과 R 방법론의 혼

합된 형태인 '병합 방법론'을 채택하여 진행하였다. 독립적이지만 상호 간 연관성을 가지고 있는 각각의 연구문제에 대해서 Q 방법론과 R 방법론의 혼합적 방식을 사용하여 단계별로 효과적인 연구를 수행하였다.

첫 번째 단계는 다문화 구성원의 문화접변 요인 및 그 특성을 발견하기 위해서 Q 방법론을 채택한 연구이다. 다문화 구성원이 문화접변 현상에 대해서 인식하는 요소와 문화접변 과정에서 나타나는 미디어 커뮤니케이션의 태도 현상에 대해서 느끼는 만족감이나 그 특성을 알아본 것이다. 이들이 느끼는 개인의 가치나 태도, 취향이나 성격, 상황, 가치관 등과 같은 세분화된 주관적 요소들이 문화접변 현상 과정에서 미디어 태도 유형을 이해하는 데 중요한 단서나 시작점을 제공해 줄 수 있다고 판단했기 때문이다. 이와 함께 동일한 과정으로서 Q 방법론을 이용하여 문화접변 과정에서 나타나는 다문화 구성원의 문화접변 경험 채널의 선호 특성과 유형을 발견하는 작업을 진행하였다. 이를 통해 다문화 구성원이 미디어 커뮤니케이션 채널을 사용하는데 있어서 사회적 환경이나 교육, 취향 등과 같은 외부요인들 속에서 취사선택을 유도하는 요소가 무엇인지 발견하였다. 다문화 구성원 스스로가 피상적이고 수동적인 정보 습득자들이 아니라 경험, 선호, 감정, 생활습관 등에 따라 능동적인 정보 습득을 진행하는 행위자로서의 역할을 가지고 있음을 알 수 있었다.

두 번째 단계는 다문화 구성원의 인구통계학적 특성에 따른 문화접변 유형과 미디어 태도 특성의 실증적 분석이다. 서베이 조사를 통해 각각의 유형들이 나타내는 실제 빈도 분포와 유형 특성에 따른 문화접변에 대한 인식 및 수용행태의 차이를 검증하였다.

세 번째 단계에서는 Q 방법론을 이용하여 각각의 연구문제별로 발견한 요인(유형)의 특성을 중심으로 Q-도구를 개발하였다. 첫째, Q-도구는 <연구문제 1>에서 발견된 세 개의 요인을 바탕으로 중심 속성을 고려하여 진행하였다. 요인에서 대표할 수 있는 진술문과 다른 요인들에서 대표되는 진술문을 비교한 후, 다른 유형과 배타적인 특성을 나타내는 진술문과 속성을 중심으로 세 개의 진술 문단을 구성하였다. 둘째, Q-도구는 <연구문제 2>에서 발견된 네 개의 유형에서 나타나는 중심 속성을 바탕으로 <연구문제 1>에서의 방식과 동일한 과정을 진행하여 네 개의 진술 문단을 구성하였다.

네 번째 단계는 Q 방법론을 이용하여 발견한 유형들 간의 상관관계에 대한 분석의 시행이다. 다문화 구성원의 문화접변에 영향을 주는 요인과 문화접변 경험 채널 유형 간의 관계를 확인한 것이다.

이처럼 네 가지의 연구단계에 대해서 Q 방법론과 R 방법론을 병합하여 진행한 연구결과를 다음과 같이 요약할 수 있다.

연구문제 1: (다문화 구성원의) 문화접변 요인(Q factor) 및 특성은 무엇인가?

연구는 다문화 구성원의 문화접변 요인을 분석하기 위해 31개의 Q 표본을 활용하여 28명의 P 표본을 대상으로 Q 요인(유형) 분석을 시행하였다. 그 결과 세 가지의 요인이 발견되었고, 각각의 요인은 '실제적 수용형', '적극적 판단형', '미디어 이용형'으로 명명하였다.

제1요인은 '실제적 수용형'으로서 문화접변과 미디어 태도를 실제적 만족으로 인식한다. 제1요인에서는 문화접변 현상에 대해서 긍정적 태도를 가지고 있고, 다문화 생활에 대해서 깊은 만족감을 표출하고 있는 요인이다. 문화 간 접촉에 대해서 자연스럽게 받아들이며 적극적으로 적응하려는 모습들이 보이는데, 생활이나 문화적 환경 속에서 긍정적인 특성을 찾아 문화접변 현상에 있어서 만족감을 유지하려는 집단이다.

제2요인은 '적극적 판단형'으로서 미디어 태도와 문화접변에 대해서 적극적으로 판단하거나 개입하는 능동적 태도가 강하게 나타난다. 문화접변의 필요성을 강조하면서 사회에서 보이는 문화접변에 대한 문제를 날카롭게 지적하는 적극성이 드러난다. 다문화 사회를 형성하는 주체는 이주 구성원뿐만 아니라 원주민인 한국 사람도 해당된다. 이들이 다문화 사회를 더불어 같이 만들어 가야 하는데, 제2요인에서는 한국 사람보다는 이주한 다문화 구성원의 역할을 더욱 부각하고 있다. 그래서 대한민국의 다문화를 이끄는 주체가 바로 다문화 구성원 자신들이라고 규정하기도 한다. 다수의 주류집단에 의해 편견을 가져오는 주체로 인식되기 쉽기 때문에 다문화 구성원은 자신들의 자아 존중감과 적응력 강화를 위해 더욱 적극적인 방법으로 그들의 존재를 표출한다.

제3요인은 '미디어 이용형'으로서 미디어 태도와 문화접변에 있어서 미디어의 활발한 사용을 강조하고 있다. 문화집단이 공유하는 커뮤니케이션은 가치나 세계관, 사회적 조직 같은 인지적 요소와 언어적 요소, 비언어적 요소에 의해서 의사소통 기능을 수행하게 된다. 그래서 제3요인에서는 대한민국 사회의 문화적응이나 문화접변의 현상에 있어서 미디어를 통한 정보 습득을 강하게 추구하고 있다. 미디어 접촉에 의해서 다문화 구성원이 간접적인 문화접변 과정을 경험함으로써 현실사회에 적응이 쉬워진다. 현실에서는 불가능한 문화교류나 문화접촉을 미디어를 통해 미리 경험하고, 이에 대한 반응을 고찰하면서 현실사회에 적합한 형태로 수정보완시킬 수 있는 기회를 마련해 주기 때문이다. 따라서 미디어는 사람들과의 직접적 만남을 통해서 겪는 면대면 커뮤니케이션의 방식이 아니라 간접적 접촉에 의한 비대면 커뮤니케이션의 방식으로 문화접변을 더욱 용이하게 만든다.

연구문제 2: (다문화 구성원의) 문화접변 경험 채널의 선호 유형 (Q factor)과 특성은 무엇인가?

연구는 다문화 구성원의 문화접변 경험 채널의 선호 특성을 분석하기 위해 31개의 Q 표본을 활용하여 28명의 P 표본을 대상으로 Q요인(유형) 분석을 시행하였다. 그 결과 네 가지의 유형이 발견되었고, 각각의 유형을 '체험채널 추구형', '뉴미디어 추구형', '타깃화된 BTL 채널 선호형', '대중적 공식채널 추구형'으로 명명하였다.

제1유형은 '체험채널 추구형'으로서 경험을 바탕으로 한 메시지의 수용을 적극적으로 강조하고 있다. 면대면 커뮤니케이션을 추구하는 경향이 있어서 사람과 사람과의 소통을 바탕으로 진실된 의미의 진정성 있는 호소를 가능하게 만든다. 또한 제1유형은 개인 중심의 참여체험 커뮤니케이션 채널을 선호한다. 참여체험이라는 자극적 경험에 의해서 얻게 되는 소비자 혹은 행위자의 체험을 중요시하는 것이다. 따라서 이들에게 메시지의 전달은 수동적이면서 획일적이거나 일방향적이지 않고, 능동적이면서 쌍방향적인 요소로 인식되기도 한다.

　제2유형은 '뉴미디어 추구형'으로서 뉴미디어 플랫폼이나 뉴미디어 시스템을 활용한 커뮤니케이션 채널을 선호한다. 뉴미디어의 본질적인 성향을 그대로 유지하면서 쌍방향적 정보교류가 가능한 메시지의 전달을 목적으로 한다. 제2유형은 매체나 플랫폼을 이용한 정보습득의 방식에 독특성을 가지고 있는데, 디지털과 유무선 인터넷을 이용해서 음성이나 텍스트, 동영상 등 모든 정보전달 유형이 포함된 복합적인 쌍방향 융합 정보전달의 특징을 가진다. 기존의 4대 매체에 대한 의존성에서 벗어나 다양성을 바탕으로 특화된 커뮤니케이션 채널을 선호한다. 그래서 인터넷 홈페이지, 커뮤니티, 블로그, UCC, SNS 등 다양한 형태의 뉴미디어 수단들을 손쉽게 접촉한다. 이들에게 뉴미디어는 '참여－공유－개방'이라는 특성이 내포되어 있고, 언제 어디서나 이용자의 능동성과 적극성을 중심으로 이용된다.

　제3유형은 '타깃화된 BTL 채널 선호형'으로서 새로운 대안 매체인 BTL 채널에 중심을 둔 유형이다. IMC의 개념 측면에서 볼 때 전통적인 ATL 채널인 TV, 라디오, 신문, 잡지와 같은 커뮤니케이션 채널보다 이들에게 더욱 효율적으로 작동될 수 있는 다양한 채널이 필요하게 되었는데, 독특한 접근 방식과 차별적인 매체 개발에 의해 새롭게 등장한 커뮤니케이션 채널, BTL이 보편화된 것이다. 제3유형에 있어서 정보의 교류나 정보의 습득은 현대 사회를 구성하는 트렌드나 문화가치를 반영한다. 다문화 구성원처럼 주체 타깃이 분명하고 명확하기 때문에 이들을 대상으로 정보 메시지의 실질적 전달에 도움을 주는 채널을 사용하는 것이다. 따라서 이들은 특화된 유행이나 이슈를 반영해서 만들어진 맞춤형 도구를 통해서 현재를 읽거나 이해한다.

'쌍방향적' 성격에 있어서 제3유형은 접점으로서의 관계유지를 유도하면서 세분화와 정교화를 바탕으로 특정 대상에게만 전달되는 쌍방향 커뮤니케이션을 지향한다. 이는 직접적 만남과 접촉을 통한 면대면 체험 커뮤니케이션의 제1유형과 직접적 만남은 아니지만 긴밀한 관계 속에서 시간이나 장소에 제한받지 않으며 커뮤니케이션이 가능한 제2유형과는 다른 특징을 가진다.

제4유형은 '대중적 공식채널 추구형'으로서 신뢰도 높은 미디어 사용에 의한 정보 습득을 선호하는 유형이다. 이들은 메시지 전달 주체에 중요성을 부여하는데, 정보를 만들고 전달하는 대상이 특성한 주제나 목적을 가지고 메시지를 전달하기 때문에 과정에 있어서 신뢰나 믿음, 진정성을 매우 고려한다. 제4유형은 공식적인 의견이나 입장이 포함되어 있는 메시지를 중요시한다. 정보교류의 과정에서 송신자와 수신자와의 관계에 다양한 의미를 부여한다. 양측 간의 믿음과 신뢰도가 바탕이 되고, 이를 쉽고 간단하게 정보 접촉수단으로 이용할 수 있는 보편적인 미디어 수단을 추구한다. 이를 통해서 다문화라는 특수한 주제의 메시지를 자연스럽게 공유하게 되는 것이다.

연구문제 3: 문화접변 유형과 미디어 태도의 특성

문화접변과 다문화 구성원의 미디어 태도 유형에 따른 인구통계학적 특성의 각 유형별 빈도분포는 다음과 같다.

서베이 조사에 의해서 확인된 미디어 태도와 문화접변 요인에 대한 특징은 '적극적 판단형'(63.5%)이 가장 높았고, 그다음으로 '실제적 수용형'(20.2%)과 '미디어 이용형'(16.3%)의 순서로 나타났다(<표 18> 참조). 다문화 구성원의 문화접변 현상에 대한 인식 유형에 따른 인구통계학적 유형별 차이에서는 각 유형에 따라서 응답자의 성별과 결혼유무, 연령, 학력, 직업, 대한민국에 오게 된 동기, 월소득, 거주기간에 따라 유의미한 차이를 보이지 않는 것으로 확인되었는데, 이는 인구통계학적 특성이 각 유형을 특징짓는 변인으로서 작용하지 않았다고 할 수 있겠다. 하지만 국적에 따른 차이에 대해서는 유의미한 것으로 밝혀졌다. '중국'과 '일본', '미국'의 국적을 가진 다문화 구성원에게는 미디어 인식이 '적극적 판단 개입형'으로 높게 나타나기도 했다.

문화접변의 미디어 이용의 특성에서는 ① 미디어 역할, ② 미디어 효용, ③ 모국 미디어의 이용태도, ④ 한국 미디어의 이용태도 영역으로 구분하여 진행하였다. 먼저 문화접변에서의 미디어 역할의 유형별 빈도분포를 살펴본다면, '미디어 이용형'(M=4.90)이 '실제적 수용형'(M=4.68)과, '적극적 판단형'(M=4.53)에 비해서 높은 역할적 성격이 나타났다(<표 23> 참조). 미디어 역할의 유형별 응답자의 인구통계학적 일반 특성에 있어서는 '여성'(평균 4.82)이 '남성'(평균 4.23)보다 미디어 역할 차이에 더 신경을 쓰는 것으로 드러났다. 국적별로도 차이가 나는데 '중국'과 '기타 아시아' 지역에서 상대적으로 미디어 역할에 대한 높은 반응이 나타났다. 또한 미디어 접촉의 주된 이유가 '생활 및 시사정보를 얻기 위해서'라는 항목에서 강한 특징을 보였고, '대한민국의 사회 이해를 하기 위해', '한국의 대중문화를 즐기려고'의 순으로 나타났다. 반면에 '한류 스타를 보기 위해' 미디어에 접속한다라는 항목에서는 매우 낮은 반응을 보였는데, 미디어 접속의 주된 이유가 언론보도나 통상적인 속설과는 다르게 한류 스타에 의한 것이 아님을 알 수 있었다.

둘째, 문화접변의 미디어 효용의 유형별 빈도분포는 '미디어 이용형'(M=5.27)이 '실제적 수용형'(M=4.93)과 '적극적 판단형'(M=4.79)에 비해서 높은 효용적 성격을 나타났다(<표 27> 참조). 미디어 효용의 유형별 응답자의 인구통계학적 일반 특성에 있어서는 응답자의 성별과 결혼유무, 국적, 연령, 학력, 직업, 대한민국에 오게된 동기, 월소득, 거주기간에 따른 문화 적응력과 생활 만족감에 있어서 미디어 효용의 차이는 없었다.

셋째, 다문화 구성원의 문화접변에 있어서 모국의 미디어 이용태도의 유형별 빈도분포는 '실제적 수용형'(M=4.49)과 '적극적 판단형'(M=4.46), '미디어 이용형'(M=4.44)의 순서로 높게 나왔다(<표 31> 참조). 모국 미디어에 대한 이용채널의 특성은 'Internet'이 가장 선호되는 채널로 확인되었고, 그다음으로 'TV', '스마트폰', '신문', '잡지', '기타', 'Radio'의 순으로 나타났다.

모국 미디어 이용태도의 유형별 응답자의 성별과 국적에 있어서도 독특한 특성을 보였는데, '여성'(평균 4.60)이 '남성'(평균 4.23)보다 모국의 미디어 이용이 더 높은 것으로 확인되었다. 또한 '중국'(M=4.88) 국적의 다문화 구성원이 모국 미디어 이용에 있어서 가장 적극적이었고, '기타 아시아', '일본', '미국'의 순으로 나타났다.

넷째, 다문화 구성원의 문화접변에 있어서 한국 미디어 이용태도의 유형별 빈도분포는 '미디어 이용형'(M=4.82)과 '적극적 판단형'(M=4.40), '실제적 수용형'(M=4.39)의 순서로 확인되었다(<표 35>

참조). 한국 미디어에 대한 이용채널의 특성은 'TV'가 가장 선호로
하는 채널로 확인되었고, 그다음으로 '한글Internet', '스마트폰 프로
그램', '영문Internet'의 순으로 나타났다. 이 외에 'Radio'와 '한글신
문', '한글잡지', '영문신문', '영문잡지', '체험 이벤트', '교육 이벤
트', '구전', '옥외광고', '기타'가 있었다.

한국 미디어 이용태도의 유형별 응답자의 성별과 국적, 직업에 있
어서 독특한 특성을 보였는데, '여성'(평균 4.75)이 '남성'(평균 3.98)
보다 한국 미디어의 이용이 더 높은 것으로 확인되었다. 또한 '중
국'(M=4.90) 국적의 다문화 구성원이 여타 지역의 응답자보다 한국
미디어 이용에 있어서 가장 적극적이었고, '주부'(M=5.18)가 '학생'
이나 '취업자'에 비해서 한국 미디어의 높은 이용률을 보였다.

한편, 다문화 구성원의 문화접변 경험 채널의 선호 유형별 빈도분
석 결과 '체험채널 선호형'과 '뉴미디어 추구형'의 특성이 상대적으
로 높은 것으로 확인되었다. 각 유형별로 '체험채널 선호형'은
31.0%, '뉴미디어 추구형'은 41.4%, '타깃화된 BTL 채널 선호형'은
6.2%, '대중적 공식채널 추구형'은 21.4%였다. 문화접변 경험 채널
의 선호 특성의 차이에서는 결혼유무와 연령, 월소득에 따라 유의미
한 차이를 보이는 것으로 확인되었다. 그러나 성별과 국적, 학력, 직
업, 대한민국에 오게 된 동기, 거주기간에 따른 차이는 유의미하지
않았다.

연구문제 4: (다문화 구성원의) 문화접변 요인과 문화접변 경험
채널 유형 간의 상관관계 분석

다문화 구성원의 문화접변 요인과 문화접변 경험 채널 유형에 대해 어떠한 상관관계가 있는지, 그리고 각 유형과 특성을 고려해서 미디어 커뮤니케이션 채널의 습득 방식을 비교해 보았다.

다문화 구성원의 문화접변 요인과 문화접변 경험 채널 유형 간 관계의 특성은 다음과 같다. 문화접변 요인의 제1요인인 '실제적 수용형'과 제3요인인 '미디어 이용형'은 문화접변 경험 채널의 선호 유형인 제1유형의 '체험채널 선호형' 특성에 대해서 각각 가장 높게 나타났다. 제1요인인 '실제적 수용형'에서는 제1유형의 '체험채널 선호형'과 제2유형의 '뉴미디어 추구형', 제4유형의 '대중적 공식채널 선호형', 제3유형의 '타깃화된 BTL 채널 선호형'의 순으로 나타났고, 제3요인인 '미디어 이용형'에서는 제1유형의 '체험채널 선호형'과 제2유형인 '뉴미디어 추구형', 제3유형의 '대중적 공식채널 선호형', 제4유형의 '타깃화된 BTL 채널 선호형' 순으로 확인되었다.

또한 문화접변 요인의 제2요인인 '적극적 판단형'은 문화접변 경험 채널의 선호 유형 중 제2유형인 '뉴미디어 추구형'의 특성에 대해 높은 관계를 보이면서, 제1유형의 '체험채널 선호형', 제4유형의 '대중적 공식채널 선호형', 제3유형의 '타깃화된 BTL 채널 선호형' 순의 특징을 보여주었다.

2. 논의 및 함의

　본 연구는 다문화 구성원이 문화를 접하고 받아들이는 문화 간 교류나 문화 간 커뮤니케이션을 문화접변의 현상으로 접근하여 진행하였다. 다문화 구성원은 이주한 사회에서의 사회화 과정에서 미디어 대중매체나 커뮤니케이션 채널들에 대해 가지는 가치나 의미, 수용 태도와 확신, 이용 동기나 만족도 등을 각기 다르게 인식하고 있었다.

　다문화 구성원의 문화접변은 대한민국 문화를 접하는 데에 그 프로세스로 활용되는 미디어 커뮤니케이션 채널에 따라서 다르게 나타났는데, 미디어 메시지를 받아들임으로써 이루어지는 문화접변의 태도에는 수용 과정에 있어서 주관성을 드러냈다. 즉 문화적응에 대한 문화접변 과정에서 다문화 구성원의 미디어 인식이 횟수나 요일, 시간과 같은 변인들의 객관적인 특성보다는 생각이나 가치, 욕구 등과 같은 주관적인 특성에 따라 이루어지고 있음을 확인한 것이다.

　따라서 다문화 구성원을 대한민국 사회의 구성원으로 이끌고자 계몽적 메시지를 펼치는 정부기관의 커뮤니케이션 채널이나, 다문화 구성원을 대상으로 기업 이미지나 브랜드, 상품에 대한 인식을 효율적으로 전달하기 위해서 사용하는 프로모션 영역의 커뮤니케이션 채널 전략을 세우는 홍보담당자들은 단순히 인구통계학적 특성에 따라 목표 타깃을 결정하기 보다는 다문화 구성원의 관점에서 그들의 바람이나 욕구를 충족시킬 수 있는 마음이나 심리를 파악하고 이들이 메시지 자체를 어떻게 받아들이고 있는지, 어떻게 지각하는지에 대한 이해가 우선적으로 선행되어야 한다는 것을 알 수 있었다.

즉 다문화 구성원이 대한민국에서 생활하면서 겪는 여러 문화접변 과정에 있어서 이들의 사회화 태도 및 만족도, 가치, 평가, 동기와 같은 주관적 특성들이 실제 고려 대상임을 나타내고 있는 것이다.

다문화 구성원은 국가나 행정기관, 기업과 같은 특정 커뮤니케이터가 제공하는 정보나 소스만을 가지고 의사결정을 하는 수동적 존재가 아니다. 단순 거주자로서 혹은 단기 체류자로서의 위치가 아니라, 그들의 인생이나 미래의 꿈을 펼치기 위해서 이주하는 강력한 목적성이 있기 때문에 다문화 구성원 개개인이 가지는 가치나 선호, 취향, 성격, 경험, 감정 등에 따라서 문화적 적응이나 사회화를 합리적으로 진행하고 있고, 또 이를 위해서 적극적이면서 능동적인 태도를 보여주고 있었다.

따라서 본 연구는 다음과 같은 성과를 이루었다고 할 수 있겠다.

첫째, 문화접변에 있어서 문화적응에 의한 사회화 과정은 다문화 구성원 개개인이 가지는 주관적 프레임(frame)이나 스키마(schema)에 의해서 구성된다는 점이다. 이들은 이러한 개인적 프레임과 스키마를 바탕으로 문화적응이나 문화수용 과정을 통해 원활한 사회화 과정을 거친다. 다문화 구성원이 미디어 커뮤니케이션을 이용하는 것은 사회적 존재로 인식되기 위해서 그들의 광범위한 심리적 인자들을 구조화하고 전개해 나가는 특성이 내포되어 있기 때문이다. 따라서 문화접변 현상은 새로운 문화를 접하는 대상이 가지는 자아태도 선택의 문제이다. 기쁨이나 평온, 만족 등으로써 경험되는 자아태도의 영역은 자발적인 행동에 의해서 수렴된다(Stephenson, 1967; 김흥규, 2008a). 그래서 이들이 문화접변을 위해서 도움을 받을 수 있는 미디어 커뮤니케이션 채널은 커뮤니케이터 측면이 아니라 커뮤니케이션 메시지를 받는 다문화 구성원의 행태나 심리패턴, 가치, 취향 등이 고려된 효율적이고 효과적인 커뮤니케이션인 것이다. 즉 본 연구는 Q 방법론을 적용하여 문화접변과 함께 다문화 구성원의 미디어 태도와 커뮤니케이션 채널의 특성을 발견해 냄으로써 다문화 구성원의 개인적 프레임과 스키마를 체계적으로 접근할 수 있는 실적을 낳았다.

둘째, 대한민국 사회에서 생활하거나 거주하고 있는 다문화 구성원이 실제로 느끼고 경험하게 되는 문화접변 과정에서 미디어가 어떻게 인식되어 있는지, 또는 미디어 커뮤니케이션 채널은 어떠한 형태로 추구되고 선택하게 되는지에 대한 성향이나 태도를 파악하고 이해할 수 있었다. 그렇기 때문에 다문화 구성원에게 단순 메시지를 전달하고자 하는 공보적 측면의 홍보나 효율적인 행동을 유발시키기 위한 계몽적 측면의 PR, 대한민국의 구성원으로서 동질화된 의식이나 사회화 과정을 위한 효율적 커뮤니케이션 채널의 개발과 같은 연구를 위해서 이론적으로나 방법론적으로 그 틀을 제시했다는 데 의의가 있을 것이다. 정부나 기관에서 개발한 효율적인 정책을 어떻게 효과적으로 전달할 수 있는지, 단체나 기업에서 다문화 사회를 표방하기 위해서 진행하는 프로모션의 아이디어가 어떤 경로로 도달할 수 있는지 등과 같은 실무 연구에 있어서도 그 방향성을 제공했다는 데 의미가 있다.

또한 문화접변과 미디어 커뮤니케이션 채널 특성 연구를 통해서 그들의 취향과 가치, 욕구, 성향 등 그들의 주관적 구조에 대한 이해를 구했다. 미디어 연구에 있어서 연령이나 국적, 결혼유무, 직업 등의 객관적 속성에 초점을 맞춘 연구방식이나 접근법들은 객관적으

로 증명할 수 있다는 점에서 명료하고 효용적이지만, 대한민국으로
의 이동이나 이주에 있어서 동기나 목적 등과 같은 행위를 설명하거
나 이들만을 대상으로 하는 정보 메시지의 커뮤니케이션 채널을 특
화시키고 타깃별로 세분화할 때에는 한계점을 가질 수 있다. 따라서
본 연구는 이를 극복하기 위한 방향이나 틀을 제공하고, 대안적 해
결점을 구축했다는 데 의의가 있을 것이다.

셋째, Q 연구를 통해서 발견한 유형들을 바탕으로 개발한 사정도
구를 가지고 대규모 표본을 이용한 서베이 조사를 진행했다는 점이
나. 이를 이용해서 특정인이 어떤 유형에 속하는가를 쉽게 판별하고
그들의 인구통계학적 변인이나 연구주제와 관련한 변인들과의 관련
성을 추론했다. 그래서 Q-도구를 이용해서 Q 방법론으로 발견한
유형의 해석과정에서 사용한 요인 배열표와 요인 간의 차이에 대해
서 각 유형들의 분포비율을 알아냈다. Q 유형별로 성별이나 연령,
국적, 직업, 이주동기 등의 차이 물론 다른 변인들과의 차이점이나
관련성을 검증할 수 있는 진화된 형태의 연구로 발전시켰다는 데 방
법론적 의의가 있다.

3. 연구한계 및 후속 연구제언

연구자는 문화접변과 미디어 커뮤니케이션 채널에 관한 요인(유
형)과 그 특성을 밝히고자 문화접변에 있어서 다문화 구성원의 미디
어 태도를 요인화하여 각각의 유형의 특성과 차이점을 발견하고 검
증하였으며, 유형 간 관계도 비교분석하여 규명하였다. 하지만 본

연구를 진행하는 과정에서 직면한 한계점으로 인하여 후속 연구의 진행이 필요하다고 판단된다.

먼저, 서베이 조사를 위한 설문조사 대상자의 범위가 매우 광범위했다는 점이다. 연구는 통계청 조사를 기준으로 대한민국 사회에서 생활하거나 거주하고 있는 다문화 구성원의 비율을 구성하였다고 했으나, 다문화 구성원이라는 범주에 속하는 외국인들이 실제 통계청 기준과는 사뭇 다른 구성의 속성을 보여주었다. 또한 생활지역이나 거주기간별로도 해석에 있어서 중요한 결과를 나타낼 수 있었는데, 연구에서는 통상적인 유목으로 단순 범주화했다는 점에서 아쉬움이 드러났다. 그리고 서베이의 목적은 일반화의 가능성을 검증하고자 하는 것인데, 표본 선정에 있어서 200여 명이라는 다소 적은 수의 다문화 구성원을 대상으로 했다는 점이다. 향후 후속 연구자가 이러한 한계점을 고려해서 지속적으로 연구를 진행해야 할 것이다.

연구자는 다문화 구성원을 대상으로 하는 통상적인 연구방법을 채택하지 않고 Q 방법론을 사용하여 유형과 특성에 대한 가설을 발견하고, 이에 대한 각 유형 간의 차이점을 서베이 조사를 통해서 검증하였다. 이는 Q 연구를 통한 유형의 발견을 R 연구로 발전시켜 연결하는 고리 역할을 했다는 점에서 일정부분 성과가 있었다. 하지만 검증과정에 있어서 연구에 영향을 미칠 수 있는 요목이나 변인들을 제대로 구성하거나 통제(미디어 역할, 미디어 효용, 미디어 이용태도 및 인식 등)하지 못했다는 한계점을 가지기도 한다. 비록 Q 방법론과 R 방법론이라는 방법론적 차이가 있기는 하지만 향후 연구에서는 이를 보완하여 연구 진행이 있어야 한다고 본다.

연구과정에 있어서 다문화 구성원에 대한 새로운 변화들이 많이 나타났는데, 이 역시 후속 연구에 있어서 고려해야 할 중요한 요소다. 중국과 동남아시아로 대표되었던 다문화 구성원이 이제는 한류와 기타 다양한 문화적, 사회적, 정치적 요인들에 의해서 서유럽이나 아프리카, 북미, 서남아시아 등 여러 지역의 다양한 국적, 인종, 종교적 성향을 지닌 다문화 구성원이 문화적 용광로처럼 모여서 구성되어 있었다. 그리고 대한민국으로의 이동이나 이주가 단순히 결혼이나 일자리를 위해서라는 과거의 단순한 목적에 비해서 현재는 한류문화 체험이나 한국어 교육, 한국인과의 연애 등 다양한 유목으로 확대되어 있다는 점이다. 이러한 차이점은 시간이 가면 갈수록 보다 급속하고 빠르게 변화되고 있었다. 따라서 향후 연구에 있어서는 국적이나 이동 동기와 같은 측정 유목을 더욱 세분화하여 개발함으로써 다문화 구성원이 가지는 대한민국에서의 문화접변과 이에 동반되는 문화적 충격에 의한 문화적응이 어떻게 나타나는지에 대한 다양한 의미를 발견해야 할 것이다.

한편, 이들 연구의 결과가 단순히 연구로서 끝날 것이 아니라 실무적으로 활용될 수 있도록 연구의 실용가치를 높여야 할 것이다. 대한민국 사회로 유입된 다문화 구성원에게 한국문화의 효과적인 이입, 한국적 가치관 전달과 같은 사회화 과정에 있어서 미디어 메시지의 텍스트 내용이나 메시지 전달의 커뮤니케이션 채널에 관한 보다 심층적인 연구가 이루어져야 할 것이다.

참고문헌

국내문헌

권유홍(2011). 문화접변유형에 따른 결혼이민여성의 여가활동 선호 및 참가 비교연구. *관광학 연구*, 35권, 제6호, pp.315~341.

권상희・김위근 (2005). 적소이론 관점에서 대인 뉴미디어의 경쟁: 휴대전화와 인터넷의 대인 커뮤니케이션 서비스 충족을 중심으로. *한국방송학보*, 21권 1호, pp.47~97.

금휘조(2007). 텔레비전 오락 프로그램 시청이 등장인물과의 사회적 비교와 삶의 만족도에 미치는 영향: 개인의 경제적 상황과 결혼 및 연애에 대한 인식을 중심으로. *한국방송학보*, 21권, 2호.

김갑성(2007). "어. 선생님이 바뀌었어요". 2007년도 제4차 국제이해교육포럼 - 다문화사회를 위한 협력, 7월 7일 발표문.

김유정(2002). 미디어 선택과 이용에 따른 이용자의 미디어에 대한 태도 분석. *한국방송학보*, 16권, 3호, pp.105~135.

김진희・김여진・김성태 (2010). 뉴미디어를 통한 스포츠 이용에 관한 연구: 이용동기, 행위, 채널을 중심으로. *커뮤니케이션 과학*, 27권 1호, pp.7~32.

김진영(2003). 미디어 의존 이론 연구: 미국 유학생들의 인터넷 이용, 민족 정체성, 미디어 의존, 그리고 인지적, 행동적 변화와의 관계를 중심으로. *언론과학연구*, 3권, 2호, pp.119~154.

김미란・성민정・황장선 (2011). 싸이월드에 대한 소비자 인식, 해석 및 사용. *소비자학연구*, 22권, 1호, pp.1~33.

김 렬(2011). 결혼이주여성의 문화접변에 대한 정책지원의 효과. *한국정책과학학회보*, 15권, 4호, pp.285~308.

김범수(2008). 민주주의에 있어 포용과 배제: '다문화사회'에서 데모스의 범위 설정문제를 중심으로. *국제정치논집*, 48권, 3호, pp.173~198.

김복래(2009). 프랑스, 영국, 미국의 다문화주의에 대한 비교고찰: 삼국의 이민통합정책을 중심으로. *유럽연구*, 27권, 1호, pp.207~236.

김선남·홍숙영(2009). 다문화 관련 TV 프로그램의 시청동기에 관한 연구. *주관성 연구*, 18호, pp.41~55.

김숙현·김평희·박기순 외 (2006). *한국인과 문화 간 커뮤니케이션*, 서울: 커뮤니케이션북스.

김승환(2008). *텔레비전 뉴스의 시청유형과 그 특성에 관한 연구*, 한국외국어대학교 대학원 신문방송학과 박사학위 논문.

김시홍(2005). 한국과 이탈리아 문화접변에 따른 갈등연구: 월드컵 경기를 중심으로. *이탈리아어문학*, 22호, pp.1~18.

김영찬(2006). 이주노동자 미디어의 문화 정치적 함의. *방송문화연구*, 18권, 1호, pp.37~59.

김일철·한동섭·Schultz (2004). Understanding the Diffusion of IMC. *Journal of Advertising Research*, March, 2004, 44(1), pp.31~45.

김종헌(2008). 동화에 나타난 다문화 가정의 표상연구. *현대문학이론연구*, 35호, pp.265~287.

김진영(2003). 미디어 의존이론 연구: 미국 유학생들의 인터넷 이용, 민족정체성, 미디어 의존, 그리고 인지적, 행동적 변화와의 관계를 중심으로. *언론과학연구*, 3권, 2호, pp.119~154.

김창민(2005). *세계화 시대의 문화논리*, 서울: 한울아카데미.

김현숙·심성욱·김운한 (2011). 이벤트 체험의 효과 과정에서 관여와 기대, 만족의 역할에 관한 연구. *한국광고홍보학보*, 13권, 2호, pp.198~227.

김현주 외(1997). 국내 거류 외국인의 한국사회 적응과정에 관한 연구. *한국언론학보*, 40호.

김혜성(2012). *광고의 이해*, 서울: 커뮤니케이션북스.

김흥규(1990). *Q 방법론의 이해와 적용*, 서울: 서강대 언론문화연구소.

______(1997). *사회과학통계분석 SPSS for Windows*, 서울: 나남출판.

______(1999). 가치와 라이프스타일 유형에 따른 소비자 특성 연구. *광고학연구*, 10권, 2호, pp.173~197.

______(2008a). *Q 방법론 – 과학철학, 이론분석 그리고 적용*, 서울: 커뮤니케이션북스.

______(2008b). Q – 블럭과 Q – 도구의 일치도 연구. *주관성연구*, 16호, pp.5~16.

______(2008c). Q 표본의 특성연구: 특성, 종류, 준비과정. *주관성연구*, 14호, pp.19~39.

김흥규·오주연 (2005). 광고 속 자아투영하기. *주관성 연구*, 10호, pp.4~26.

김흥규·오세정 (2009). 마케팅커뮤니케이션으로서의 BTL 전략요인. *한국광고홍보학보*, 11권, 2호, pp.127~154.

__________(2009). 축제의 의미. *주관성 연구*, 18호, pp.139~155.

김흥규·홍장선(2009). 해외여행자의 여행동기와 태도 유형연구 -Q 방법론적 접근-. 관광경영연구, 13권, 4호, pp.51~75.

__________(2010). 다문화가정을 위한 공익광고의 수용유형에 관한 연구. *광고연구*, 85호, pp.44~77.

__________(2010). <다문화가정>캠페인을 위한 IMC전략. *주관성연구*, 21호, pp.127~144.

김유경(2004). 문화거리에 따른 커뮤니케이션 거리에 관한 연구 -국가 간 광고 표현을 중심으로-. *국제지역연구*, 8권, 3호, pp.4~5.

김효정(2009). 한국이주 남아시아 남성 무슬림 근로자의 문화적응모델 연구: 혼인을 통한 문화정체성 형성의 패턴 분석을 중심으로. *한국이슬람학회*, 19호, 2집.

맥퀘일·윈달(1993). *커뮤니케이션 모델*, 임상원, 유정원 공역, 나남출판.

문성준(2008). 미디어효과와 문화변용: 시카고 한인타운에서의 미디어 효과와 문화가치. *방송연구*, 여름호, pp.161~185.

박경숙·이지현(2011). 한국과 독일의 다문화 관련 미디어 이용에 관한 연구. *탐라문화*, 39호, pp.49~85.

박기순(2004). 한국의 문화 간 커뮤니케이션 연구 동향과 전망: 저널 및 학위논문을 중심으로. *커뮤니케이션학 연구*, 11권, 1호, pp.5~35.

박종보·조용만 (2006). 다문화가족지원법 마련을 위한 연구, 여성가족부.

배대한(1994). 한민족의 정체성 문제와 교육개발. *해외동포*, 63호, pp.20~25.

설동훈(1999). *이주노동자와 한국사회*, 서울: 서울대학교 출판부.

______(2006). *결혼이민자 가족실태조사 및 중장기 지원정책방안 연구*, 여성가족부.

소현진·박범순 (2011). 텔레비전광고에 대한 소비자 인식구조 탐색. *광고연구*, 88호, pp.248~272.

신현신·이항(2011). 체험 마케팅이 브랜드 태도 및 관계의 질에 미치는 영향 -플래그 쉽 스토어를 중심으로-. 한국디자인문화학회지, 17권, 2호, pp.294~307.

안수근(2006). 뉴질랜드 거주 교민의 한국어 매체 이용 및 문화적응 요인. *언론과학연구*, 6권, 4호, pp.203~242.

양혜승(2006). 텔레비전 오락프로그램 시청이 개인들의 물질주의적 가치관 및 삶과 사회의 만족도에 미치는 영향. *한국방송학보*, 20권, 4호, pp.121~155.

______(2011). 이주민의 대인커뮤니케이션 및 미디어 이용이 한국사회의 가치에 대한 인식 및 한국사회에 대한 태도에 미치는 영향. *한국언론학보*, 55권, 6호, pp.181~206.

오세정(2011). *스마트폰 이용자의 유형과 구매행위의 영향요인에 관한 연구: 아이폰용자를 중심으로*, 한국외국어대학교 대학원 신문방송학과 박사학위 논문.

오현정・한은경(2011). 이벤트 체험요인이 브랜드자산에 미치는 영향: 판촉이벤트를 중심으로. *광고연구*, 88호, pp.183~222.

윤경로(2004). 미주한인사회의 초기 구국운동과 한민족의 정체성: 1910년대 한인교회를 중심으로. *한국기독교와 역사 심포지움 자료집*. 한국기독교역사연구소.

윤용필(2010). *3차원 입체영상의 현실감(프레즌스) 연구: 수용자 인식 유형 및 행태를 중심으로*, 한국외국어대학교 대학원 신문방송학과 박사학위 논문.

유새경・고민경(2006). 한국 TV 드라마의 시청행위와 한국과 한류에 대한 태도관계 연구-중국 대학생들을 중심으로. *미디어, 젠더 & 문화*, 6호, pp.44~77.

윤인진(2004). *코리안 디아스포라*, 고려대학교 출판부.

유재웅(2007). 한국 TV 드라마 시청이 제작국 이미지에 미치는 영향: 중국과 일본 시청자를 대상으로. *홍보학 연구*, 11권, 2호, pp.126~158.

유재천(1980). 어린이의 사회화과정에 미치는 매스 미디어의 영향에 관한 이론적 연구. *한국언론학보*, 13호, pp.127~144.

이경렬・백지희・박기대 (2010). 글로벌 브랜드숍의 상업적 공간에 대한 소비자의 체험이 브랜드 자산에 미치는 영향: 슈미트(Schmitt, 1999)의 체험 마케팅적 관점을 중심으로. *커뮤니케이션학 연구*, 18권, 2호, pp.83~104.

이선영(2006). 주한 외국인의 뉴스 미디어 이용에 관한 연구. *미디어, 젠더 & 문화*, 6호, pp.77~109.

이선희(2011). 중국인 유학생의 여가활동을 통한 문화변용에 관한 연구. *호텔관광연구*, 13권, 3호, pp.316~329.

이장섭(1993). 해외한인의 문화접변, *민족문화*, 1호.

이창현(2000). 탈북자들의 남한방송 수용과 문화적응: Q 방법론을 통한 방송 프로그램 선호유형 분석을 중심으로. *한국방송학보*, 14권, 2호, pp.151~186.

이현숙(2009). 한국 대학생들의 미국, 일본, 중국에 대한 문화 정체성과 해외 미디어 이용 동기에 관한 비교 연구. *정치정보연구*, 12권, 1호, pp.225~251.

이희은·유경한·안지현(2007). TV광고에 나타난 전략적 다문화주의와 인종주의. *한국언론정보학보*, 가을, 39호.

임도경(2010). 외국인 이주민이 본 한국과 한국인의 이미지 연구. *주관성 연구*, 20호, pp.101~120.

임선일(2010). *한국사회 이주노동자의 문화변용*, 이담.

전경숙·박혜정(2005). 자민족중심주의, 패션 선도력의 관계 및 명품 구매태도에 미치는 영향에 관한 연구. *한국의류학회지*, 29호, 11권, pp.1496~1506.

정의철·이창호(2007). 혼혈인에 대한 미디어 보도 분석: 하인즈 워드의 성공 전후를 중심으로. *한국언론학보*, 51권, 5호

정진경·양계민(2004). 문화적응이론의 전개와 현황. *한국심리학회지*, 23권, 1호.

조용석·황장선(2011). 제품광고의 사회적 메시지가 광고효과에 미치는 영향: 감정이입과 조절적 동기의 역할. *한국심리학회지: 소비자광고*, 12권, 1호, pp.149~168.

채서일(1990). *사회과학조사방법론*, 서울: 법문사.

채영길(2009). 다문화사회 변화과정의 재해석, *언론과 사회*, 17권, 2호.

______(2010). 이산 공론장의 현지화 – 영어 라디오 TBS eFM과 한국어 TBS FM 방송 뉴스 내용비교 분석. *한국방송학보*, 24권, 5호, pp.458~500.

최윤희(1998). *문화 간 커뮤니케이션과 국제협상*, 서울: 커뮤니케이션북스.

______(2008). 문화 간 커뮤니케이션 능력의 중요성. *KOREAPR*, 4/5월호, 44호.

최원주(2006). 소비자의 광고태도에 관한 주관성 탐색. *주관성 연구*, 13호, pp.81~106.

한성렬(2000). 북한의 문화적 특성과 남북한의 심리적 통일. *한국심리학회 춘계 심포지엄 발표논문*

허 균(1980). 미국 내의 이질소수민족의 매스미디어에 관한 실태연구. *한국언론학보*, 13호, pp.107~125.

현택수·홍장선 (2007). *광고의 이해와 실제*, 서울: 동문선.

홍기선(1984). *커뮤니케이션론*, 서울: 나남.

홍장선(2010a). 광고에 투영된 다문화 가정의 재현 이미지 분석연구. *광고PR 실학연구*, 3권, 1호, pp.7~25.

______(2010b). 백세주 광고 캠페인의 도상적 사례연구: 전통적인 문화가치 측면에서. *동서언로*, 27호, pp.89~116.

서울시(2011.6./9월 보고) '2011년 2분기 기준 주민등록인구통계' 자료
고용노동부(2012.2.) '한국고용정보원 EPS(외국인고용관리시스템)' 자료
통계청(www.index.go.kr) '외국인근로자(고용허가제) 고용동향'

해외문헌

Ajzen, I. & Fishbein, M. (1980). *Understanding Attitudes and Predicting Social Behavior*, Prentice－Hall, Englewood Cliffs, N.J.

Allport, G. W. (1954). *The Nature of Prejudice*, Cambridge, MA: Perseus Books.

Alwitt, Linda F. & Paul R. P. (1992). Functional and Belief Dimensions of Attitudes to Television Advertising: Implications for Copytesting. *Journal of Advertising Research*, 32(September/October), pp.30~42.

Appadurai, A. (1996). *Modernity at large: Cultural dimensions of globalization*, Monneapolis: University of Minnesota.

Berry, J. W. (1980). *Acculturation as varieties of adaptation*, In A. M. Padilla(Ed.) acculturation: Theories, models and findings. pp.9~25. Bouder, CO; Westview.

____________(1990). Psychology of acculturation: Understanding individuals moving between culture. In R. Brislin(Ed.) *Applied cross－cultural psycholgy*, pp.232~253. Newbury Park, CA: Sage.

____________(1997). Immigration, acculturation and adaption. Applied Psychology: *An International Review*, 46, pp.5~34.

Berry, J. W. & Kim, U. (1988). Acculturation and mental health. in P. R. Dasen. J. W. Berry & Sartorius(Eds.). *Health and Cross－cultural Psychology*, Newbury Park: Sage.

Berry, J. W., Poortinga, Y. H. Segall, M. H. Dasen, P. R. (1992). *Cross－cultural psychology: Research and application*, Cambridge, UK: Cambridge University Press.

Blumler, J. G. (1979). The role of theory in uses and gratifications studies. *Communication Research*, 6(1), pp.9~36.

Brown, S. R. (1980). *Political Subjectivity: Applications of Q methodology in political science*, New Haven and London: Yale University Press.

Cohen R & Kennedy P. (2007). *Global Sociology*, NY, NYU Press.

DeFleur, Melvin L. & Sandra J. Ball－Rokeach (1982). *Theories of Mass Communication*, New York: Longman.

Furnham, A. & Bochner, L. (1982). Social Difficulty in foreign culture: An empirical analysis of culture shock. In S. Bochner(Ed.) Cultures in contact: *Studies in cross－cultural interactions*. pp.161~198. Oxford: Peramon.

___________________________ (1986). *Culture Shock－Psychological Reactions to an Unfamiliar Environment*, New York: Methuen.

Gerbner, G. & Gross, L. (1976). Living with television: The violence profile. *Journal of Communication*, 26(2).

Ghaffarian, S. (1987). The acculturation of Iranians in united States. *Journal of Social Psychology*, 127, pp.565~571.

Gordon, M. (1963). *Assimilation in American life: The role of race, religion and national origins*, New York: Longman.

Guirdham, M. (1999). *Communicating Across Communication*, West Lafayette: Purdue University Press.

Gullahorn, J. T & Gullahorn, J. E. (1963). An Extension of the U－Curve Hypothesis. *Journal of Social Science*, 17, pp.33~47.

Jeffres, L. & Hur, K. (1980). The forgotten media consumer: The American ethnic. *Journalism Quarterly*, 57, pp.10~17.

Hall, E. T. (1976). *Beyond Culture*, Garden City, NY: Doubleday, p.7.

Hall, E. T. & Hall, M. R. (1990). *Understanding Cultural Differences: Germans, French and Americans*, Yarmounth. ME: Intercultural Press, p.6.

Haviland, W. A. (2002). *Cultural Anthropology,*, 10th ed. Belmont, CA: Wadsworth, p.427.

Herskovits, J. (1958). *Acculturation: The Study of Culture Contact*, Gloucester: Peter Smith.

___________ (1995). *Cultural Anthropology*, New York: Alfred A. Knopf.

Hodgen, T. (1945). Glass and Paper: A Historical Study of Acculturation.

Southwestern Journal of Anthropology, 1.

Hofstede, G. (1986). Cultural Differences in Teaching and Learning. *International Journal of Intercultural Relation*, 10, pp.301~319.

___________ (2001). *Culture's Consequence: Comparing Values, Behaviors, and Organizations Across Nations*, 2ed ed. thousand Oaks, CA: Sage Publications.

Karahanna, E, Straub, D. & Chervany, N. (1999). Information Technology Adoption Across Time: A Cross−Sectional Comparison of Pre−Adoption and Post−Adoption Beliefs. *MIS Quarterly*, 23(2), pp.183~213.

Katz, E., Blumler, J. G., & Gurevitch, M. (1974). Utilization of mass communication by the individual. In J. G. Blumler & E. Katz(Eds.), *The uses of mass communications: Current perspectives on gratifications research*, pp.19~32. Beverly Hills. CA: Sage.

Katz, E., Gurevitch, M., & Haas, H. (1973). On the use of the mass media for important things. *American Sociological Review*, 38, pp.164~181.

Keller, D. (1995). *Media Culture: Cultural studies, identity and politics between the modern and the postmodern*. 김수정, 정종희 역(1997). 미디어 문화: 영화, 랩, MTV, 광고, 마돈나, 패션, 사이버펑크까지. 서울: 새물결.

Keller, K. L. (1993). Conceptualizing, Measuring, Managing Customer−based Brand Equity. *Journal of Marketing*, 57(1), pp.1~22.

Kim, J. et al. (1982). Uses of mass media in acculturation: Dependency, information preference, and gratifications. Paper presented at the *Annual Convention of Assocoation for Education in Journalism*.

Kim, J. (1985). Acculturation motivation and communication behaviors: A study of Korean immigrants in the Los Angeles area. *신문학보*, 20, pp.155~179.

Kim, M. & Chung, A. Y. (2005). Consuming orientalism: Image of Asian− American Women in multicultural advertising, *Qualitative Sociology*. 28(1).

Kim, Y. Y. (1977). Communication pattern of foreign immigrants in the process of acculturation. *Human Communication Research*, 2(1).

_________ (1982). Communication and adaptation to a new culture. *신문학보*, pp.161~179.

_________ (1991). Communication and cross−cultural adaptation in Larry A. Samovar & Richard E. Portter (Eds.), *Intercultural communication: A reader*. Belmont: Wadsworth.

Kitchen P. J., & Schultz, D. E. (1999). A multi-country comparison of the drive for IMC. *Journal of Advertising Research*, Jan/Feb, pp.21~38.

Maffesoli, M. (1996). *The Time of the Tribes: The Decline of Individualism in Mass Society*, London: Sage.

Maletzke, M. (1956). Agitation through the press: a study of the personalities of publicists. *Public Opinion Quarterly*, 20, pp.441~456.

Marsella, A. J. (1994). The Measurement of Emotional Reactions to Work: Methodological and Research Issues. *Work and Stress*, 8, pp.166~167.

Marx, E. (1999). *Breaking Through Cultures Shock*, London: Nicholas Brealey.

McLuhan, M. (1964). *Understanding Media*, New York: McGraw-Hill.

Motgomery, G. T. (1992). Comfort with acculturation status among students from South Texas. *Hispanic Journal of behavioral Science*. 14, pp.201~223.

Oberg, K. (1960). Culture Shock: Adjustment to New Cultural Enviroments. *Practical Anthology*, 7. Also see P. K. Book, Culture Shock, New York: Knopf, 1970.

Papacharissi, Z. & Rubin, A. M. (2000). Predictors of Internet use. *Journal of Brodcasting & Electronic Media*, 44(2), pp.175~196.

Rogers, E. (1995). *Diffusion of Innovation*. New York: Free Press.

Ryu, J. S. (1977). *The mass media and the assimilation process: a study of media uses by Korean immigrants*. Ph. Doctor's thesis, University of Oregon.

Samovar, Larry A. & Richard E. Porter (2004). Communication Between Cultures. 정현숙, 김숙현, 최윤희, 김혜숙, 박기순 역(2001). 문화 간 커뮤니케이션. 서울: 커뮤니케이션북스.

Savolainen, R. (1999). The Role of the Internet in Information Seeking. Putting the Networked services in Context. *Information Processing and Management*, 35, pp.765~782.

Schiappa, E., Gregg, P. B., & Hewes, D. E. (2005). The parasocial contact hypothesis. *Communication Monographs*, 72, pp.92~115.

Schmitt, B. H. (1999). *Experiential Marketing: How to Get Customers to Sense, Feel, Think, Act, Relate to Your Company and Brands*. New York, NY: The Free Press.

Smith, P. & Bond, M. (1994). *Social Psychology Across Cultures: Analysis and Perspectives*, Boston: Allyn and Bacon.

Spicer, H. (1958). Social Structure and the Acculturation Process: Social

Structure and Cultural Process in Yaqui Religious Acculturation. *American Anthropologist*. LX.

Stephenson, W. (1953a). *The Study of Behavior: Q —technique and its methodology,* Chicago: University of Chicago Press.

＿＿＿＿＿＿ (1953b). Postulates of behaviorism. *Philosophy of Science*, 20(2), pp.110～120.

＿＿＿＿＿＿ (1967). *The play theory of mass communication,* Chicago: The University of Chicago Press.

Shimp, T., & S. Sharma.(1987). Consumers ethnocentrism: Construction and of the CETSCALE. *Journal of Marketing Research*, August, pp.280～289.

Sturken, M., & Cartwright, L. (2001). *Practice of Looking: An Introduction to Visual Culture,* Oxford: Oxford University Press.

S.S.R.C.S.S.A. (1954). *Acculturation, An Exploratory Formulation,* in: American Anthropologist New Series, 56, pp.973～1000.

Suinn, R. M., Ahuna, C. & Khoo, G. (1992). The Suinn —Lew Asian Self — Identity Acculturation Scale: Concurrent and factorial validation. *Educational and Psychological Measurement.* 52, pp.1041～1046.

Tajfel, H. (1982). *Social identity and intergroup relations,* Cambridge, MA; Cambrige University Press.

Tajfel, H. & Turner, J. (1986). *The social identity theory of intergroup behavior.* in W. Austin and S. Worchel(Ed.) The social psychology of intergroup relations. pp.7～14. Chicago: nelson —Hall Publishers.

Talbott, A. D. (1963). *The Q block method of indexing Q typologies,* Presented at the AEJ Conference, Lincoln, Nebraska.

Tax, Sol. ed. (1952). *Acculturation in the Americans,* Chicago: University of Chicago Press.

Thurnwald, R. (1932). *The Psychology of the acculturation,* in: American Anthropologist, 34, pp.557～569.

Ward, C. Bochner, S. & Furnham, A. (2001). *The Psychology of culture shock,* East Sussex: Routledge.

William, S. (1991). Diasporas in modern societies: myths of homeland and return. Diaspora, 1(1), pp.83～84.

平野健一郎 (2004). 국제문화론, 장인성, 김동명 역(2004). 국제문화론. 서울: 도서출판 풀빛.

부 록

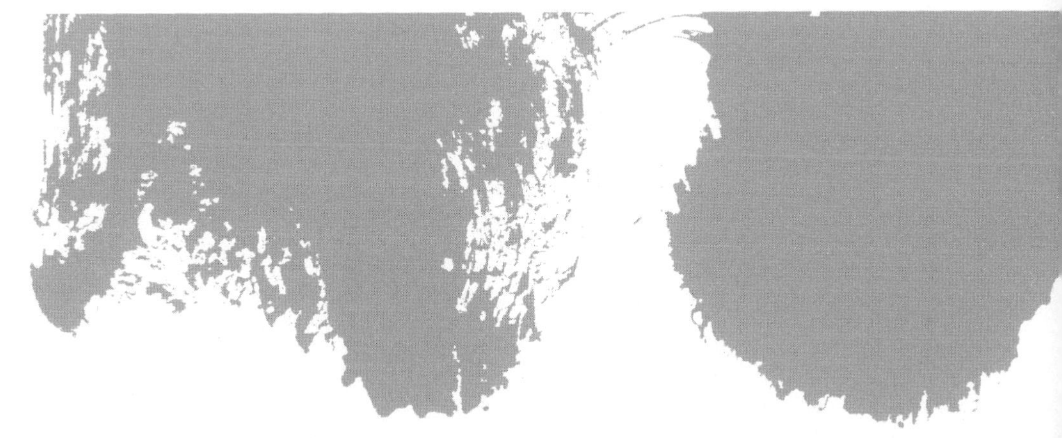

부록 1. 문화접변 요인 Q 표본과 요인별 점수표

No.	Q 표본(진술문)	z — score		
		F1	F2	F3
1	나는 자민족 중심주의가 강해서 다른 문화집단에 대한 이미지의 배척이 심하다.	−1.3	−0.8	−1.3
2	대한민국만을 외치는 편협한 민족주의는 문화접변에 방해가 된다고 생각한다.	1.0	−1.1	0.1
3	문화접변을 강조하는 다문화의 스토리는 편견이 가득한 이미지를 생산할 뿐이다.	−0.0	−1.2	−0.6
4	나는 모국의 문화에 대해서 유지하거나 정체성을 지키려는 노력이나 새로운 문화수용에 관심이 없다.	−0.9	−1.9	−1.6
5	나는 모국 정체성을 유지하지 않고 주류 이주 문화에 대한 관계만이 중요하다고 생각한다.	−0.9	1.1	−0.6
6	나는 새로운 문화와의 접촉을 거부하면서 모국의 민족 문화만을 유지하고 싶다.	−1.3	−0.3	−1.7
7	내가 모국 이미지에 대한 편견을 심어준다는 생각에 불안하다.	−0.7	−1.1	−0.3
8	문화접변은 이해와 화합을 위한 문화적 장을 마련해 준다고 생각한다.	1.5	−0.2	0.8
9	미디어를 통한 문화접변 과정에서 나는 내가 한국인이라는 착각에 빠지게 된다.	−1.2	−1.3	0.5
10	미디어를 접촉할 때면 다문화 구성원에 관심이 없어 TV 채널이나 신문의 기사를 보기 싫다.	−0.4	−0.2	−1.4
11	행복해 보이는 다문화 구성원의 가족애가 너무나 부럽다.	1.1	1.1	0.8
12	모든 미디어 프로그램은 단순한 일회성의 캠페인일 뿐 그 이상도 그 이하도 아니다.	−0.6	0.4	−0.0
13	나는 마치 두 개의 엄마(국가)를 가진 것과 같은 생각이 든다.	−0.8	0.9	0.9
14	다른 다문화 구성원이 도움을 청한다면 스스럼없이 도와줄 것이다.	1.7	1.9	1.4
15	오바마 미국 대통령처럼 대한민국 대통령을 꿈꾸고 싶다.	−1.4	0.7	−0.6
16	대한민국 사회가 프랑스나 터키의 사회문제처럼 붉어지지 않을까 염려된다.	−1.0	−0.3	−0.8
17	서양 사람과 동남아 사람에 대한 지역적 편견이 매우 다른 것처럼 보인다.	1.6	−0.3	−0.7
18	우리 모두 대한민국 사회를 만들어가는 구성원이라 생각한다.	0.7	1.5	1.0
19	나는 인종차별주의자를 경멸한다.	1.3	−1.3	1.9

20	대한민국의 사회구조가 다문화주의를 표방하는 것으로 보여 매우 기쁘다.	0.0	1.2	1.2
21	내가 생각하기에 한국 사람들은 진정한 마음으로 다국적 구성원들을 받아들일 수 있는 준비가 전혀 되어 있지 않다.	0.3	−1.1	0.1
22	문화접변의 보편화로 인해서 다문화 2세들은 이국적 문화 혜택을 누리게 될 것이다.	0.3	−0.1	0.7
23	다문화 구성원이나 해외 이주자라는 용어 자체가 차별과 편견의 산물이다.	0.2	0.1	0.3
24	주변의 시선이 더욱 두려워서 외출하기가 꺼려진다.	−1.7	−0.8	−1.3
25	다문화 구성원들과 함께 가정을 이루는(외국인 홈스테이, 외국인 튜터) 현상이 너무 좋다.	1.1	0.9	1.1
26	한국어를 이해하지 못해서 미디어 이용 자체가 괴롭다.	−0.0	0.7	−1.0
27	집이 가난해서 미디어를 접촉할 수 있는 기회가 없어서 아쉽다.	−1.2	−0.3	−0.8
28	세계 어느 나라보다도 빠르고 정확한 정보전달이 대한민국에서 정착하는 데 많은 도움을 준다.	0.6	1.4	0.7
29	미디어 접촉보다는 주변 사람들과의 대화나 구전이 생활에 있어서 도움을 주는 편리한 수단이라고 생각한다.	1.0	1.4	1.7
30	미디어에서 비추어지는 다문화 구성원들은 우리가 아니다.	0.2	−0.6	−0.7
31	생활하는 데 있어서 생활 속 경험보다 미디어 속 이미지가 더 혼란을 가중시킨다.	0.9	−0.3	0.1

부록 2. 문화접변 요인 Q 표본 - 진술문

No	Q 표본(진술문)
1	나는 자민족 중심주의가 강해서 다른 문화집단에 대한 이미지의 배척이 심하다. (I have a severe sense of exclusion for other cultural group because of ethnocentrism.)
2	대한민국만을 외치는 편협한 민족주의는 문화접변에 방해가 된다고 생각한다. (I think narrow ethnocentrism for Korea is an obstacle for acculturation.)
3	문화접변을 강조하는 다문화의 스토리는 편견이 가득한 이미지를 생산할 뿐이다. (Multiculturalism focusing on acculturation only produces harmful images with biases.)
4	나는 모국의 문화에 대해서 유지하거나 정체성을 지키려는 노력이나 새로운 문화수용에 관심이 없다. (I am not interested in the effort to keep cultural identity for Korean culture and in accepting a new culture.)
5	나는 모국 정체성을 유지하지 않고 주류 이주 문화에 대한 관계만이 중요하다고 생각한다. (I think I am interested only in the relationship with main immigrant culture without keeping national identity.)
6	나는 새로운 문화와의 접촉을 거부하면서 모국의 민족 문화만을 유지하고 싶다. (I want to keep only Korean culture with the refusal of contact with the new culture.)
7	내가 모국 이미지에 대한 편견을 심어준다는 생각에 불안하다. (I am ill－at－ease of the feeling that I make other people have a bias about Korea.)
8	문화접변은 이해와 화합을 위한 문화적 장을 마련해 준다고 생각한다. (I think acculturation paves the way to understanding and harmony with other culture.)
9	미디어를 통한 문화접변 과정에서 나는 내가 한국인이라는 착각에 빠지게 된다. (I am inclined to fall into the illusion that I am Korean in the course of acculturation.)
10	미디어를 접촉할 때면 다문화 구성원에 관심이 없어 TV 채널이나 신문의 기사를 보기 싫다. (In contacting media, I do not like to watch TV or read newspapers because of indifference to the members of multicultural communities.)
11	행복해 보이는 다문화 구성원의 가족애가 너무나 부럽다. (I have a feeling of an envy about the family love of happy－looking multicultural families.)
12	모든 미디어 프로그램은 단순한 일회성의 캠페인일 뿐 그 이상도 그 이하도 아니다. (Every media program is only one time campaign.)
13	나는 마치 두 개의 엄마(국가)를 가진 것과 같은 생각이 든다. (I think I have two mother countries.)
14	다른 다문화 구성원이 도움을 청한다면 스스럼없이 도와줄 것이다. (I am willing to help the members of multicultural communities if they ask me for a help.)
15	오바마 미국 대통령처럼 대한민국 대통령을 꿈꾸고 싶다. (I want to be a Korean president like Obama.)
16	대한민국 사회가 프랑스나 터키의 사회문제처럼 붉어지지 않을까 염려된다. (I am afraid that Korea society will be chaotic like French or Turkish society.)
17	서양 사람과 동남아 사람에 대한 지역적 편견이 매우 다른 것처럼 보인다. (To me it seems that Korean people have a different bias toward western people and South＝eastern people.)

18	우리 모두 대한민국 사회를 만들어가는 구성원이라 생각한다. (I think all of us are the members of our society.)
19	나는 인종차별주의자를 경멸한다. (I despise racists.)
20	대한민국의 사회구조가 다문화주의를 표방하는 것으로 보여 매우 기쁘다. (I am pleased to think that Korean society carries the banner for multiculturalism.)
21	내가 생각하기에 한국 사람들은 진정한 마음으로 다국적 구성원들을 받아들일 수 있는 준비가 전혀 되어 있지 않다. (In my opinion, Korean people are not really ready to accept the members of multicultural communities.)
22	문화접변의 보편화로 인해서 다문화 2세들은 이국적 문화 혜택을 누리게 될 것이다. (Because of the universalization of acculturation, the second generation of multicultural communities will enjoy the benefits from exotic culture.)
23	다문화 구성원이나 해외 이주자라는 용어 자체가 차별과 편견의 산물이다. (The vocabularies of the members of multicultural communities or immigrants themselves are the product of discrimination and bias.)
24	주변의 시선이 더욱 두려워서 외출하기가 꺼려진다. (I am reluctant to go out because of other people's gaze.)
25	다문화 구성원들과 함께 가정을 이루는(외국인 홈스테이, 외국인 튜터) 현상이 너무 좋다. (I like the phenomenon of making family with the members of multicultural communities (home stay, foreign tutor.)
26	한국어를 이해하지 못해서 미디어 이용 자체가 괴롭다. (Because of lack of understanding of Korean language, I have trouble in using media.)
27	집이 가난해서 미디어를 접촉할 수 있는 기회가 없어서 아쉽다. (Because of poverty, I feel something wanting experiences of contacting media.)
28	세계 어느 나라보다도 빠르고 정확한 정보전달이 대한민국에서 정착하는 데 많은 도움을 준다. (The fast and precise delivery of information in Korea helps me a lot to settle down in Korea.)
29	미디어 접촉보다는 주변 사람들과의 대화나 구전이 생활에 있어서 도움을 주는 편리한 수단이라고 생각한다. (I think the conversation and talking with neighbors rather than media contact is more helpful for life in Korea.)
30	미디어에서 비추어지는 다문화 구성원들은 우리가 아니다. (The members of multicultural communities in media are not what we are.)
31	생활하는 데 있어서 생활 속 경험보다 미디어 속 이미지가 더 혼란을 가중시킨다. (The images in media rather than lived experiences makes the images of the members of multicultural communities worse or confused.)

부록 3. 문화접변 경험 채널의 선호 유형 특성 Q 표본과 유형별 점수표

No.	Q 표본(진술문)	z-score			
		F1	F2	F3	F4
1	외국인 전용 웹사이트(인터넷)	−0.1	1.8	−0.4	1.0
2	인터넷 라디오 방송	−0.6	0.5	−1.5	−1.2
3	전화상담서비스(T/S)	−1.2	−1.3	−1.4	−1.4
4	뉴스레터(off−line)	−1.1	−1.0	−0.1	−1.7
5	SMS 모바일	−0.5	2.2	0.0	0.5
6	이메일 레터(on−line)	−1.0	0.4	1.2	0.1
7	행사 현수막, 포스터	−0.1	−1.3	−0.1	0.1
8	블로그 홍보관	−0.8	−0.7	0.4	1.7
9	프레스 릴리즈	−1.6	−0.7	−1.2	−0.9
10	행사 애드버토리얼	−0.9	−1.3	−0.2	0.7
11	교통광고(버스, 지하철)	−0.4	0.5	1.0	0.3
12	UCC	−0.9	1.4	−1.1	−1.6
13	스타연예인 거리홍보	−0.2	−0.6	−0.2	0.2
14	인터넷 배너광고.	−1.4	0.4	0.7	0.6
15	자원봉사 멘토링	−0.4	−0.6	0.6	−1.4
16	체험이벤트−전통음식 만들기	1.4	−0.5	−0.4	0.6
17	체험이벤트−다문화축제공연	1.4	−0.3	1.7	0.5
18	체험이벤트−다문화 어린이 합창대회	1.5	−0.7	0.2	−0.7
19	TV프로그램 연계(러브인아시아)	−0.1	0.7	−1.4	0.6
20	케이블 TV 행사진행(생방송)	0.0	−0.5	−1.6	0.6
21	TV광고	0.2	0.8	−0.7	1.8
22	다문화 클럽 및 카페운영	−0.1	−0.3	0.7	0.3
23	구전PR−정기모임	0.8	0.7	1.2	−0.1
24	구전PR−이웃방문	1.0	0.0	0.3	−0.3
25	교육이벤트−다문화 한국어교실	2.1	−0.5	0.2	1.2
26	교육이벤트−다문화 노래교실	1.4	−1.4	−0.0	−1.7
27	교육이벤트−부부상담교실	1.4	−1.0	−1.4	−1.4
28	교육이벤트−창업 및 직업교육	1.1	−0.6	−0.6	0.5

29	SNS정보교류(트위터, 카카오톡)	0.4	2.2	1.9	1.0
30	페이스북(Facebook)	0.1	1.5	2.1	0.8
31	기관 소식지 브로셔	−1.5	−0.9	0.1	−1.0

부록 4. 문화접변 경험 채널의 선호 유형 특성 Q 표본 - 진술문

1. 외국인 전용 웹사이트(인터넷) 	2. 인터넷 라디오 방송 
3. 전화상담서비스 (T/S) 	4. 뉴스레터 (off−line) 
5. SMS 모바일 	6. 이메일 레터 (on−line) 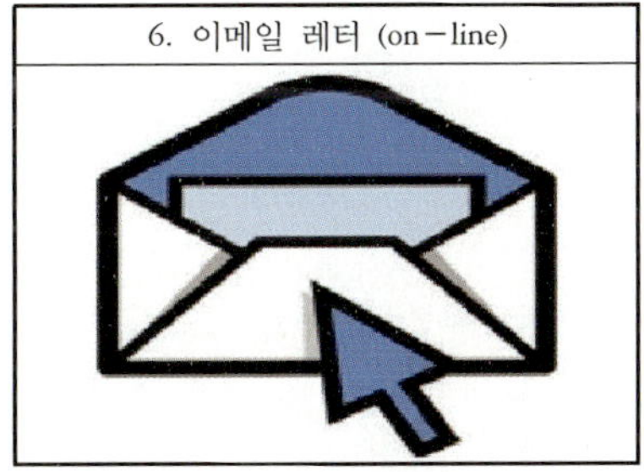

7. 행사 현수막, 포스터	8. 블로그 홍보관

9. 프레스 릴리즈	10. 행사 애드버토리얼

11. 교통광고 (버스, 지하철)	12. UCC

13. 스타연예인 거리홍보	14. 인터넷 배너광고

15. 자원봉사 멘토링	16. 체험이벤트 − 전통음식 만들기
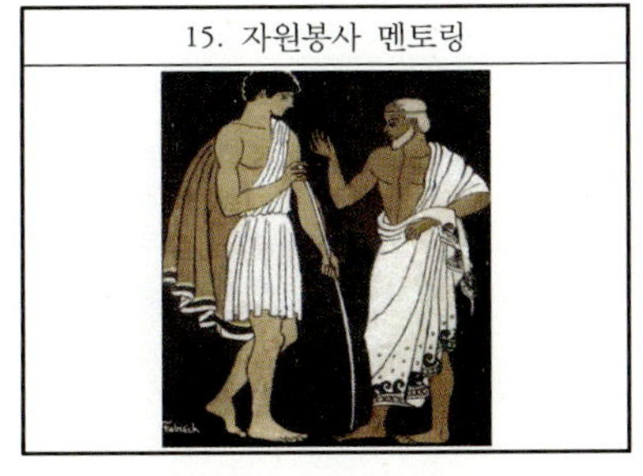	
17. 체험이벤트 − 다문화축제공연	18. 체험이벤트 − 다문화 어린이 합창대회

19. TV프로그램 연계 (러브인아시아)	20. 케이블 TV 행사진행 (생방송)

21. TV광고	22. 다문화 클럽 및 카페운영

23. 구전PR - 정기모임

24. 구전PR - 이웃방문

25. 교육이벤트 - 다문화 한국어교실

26. 교육이벤트 - 다문화 노래교실

27. 교육이벤트 - 부부상담교실

28. 교육이벤트 - 창업 및 직업교육

29. SNS정보교류(트위터, 카카오톡)

30. 페이스북(facebook)

31. 기관 소식지 브로셔

부록 5-1. 설문지-국문

No.___________

문화접변과 다문화 구성원들의 미디어 인식에 관한 연구

안녕하세요. 설문조사에 응대해 주셔서 먼저 감사의 말을 전합니다.
본 설문조사는 <다문화 구성원들의 문화 적응력과 생활 만족감 그리고 미디어 인식>과 관련해서 귀하의 의견을 알아보는 데 목적이 있습니다.

설문은 본인의 박사학위논문을 위해서 진행되는 것으로서, 그 결과는 연구논문의 자료로서 사용됩니다. 따라서 설문에 기입된 모든 일체의 내용은 연구의 목적 이외에는 절대 사용되지 않을 것이고, 모두 익명으로 처리될 것입니다.

대한민국에서 생활하면서 평소 느꼈던 바나 생각, 의견을 솔직하게 말해 주시면 됩니다. 바쁘시더라도 잠시 시간을 내주셔서 다음의 문항들에 빠짐없이 응답을 해 주시면 감사하겠습니다.

0000년 00월

한국외국어대학교 일반대학원 신문방송학과

지도교수: 김 홍 규
연 구 자: 홍 장 선

TEL: 010-0000-0000, E-mail: js2hong@empal.com

1. 다음은 <한국에서의 문화 적응력과 생활 만족감 그리고 미디어 인식>에 대한 귀하의 느낌이나 감정에 관한 것입니다. 세 가지 유형을 끝까지 읽어 보신 후 귀하가 어디에 해당하는지 하나만 선택(✓)해 주시기 바랍니다.

번호	설 명	선택란
1)	(대한민국에서 생활하고 있는 나) 나는 한국에서 한국의 문화와 모국의 문화가 같이 공유되어 살아가고 있다. 그런데 나는 평소에 두 개의 문화가 내 안에 있다고 생각하지 않고 통합된 한 개의 문화만이 존재한다고 본다. 이것은 대한민국의 사회구조가 다문화주의를 표방해서 다문화 구성원들의 인식이 긍정적으로 변화하였고, 인권도 향상되어 나타난 결과라고 생각한다. 다만 한국 사람들이 종종 서양 출신의 다문화 구성원과 동남아 출신의 다문화 구성원들에 대해서 지역적이고 편협적인 차별을 보여주고 있는 듯싶어서 유감스럽다.	
2)	(대한민국에서 생활하고 있는 나) 나는 생활하는 데 있어서 한국의 문화나 모국의 문화 가운데 한쪽만을 표현하거나 외쳐서는 안 된다고 본다. 문화를 받아들이는 데 있어서 다양하고 다채로운 방식이나 태도로 수용해야 한다고 생각한다. 복잡하면서도 시끄러운 현상이겠지만 이것이 진정한 문화수용의 태도라 확신한다. 하지만 한국에서 살고 있는 만큼 한국 문화에 대한 적극적인 수용과 친밀성이 바탕이 되어야 할 것이다. 그리고 한국 사람들과의 솔직하고 진정한 교류가 한국생활에 많은 도움을 줄 것이라 믿는다.	
3)	(대한민국에서 생활하고 있는 나) 나는 한국 생활의 적응에 있어서 미디어가 필수품이라고 본다. 미디어는 한국생활에 있어서 한국문화에 대해서 알아가거나 이해하는 데 도움을 준다. 문화적 차이나 가치관의 차이로 인해 발생하는 문제가 미디어에서 직간접적으로 대신 알려주고 있기 때문에 도움이 된다. 또한 나와 비슷한 다문화 구성원들의 모습들을 간접적으로 비추어 바라볼 수 있어서 좋다. 그래서 비록 한국어 능력이 부족해도 미디어 이용을 즐겨하고 있는데, 미디어를 이용하고 있노라면 한국 사람처럼 느낄 수 있어서 좋다.	

2. 귀하의 성별은 무엇입니까?
1) 남성　　　　　2) 여성

3. 귀하는 결혼을 했습니까?
1) 그렇다　　　　2) 아니다

4. 귀하의 국적은 어디입니까? (기타는 별도로 적어 주세요.)
1) 중국　　　2) 필리핀　　　3) 인도네시아　　　4) 일본　　　5) 베트남 6) 미국　　　7) 기타

5. 귀하의 연령대는 어떻게 되십니까?

1) 10대   2) 20대   3) 30대   4) 40대   5) 50대 이상

6. 귀하의 학력은 어떻게 되십니까?

1) 중학교 졸업 이하   2) 고등학교 졸업   3) 대학교 재학
4) 대학교 졸업   5) 대학원 이상

7. 귀하의 직업은 어떻게 되십니까?

1) 주부   2) 학생   3) 공무원   4) 사무원   5) 자영업자
6) 산업 노동자   7) 종업원   8) 강사/교수 9) 무직   10) 기타

8. 귀하가 대한민국으로 오게 된 동기는 무엇입니까? (기타는 별도로 적어 주세요)

1) 유학   2) 결혼   3) 사업   4) 구직   5) 한류문화   6) 기타

9. 귀하의 월평균 가계소득은 얼마입니까?

1) 100($95)만 원 미만   2) 100만 원 이상 ~ 200($195)만 원 미만
3) 200만 원 이상 ~ 300($295)만 원 미만   4) 400만 원 이상 ~ 500만 원 미만
5) 500($395)만 원 이상

10. 귀하의 대한민국에서의 거주 기간은 얼마입니까? 직접 적어 주세요.
__________ 년 _____________ 개월

11. 문화접변(문화 적응력과 생활 만족감)의 정체성
    (귀하의 의견에 가장 가까운 점수를 ✔해 주세요)

	문항	전혀 그렇지 않다	←	보통 이다	→	매우 그렇다		
1)	나는 내가 대한민국을 이루는 한 구성원 이라고 생각한다.	①	②	③	④	⑤	⑥	⑦
2)	나는 대한민국에서 생활하는 것이 좋다.	①	②	③	④	⑤	⑥	⑦
3)	나는 모국으로 돌아가는 것 보다 대한민 국에서 계속 살고 싶다.	①	②	③	④	⑤	⑥	⑦
4)	모국의 지인들에게 대한민국에서의 생활 이나 정착을 권유하고 싶다.	①	②	③	④	⑤	⑥	⑦

5) 대한민국에서 생활하는 데 있어 어느 때 힘들다고 생각합니까?
   (한국어나 영어로 아래에 간단히 적어 주세요)

12. 대한민국 생활에서의 미디어 역할 (귀하의 의견에 가장 가까운 점수를 ✔해 주세요)

	문항	전혀 그렇지 않다	←	보통 이다	→	매우 그렇다		
1)	나는 사람들과 직접 만나 대화하고 교류 하면서 사회에 적응하고 있다.	①	②	③	④	⑤	⑥	⑦
2)	나는 미디어가 한국어 소통능력을 향상 시켜 사회에 적응하는 데 도움을 준다고 생각한다.	①	②	③	④	⑤	⑥	⑦
3)	미디어를 통해서 대한민국 사람으로 갖 추어야 할 정보와 지식을 얻는다.	①	②	③	④	⑤	⑥	⑦
4)	미디어를 시청할 때 친구나 가족이 같이 하면 편안하고 이해가 쉽다.	①	②	③	④	⑤	⑥	⑦

13. 문화 적응력과 생활 만족감에 있어서 미디어 효용
   (귀하의 의견에 가장 가까운 점수를 ✓해 주세요)

	문항	전혀 그렇지 않다	←	보통 이다	→	매우 그렇다
1)	나는 내가 대한민국의 일원이기에 한국 사회에서 어떤 일이 일어나고 있는지 알고 싶다.	①	②	③	④	⑤	⑥	⑦
2)	나는 나 자신을 포함해 대한민국 사람들이 어떤 생각을 가지는지 알고 싶다.	①	②	③	④	⑤	⑥	⑦
3)	나는 나 자신을 포함해 다문화 구성원이 어떤 생각을 가지는지 알고 싶다.	①	②	③	④	⑤	⑥	⑦
4)	나는 미디어를 왜 접촉하는가? (2개 중복응답 가능) (1) 무료한 시간을 보내기 위해　　(2) 외로움을 잊기 위해 (3) 잡다한 일들에서 벗어나기 위해　　(4) 휴식을 취할 목적으로 (5) 한류 스타를 보기 위해　　(6) 생활 및 시사정보를 얻기 위해 (7) 대한민국의 사회 이해를 하기 위해　　(8) 한국의 대중문화를 즐기려고							

14. 한국생활에서 모국 미디어의 이용 (귀하의 의견에 가장 가까운 점수를 ✓해 주세요)

	문항	전혀 그렇지 않다	←	보통 이다	→	매우 그렇다
1)	나는 모국의 미디어를 정기적으로 접촉하는 편이다.	①	②	③	④	⑤	⑥	⑦
	어느 정도 접촉합니까? 구체적으로 적어주세요.							
2)	모국의 미디어는 대한민국의 중요한 정보나 뉴스들을 습득하는 데 도움을 준다.	①	②	③	④	⑤	⑥	⑦
3)	모국의 미디어는 대한민국에서 현재 가장 중요한 이슈가 무엇인지 잘 알려준다.	①	②	③	④	⑤	⑥	⑦
4)	모국 미디어는 생활하는 데 따분하지 않고 시간을 보내는 데 큰 도움을 준다.	①	②	③	④	⑤	⑥	⑦
5)	모국의 정보를 얻는 데 주로 이용하는 미디어 채널은? [기타는 별도(한국어나 영어)로 적어 주세요, 2개 중복응답 가능] (1) TV　　(2) Radio　　(3) Internet　(4) 신문 (5) 잡지　　(6) 스마트폰(7) 기타							

15. 한국생활에서 한국 미디어의 이용 (귀하의 의견에 가장 가까운 점수를 ✓해 주세요)

	문항	전혀 그렇지 않다	↤	보통 이다	↦	매우 그렇다		
1)	나는 대한민국 미디어를 정기적으로 접촉하는 편이다.	①	②	③	④	⑤	⑥	⑦
	어느 정도 접촉합니까? 구체적으로 적어 주세요.							
2)	대한민국 미디어는 한국의 중요한 정보나 뉴스들을 습득하는 데 도움을 준다.	①	②	③	④	⑤	⑥	⑦
3)	대한민국 미디어는 한국에서 현재 가장 중요한 이슈가 무엇인지 잘 알려준다.	①	②	③	④	⑤	⑥	⑦
4)	대한민국 미디어는 생활하는 데 따분하지 않고 시간을 보내는 데 큰 도움을 준다.	①	②	③	④	⑤	⑥	⑦
5)	대한민국에서 정보를 얻는 데 주로 이용하는 미디어 채널은? [기타는 별도(한국어나 영어)로 적어주세요, 2개 중복응답 가능] (1) TV　　(2) Radio　(3) 한글Internet　　(4) 한글신문 (5) 한글잡지　　(6) 영문Internet (7) 영문신문　　(8) 영문잡지 (9) 체험이벤트(10) 교육이벤트　　(11) 구전　　(12) 옥외광고 (13) 스마트폰 프로그램(14) 기타							

16. 다음은 <미디어 커뮤니케이션 채널의 특성>에 대한 귀하의 생각이나 감정에 관한 것입니다. 네 가지 유형을 끝까지 읽어 보신 후 귀하가 어디에 해당하는지 하나만 선택(✓)해 주시기 바랍니다.

번호	설 명	선택란
1)	나는 커뮤니케이션의 과정에 있어서 직접적 접촉이 효율적인 미디어 채널이라고 생각한다. 즉 비대면(non face to face) 매체를 통한 커뮤니케이션보다는 면대면(face to face) 매체에 의해서 진행되는 미디어 채널이 더욱 효율적이고 효과적이라는 것이다. 미디어를 이용하는 주체들이 직접 만나서 이야기를 나누기 때문에 진심과 신뢰가 동반되어 상대방으로 하여금 적극적인 참여나 호기심을 강화시켜 준다고 본다. 따라서 다양한 교육이벤트나 체험이벤트처럼 직접 만나서 커뮤니케이션하는 방식이 효율적 측면에서 매우 높다고 생각한다.	
2)	나는 미디어 채널이 새롭고 독창적인 플랫폼을 통해서 커뮤니케이션되는 것을 선호한다. 컴퓨터나 모바일 기술의 발전으로 개발되는 다양한 사용자 편의의 시스템 프로그램(UCC, 모바일 정보 서비스, 소셜 네트워크 서비스)들처럼 정보의 교환이나 교류가 빠르고 쉽게 전달되는 현상을 좋아한다. 송신자와 수신자가 서로 만나 커뮤니케이션하는 일반적 현상은 직접적으로 만나야 한다는 시공간적인 불편함이 있는데, 이를 극복해서 언제 어디서든 대화가 가능한 새로운 기술이나 결과물을 더욱 추구하게 된다.	

3)	나는 나만을 위해서 계획되었거나 만들어진 맞춤형 커뮤니케이션 정보를 선호한다. 대다수의 미디어 채널은 커뮤니케이션 과정에 있어서 면대면(face to face)을 추구하는데, 일반적인 형태는 나 말고도 다른 사람에게도 전달되는 보편적 정보라 생각되기에 덜 신경 쓰게 된다. 하지만 나를 위해서만 혹은 내가 선택된 사람처럼 인식 될 수 있는 차별성과 독특성이 담겨진 커뮤니케이션 과정을 하게 되면 집중도나 관심도가 매우 높아져서 좋다.	
4)	나는 미디어 커뮤니케이션 채널이 열린 공간으로 존재해야 한다고 생각한다. 다문화 구성원들 모두가 빠르고 쉽게 그리고 편리하게 정보를 얻거나 교류하고 공유해야 한다고 본다. 그래서 나는 독점적으로 특정 사람들만을 위하거나 끼리끼리의 관계에서 공유되는 정보의 흐름을 거부한다. 즉 특정 집단 혹은 끼리끼리 관계나 그 문화보다는 정보의 평등성을 통한 모두를 위한 정보의 교류를 추구한다.	

　　끝으로 귀하의 이름은 무엇입니까? 그리고 휴대폰 혹은 이메일 주소를 알려주면 고맙겠습니다. 긴 설문에 응답해 주셔서 다시 한번 감사합니다.

응답자 이름: ________________________

휴대폰 혹은 이메일 주소: ________________________________

감 사 합 니 다.

부록 5-2. 설문지-영문

No.____________

A Study on acculturation and media recognition of multi－cultural community members

Hello! How are you, everybody? First, I really appreciate your response to the survey (or answering the questionnaire). This survey aims to know what your opinion is about the adaptability and feeling of satisfaction for living and media recognition of multi－cultural community members. This survey is carried out for my Ph.D dissertation and its result is also used as material for it. Accordingly, all the contents of the survey will be used only for my dissertation and the respondents will be known as anonymous.

The respondents have only to frankly reveal their thoughts and opinions in taking part in the survey. Thank you very much for your time to answer the questionnaires despite busy schedule.

0000年 00月

Dept. of Journalism & Mass Communication Division, Hankuk University of Foreign Studies

Adviser: Heung－Kyu, Kim
Ph.D candidate: Jang－Sun, Hong

TEL: 010－0000－0000, E－mail: js2hong@empal.com

1. The following questionnaires are about the adaptability and feeling of satisfaction for living and media recognition of multicultural community members in Korea. Please select one which you think is relevant to after reading three types carefully.		
	Questionnaires	select one
1)	(I who am living in Korea) I am sharing Korean culture and my national culture in Korea. Regardless of it, I do not think there are two cultures in me. Rather, I think there is only one united culture in me. I think it is a result from the fact that the recognition of multi—cultural community members has positively changed because of the advocation of multiculturalism in Korean society and there were improvements in human rights.	
2)	(I who am living in Korea) I think I must not one—sidedly support only one culture (Korean culture or my national culture) in Korea. I think that when accepting a culture, we have to accept it in more tolerantly. I fully believe that it is the attitude of true acceptance of another culture. However, because I live in Korea, I have to actively accept Korean culture and increase the level of closeness to it. I believe that the candid and authentic exchange with Korean people will be much helpful for living in Korea.	
3)	(I who am living in Korea) I think that media is a crucial and necessary factor in adapting to Korean culture. Media help to know and understand Korean culture in Korea. Because media directly or indirectly give much information about problems resulting from cultural difference or the difference of values, it is really helpful. Also it is helpful because it indirectly shows how other multi—cultural community members live in Korea. Therefore, regardless of insufficient fluency of Korean language, when using media, I am happy to feel like a Korean.	

2. What is your sex?
1) Male   2) Female

3. Are you married?
1) Yes   2) No

4. What is your nationality? [If you belong to 7) others, write it down]
1) China   2) Philippines   3) Indonesia   4) Japan
5) Vietnam   6) USA   7) Others

5. **Which do you belong to in age?**

1) Teens   2) Twenties
3) Thirties 4) Forties
5) Older than fifties

6. **What is your academic career?**

1) middle school diploma 2) high school diploma
3) undergraduate   4) under graduate degree   5) graduate degree

7. **What is your job?**

1) Housewife   2) Student
3) Civil servant   4) Office worker
5) Independent businessman or self—employer   6) Industrial worker
7) Employee   8) lecturer/professor
9) Unemployed   10) Others

8. **What made you come to Korea?**

   [If you select 6) others, write it down separately in Korean or English]

1) To study   2) To marry
3) To run a business   4) To get a job
5) To know Korean culture, Han Ryu   6) Others

9. **What is your average monthly income?**

1) less than 100 million won ($950)
2) Between 1 million won ($950) and 2 million won ($1950)
3) Between 2 million won ($1950) and 3 million won ($2950)
4) Between 4 million won and 5 million won
5) more than 5 million won ($3950)

10. **How long is the length of your residence in Korea?** (Fill in the blank with numbers.)

__________ years __________ months

11. **The identity of acculturation(cultural adaptability and the feeling of satisfaction for living in Korea)** (Select one out of the following examples.)

	Questionnaires	Never likely	←	Likely	→	Highly likely		
1)	I think I am the member of Korean society	①	②	③	④	⑤	⑥	⑦
2)	I like to live in Korea.	①	②	③	④	⑤	⑥	⑦
3)	I prefer living in Korea to going back to my mother country.	①	②	③	④	⑤	⑥	⑦
4)	I want to advise my acquaintances in mother country to live or settle in Korea.	①	②	③	④	⑤	⑥	⑦

5) When do you think you feel hard in living in Korea? (Write a short sentence in Korean or English)

12. **The role of media in Korean life.** (Select one out of the following examples.)

	Questionnaires	Never likely	←	Likely	→	Highly likely		
1)	I am adapting to Korean society by meeting and communicating with people.	①	②	③	④	⑤	⑥	⑦
2)	I think that media help me to adapting to Korea society by improving my Korean communication ability.	①	②	③	④	⑤	⑥	⑦
3)	Through media, I gain information and knowledge to become a Korean.	①	②	③	④	⑤	⑥	⑦
4)	I can more easily and more comfortably understand media contents with my friends and family members.	①	②	③	④	⑤	⑥	⑦

13. Media efficiency for the cultural adaptability and feeling of satisfaction for living. (Select one out of the following examples.)

	Questionnaires	Never likely	←	Likely	→	Highly likely		
1)	I want to know what is going on in Korean society as its member.	①	②	③	④	⑤	⑥	⑦
2)	I want to know what Korean people think including me.	①	②	③	④	⑤	⑥	⑦
3)	I want to know what multicultural community members including me think.	①	②	③	④	⑤	⑥	⑦
4)	Why do I contact media? (You can select two out of the following examples.) (1) to kill time　　(2) to forget loneliness　　(3) to escape from drudgery (4) to take a rest　　(5) to see Korean stars (6) to get information about life and current affairs (7) to understand Korean society　　(8) to enjoy Korean popular culture							

14. The use of media of mother country in Korea. (Select one out of the following examples.)

	Questionnaires	Never likely	←	Likely	→	Highly likely		
1)	I regularly contact the media of mother country. How often do you contact it? Write concretely.	①	②	③	④	⑤	⑥	⑦
2)	I think that the media of mother country help me to gain important information and news in Korea.	①	②	③	④	⑤	⑥	⑦
3)	The media of mother country tells me what the current important issue is in Korea.	①	②	③	④	⑤	⑥	⑦
4)	The media of mother country help me to spend time without feeling bored in Korean life.	①	②	③	④	⑤	⑥	⑦
5)	What media do you contact mainly to get the information of the media of mother country? [If you select 7) others, write it down separately in Korean or English. You can select two.] (1) TV　　(2) Radio　　(3) Internet　(4) newspapers (5) magazines　　(6) smartphone　　(7) others							

	Questionnaires	Never likely		←	Likely	→	Highly likely	
1)	I regularly contact Korean media.	①	②	③	④	⑤	⑥	⑦
	How often do you contact it? Write concretely.							
2)	I think that Korean media help me to gain important information and news in Korea.	①	②	③	④	⑤	⑥	⑦
3)	Korean media tells me what the current important issue is in Korea.	①	②	③	④	⑤	⑥	⑦
4)	Korean media help me to spend time without feeling bored in Korean life.	①	②	③	④	⑤	⑥	⑦
5)	What media do you contact mainly to get the information in Korea? [If you select 14) others, write it down separately in Korean or English. You can select two.]							

15. The use of Korean media in Korea. (Select one out of the following examples.)

5)
(1) TV　　　(2) Radio　　　(3) Korean Internet　　　(4) Korean newspapers
(5) Korean magazines　　　(6) English Internet　　　(7) English newspapers
(8) English magazines　　　(9) experience events　　　(10) education events
(11) words(buzz)　　　(12) billboard(outdoor ads)
(13) smartphone programs(App)　　　(14) others

16. The followings are about your thought or opinion on the characteristics of media communication channels. After carefully reading four types, select one which you think you belong to.

	Questionnaires	select one
1)	I think that in the course of communication, direct contact is an efficient media channel. That is, face to face media channel is more efficient and more effective than non face to face media channel. Because in face to face media channel, media−using−subjects directly talk to each other, face to face media channel intensifies active participation and curiosity along with truth and trust. Accordingly, I think that direct communication methods like various education events or experience events are more effective.	
2)	I prefer the communication of media channel through new and idiosyncratic platform. I like the fast information exchange or interchange like diverse user convenience system programs (UCC, Mobile information services, social network srvcs) developed by the progress of computer or mobile technology. Because the general communication between the sender and the receiver has spatio−temporal inconvenience needing direct contact, there must be new technology or products which make people communicate each other at anywhere or any time to overcome it.	
3)	I prefer personalized communication information planned or made only for me. Because most of media channels seek face to face communication, I care less about general communication information due to the fact that they are considered to be sent to the others as universal information. However, the personalized communication information planned or made only for me with uniqueness and differential characteristics heightens concentrativeness or attentiveness.	
4)	I think that media communication channels have to be open spaces. I think that all of multicultural community members gain, exchange and share information quickly, easily and conveniently. I reject the flow of information shared exclusively by and for specific people. In a word, I seek the exchange of information for everybody through the equal distribution of information rather than the monopolistic flow of information by and for specific people.	

Last, what is your name? I will be glad if you tell me your cellphone number or email address. I really appreciate your response to this survey again.

The respondent's name: ____________________

Cellphone number or email address:____________

Thanks.

No._____________

关于文化适应以及多文化成员对媒体认识的研究

您好,非常感谢您参与本次问卷调查。 该问卷调查旨在了解您对"多文化成员的文化适应能力、生活满足感及媒体认识"的看法和意见。

该问卷作为本人博士学位论文研究的一部分,其调查结果将被用于论文写作中。因此,问卷内容仅用于研究,并会进行匿名处理。

结合您在韩国生活中的感悟和体会作答即可。 再次感谢您在百忙之中抽时间参与问卷调查,谢谢您的合作。

0000年 00月

韓國外國語大學校 大學院 新聞放送學科

指导教授: Heung－Kyu, Kim
研究者: Jang－Sun, Hong

TEL: 010－0000－0000, E－mail: js2hong@empal.com

1. 下列问题是关于您在韩国的文化适应能力、生活满足感以及媒体认识。		
请仔细阅读下面三种类型,然后选择符合自身情况的类型,限选一项,并在选项前打(√)。		
	说 明	(√)
1)	(生活在韩国的我)我同时享有韩国文化和本国文化。然而,在日常生活中,我并不认为这是两种文化,而是把它看作成一种融合的、统合的文化。这一结果是韩国标榜多文化主义的社会结构从而使多文化成员的意识朝肯定的方向发生变化以及人权提升所带来的。但是,韩国人对来自西方和东南亚的多文化成员仍采取差别对待的态度,对此我感到很遗憾。	
2)	(生活在韩国的我)我认为在生活中只表达和热衷于韩国文化或本国文化中的一种是不行的。在接受和适应文化时,我们应采取开放的方式和态度。虽然会出现复杂和混乱的现象,但我相信这才是真正的文化接受的态度。在韩国生活,便要以积极接受韩国文化为基础。同时,与韩国人之间的真诚交流将为韩国生活提供较大的帮助。	
3)	(生活在韩国的我)在适应韩国生活的过程中,媒体是必需品。媒体有助于了解或理解韩国文化。这是因为由文化或价值观差异引发的问题通过媒体能直接或间接地呈现出来。此外,媒体的优点还在于它能间接反映出其他多文化成员的生活状况。因此,即便韩语水平有限也热衷于使用媒体,而且在使用媒体的过程中能感觉到自己像韩国人。	

2. 您的性别是?	
1) 男性　　　　2) 女性	

3. 您结婚了吗?	
1) 结了　　　　2) 没结	

4. 您的国籍是?("其他"请直接填写)				
1) 中国　　2) 菲律宾　　3) 印尼　　4) 日本　　5) 越南				
6) 美国　　7) 其他				

5. 您的年龄是?				
1) 10代　　2) 20代　　3) 30代　　4) 40代　　5) 50代以上				

6. 您的学历是?
1) 高中学历以下　　　2) 高中毕业　　　3) 学本科在读　　　4) 本科毕业
5) 研究生以上

7. 您的职业是?
1) 家庭主妇2) 学生　　　3) 公务员　　4) 职员　　　5) 个体户
6) 工人　　　7) 服务员　　8) 讲师/教授9) 无业　　10) 其他

8. 您来韩国的动机是?("其他"请直接填写)
1) 留学　　　2) 结婚　　3) 商贸　　4) 求职　　　5) 韩流文化　　　6) 其他

9. 您的月收入是?
1) 100万韩币以下　　　　　　2) 100万韩币以上,200万韩币以下
3) 200万韩币以上,300万韩币以下　　　4) 400万韩币以上,500万韩币以下
5) 500万韩币以上

10. 您在韩国的居住时间是?(请直接填写)
＿＿＿＿＿＿年 ＿＿＿＿＿＿个月

11. 文化适应(文化适应能力和生活满足感)的认同(请在最符合本人意见的选项前打√)									
	Questionnaires	完全不是		←	一般	→		确实是	
1)	我认为自己是韩国的一分子。	①	②	③	④	⑤	⑥	⑦	
2)	我觉得在韩国生活很好	①	②	③	④	⑤	⑥	⑦	
3)	比起回国,我更愿意留在韩国生活。	①	②	③	④	⑤	⑥	⑦	
4)	想规劝国内的亲友来韩国定居	①	②	③	④	⑤	⑥	⑦	
5)	认为韩国生活中什么时候最辛苦?(请用韩语或英语简要记述)								

12. 韩国生活中的媒体的作用(请在最符合本人意见的选项前打√)

Questionnaires		完全不是	←	一般	→	确实是		
1)	我在与人们见面、对话和交流的过程中适应韩国社会。	①	②	③	④	⑤	⑥	⑦
2)	我认为媒体有助于提升韩语水平和适应社会。	①	②	③	④	⑤	⑥	⑦
3)	借助媒体能获得作为韩国人所须具备的信息和知识。	①	②	③	④	⑤	⑥	⑦
4)	在使用媒体的时候,如果有家人或朋友的陪伴,会更加易于理解。	①	②	③	④	⑤	⑥	⑦

13. 媒体在文化适应能力和生活满足感中的效用(请在最符合本人意见的选项前打√)

Questionnaires		完全不是	←	一般	→	确实是		
1)	我认为自己是韩国的一分子,所以对韩国社会发生的大小事情我都有兴趣知道。	①	②	③	④	⑤	⑥	⑦
2)	我想知道韩国人的想法。	①	②	③	④	⑤	⑥	⑦
3)	我想知道多文化成员的想法。	①	②	③	④	⑤	⑥	⑦
4)	我为什么使用媒体?(最多可选两项) (1) 消磨时间　　(2) 打发寂寞　　(3) 摆脱日常琐事的纠缠 (4) 休息放松　　(5) 查看韩流明星的消息　　(6) 获取生活和时事消息 (7) 理解韩国社会　　(8) 享受韩国大众文化							

14. 韩国生活中对本国媒体的使用(请在最符合本人意见的选项前打√)

Questionnaires		完全不是	←	一般	→	确实是		
1)	我定期使用本国的媒体。	①	②	③	④	⑤	⑥	⑦
	请写下使用的频度:							
2)	本国的媒体有助于获取关于韩国的重要信息。	①	②	③	④	⑤	⑥	⑦
3)	本国的媒体较好地报道了韩国的焦点和热点。	①	②	③	④	⑤	⑥	⑦
4)	本国的媒体有助于缓解生活的烦闷。	①	②	③	④	⑤	⑥	⑦
5)	用来获取本国信息的媒体是?("其他"用英语或韩语记述；最多可选两项) (1) TV　　(2) Radio　　(3) Internet　　(4) 报纸 (5) 杂志　　(6) smartphone　　(7) 其他							

15. 韩国生活中对韩国媒体的使用(请在最符合本人意见的选项前打√)								
	Questionnaires	完全不是	↤	一般	↦	确实是		
1)	我定期使用韩国的媒体	①	②	③	④	⑤	⑥	⑦
	请写下使用的频度:							
2)	韩国的媒体有助于获取关于韩国的重要信息。	①	②	③	④	⑤	⑥	⑦
3)	韩国的媒体较好地报道了韩国的焦点和热点。	①	②	③	④	⑤	⑥	⑦
4)	韩国的媒体有助于缓解生活的烦闷。	①	②	③	④	⑤	⑥	⑦
5)	用来获取韩国信息的媒体是?("其他"用英语或韩语记述;最多可选两项) (1) TV　　(2) Radio　　(3) Korean Internet (4) 韩文报纸　　(5) 韩文杂志　　(6) English Internet (7) 英文报纸　　(8) 英文杂志　　(9) 体验活动 (10) 教育活动　　(11) 道听途说(buzz)　　(12) 户外广告(outdoor ads) (13) 智能手机软件 (App)　(14) 其他							

16. 下列问题是关于您对"媒体传播渠道的特性"的看法。 　请仔细阅读下面四种类型,然后选择符合自身情况的类型,限选一项,并在选项前打(√)。		
	说　明	(√)
1)	我认为在传播过程中直接接触是较为有效的传播渠道。即相对于非面对面的媒体的传播来说,依靠面对面的媒体进行传播的渠道更为有效。使用媒体的主体直接接触和交谈,因而真诚和信赖伴随其中,这能较好地吸引对方的注意力,促使其更加积极地参与。因此,像教育或体验活动等直接接触的传播方式有着较高的成效。	
2)	我喜欢采用新颖且独创的平台进行传播的媒体。伴随电脑和移动通讯技术的发展,大量的系统软件得到了开发(如UCC、移动信息服务、SNS服务等),信息的交换和交流变得迅速方便。送信者和发信者相互接触的传播存在着时间和空间的限制,为克服时空制约,人们致力于开发何时何处都能对话的新技术。	
3)	我喜欢仅为我设计和制作的针对型传播信息。大多数的媒体渠道在传播的过程中追求面对面,较为普遍的形态是,若不是专门为我传达的信息则较容易被忽视。但是,若是针对我而传达的信息,因其具有差别性和独特性,集中度或关心度则会增强。	
4)	我认为媒体传播渠道应以开放的空间而存在。全体多文化成员必须快速、方便地获取信息、交流信息和共享信息。因此,我拒绝那些仅为特定群体所共享的信息渠道。即相对于特定团体及其文化而言,我更主张建立在信息公平基础上的信息交流。	

请写下您的姓名和联系方式。再次感谢您的合作, 谢谢!

答卷人姓名: ________________

电话号码或邮箱地址: ____________________________

谢谢!

부록 5-4. 설문지-일문

No._________

文化変容(acculturation) と多文化構成員のメディア認識に関する研究

このたびはアンケートにご協力いただき、誠にありがとうございます。このアンケート調査は、「多文化(外国人居住者)構成員の文化適応及び生活満足感とメディアの認識」に関した意識調査を目的としています。アンケートは本人の博士学位論文のために行うもので、その結果は研究論文の資料として使用されます。そのため、調査の内容は研究目的以外には絶対に使用されず、すべて匿名で処理されます。韓国生活の中で、感じたこと・考え・意見などを率直にご記入ください。また、お手数ですが、すべての質問にご回答いただければ幸いです。

※ 文化変容(acculturation):異なった文化をもった人びとの集団どうしが互いに持続的な直接的接触をした結果、その一方または両方の集団のもともとの文化型に変化を起こす現象。

0000年 00月

韓國外國語大學校 大學院 新聞放送學科

指導教授: Heung-Kyu, Kim
研究者: Jang-Sun, Hong

TEL: 010-0000-0000, E-mail: js2hong@empal.com

1. 次は「韓国での文化適応と生活の満足感、そしてメディアの認識」について、
　あなたの感じたことや感情に関連した説明文です。
　ご自分と同じような意見を一つだけ選択してください。

	説　明	(√)
1)	(韓国で生活している私)私は、韓国で韓国の文化と母国の文化が一緒に共有にした中で生きている。ところが、私は普段二つの文化が私の中にあると考えず、統合された一つの文化だけが存在すると思う。これは、韓国の社会構造が、多文化主義を標榜して、多文化構成員たちの認識が肯定的に変化し、人権も改善されてきた成果だと思う。ただ、韓国の人々がしばしば西洋出身の多文化構成員と東南アジア出身の多文化構成員に対する対応が、地域的で偏った差別を見せているように思え残念である。	
2)	(韓国で生活している私)私は、生活する上で韓国文化や母国文化の中で一方だけを表現したり、主張してはいけないと思う。文化を受け入れるにあたり、多様で多彩な方法や態度で対応すべきだと思う。複雑で騒々しい現象かもしれないが、これが真の文化受容の態度と確信している。しかし、韓国に住んでいるだけに、韓国文化に対する積極的な受け入れと親密性がパターンにならなければならない。そして韓国人たちとの率直で真の交流が韓国の生活に手助けになると信じる。	
3)	(韓国で生活している私)私は、韓国生活の適応において、メディアが必要だと思う。メディアは、韓国の生活にあって韓国の文化について知ったり、理解するのに役立っている。文化的な違いや価値観の違いが原因で発生する問題が、メディアで直接的または間接的に知らせてくれるので有用である。また、私と同様の多文化構成員たちの姿を間接的にでも見ることができてよい。従って韓国語能力が不足していてもメディアを利用することを楽しんでいる。メディアを利用していると、韓国人のように感じることができることもよい。	

2. あなたの性別を教えてください。
1) 男性　　　　　2) 女性

3. あなたは、結婚をしましたか?
1) はい　　　　　2) いいえ

4. あなたの国籍を教えてください。（その他は、直接ご記入ください）
1) 中国　　2) フィリピン　　　　3) インドネシア
4) 日本　　5) ベトナム　　　　6) 米国　　　　　7) その他（　　　　　）

5. あなたの年齢はおいくつですか?
1) 10代　　2) 20代　　3) 30代　　4) 40代　　5) 50代以上

6. あなたの学歴を教えてください。
1) 中学校卒業 以下　　2) 高校卒業　　3) 大学在学　　4) 大学卒業 5) 大学院以上

7. あなたの職業を教えてください。
1) 主婦　2) 学生　　3) 公務員　4) 事務員　5) 自営業 6) 産業労働者　　　　7) 従業員　8) 講師/教授9) 無職 10) その他 (　　　　　　)

8. あなたの渡韓目的を教えてください。(その他は、直接ご記入ください)
1) 留学　　2) 結婚　　3) 事業　　4) 求職　　5) 韓流文化　　6) その他

9.あなたの月平均家計所得はいくらですか?
1) 100($ 95)万ウォン未満 2) 100万ウォン以上～200($ 195)万ウォン未満 3) 200万ウォン以上～300($ 295)万ウォン未満 4) 400万ウォン以上～500万ウォン未満 5) 500($ 395)万ウォン以上

10. での居住期間はどのくらいですか? 直接ご記入ください。
＿＿＿＿＿＿ 年 ＿＿＿＿＿＿＿月

11. 文化変容(文化の適応と生活の満足感)のアイデンティティについて (あなたの意見に最も近いものを選んでください) (√)							
	Questionnaires	そうではない	←	普通	↦		そうだ
1)	私は、私が韓国の構成員だと思う。	①	②	③	④	⑤	⑥ ⑦
2)	私は韓国生活を満足している。	①	②	③	④	⑤	⑥ ⑦
3)	私は、母国に帰ることよりも韓国で住み続けたい。	①	②	③	④	⑤	⑥ ⑦
4)	母国の知人に韓国で暮らすことや定住をすすめたい。	①	②	③	④	⑤	⑥ ⑦
5)	韓国生活の中で、どのようなときが辛いですか? *韓国語か英語で簡単にご記入ください。						

12. 韓国生活でのメディアの役割について (あなたの意見に最も近いものを選んでください) (√)							
	Questionnaires	そうではない	←	普通	↦		そうだ
1)	私は人々と直接会って対話し、交流しながら、社会に適応している。	①	②	③	④	⑤	⑥ ⑦
2)	私はメディアが韓国語のコミュニケーション能力を向上させ、社会の適応に役立つと思う。	①	②	③	④	⑤	⑥ ⑦
3)	メディアを通して、韓国人として備えるべき情報と知識を得る。	①	②	③	④	⑤	⑥ ⑦
4)	メディアを視聴する時に、友人や家族が一緒だとリラックスできて理解しやすい。	①	②	③	④	⑤	⑥ ⑦

	13. 文化の適応と生活の満足感におけるメディアの効用について 　　（あなたの意見に最も近いものを選んでください）（√）							
	Questionnaires	そうではない	←	普通	→	そうだ		
1)	私が大韓民国の一員なので、韓国社会で何が起こっているか知りたい。	①	②	③	④	⑤	⑥	⑦
2)	自分自身を含め、韓国の人々がどのような考えを持っているのか知りたい。	①	②	③	④	⑤	⑥	⑦
3)	自分自身を含め、多文化の構成員がどのような考えを持っているのか知りたい。	①	②	③	④	⑤	⑥	⑦
4)	あなたはメディアをなぜ利用しますか?(2つの重複回答可) (1) 退屈な時間を過ごすために　　(2) 寂しさを忘れるために (3) わずらわしさから逃れるために (4) 休息をとるために　　(5) 韓流スターを見るために (6) 生活と時事情報を得るために (7) 韓国の社会を理解するために (8) 韓国の大衆文化を楽しむために							

	14. 韓国生活で母国メディアの利用について 　　（あなたの意見に最も近いものを選んでください）（√）							
	Questionnaires	そうではない	←	普通	→	そうだ		
1)	私は母国のメディアを定期的に利用する方だ。 *どの程度利用しているか具体的にご記入ください。	①	②	③	④	⑤	⑥	⑦
2)	母国のメディアは、韓国の重要な情報やニュースを得るのに役立つ。	①	②	③	④	⑤	⑥	⑦
3)	母国のメディアは、韓国で現在、最も重要な課題とは何なのかよく伝えてくれる。	①	②	③	④	⑤	⑥	⑦
4)	母国メディアは、退屈な時間を過ごすのに役立つ。	①	②	③	④	⑤	⑥	⑦
5)	母国の情報を得るときに、おもに利用するメディアチャンネルは? (その他は韓国語か英語でご記入ください。2つの重複回答可。) (1) TV　　(2) ラジオ　(3) インターネット　　(4) 新聞 (5) 雑誌　　(6) スマートフォン　　　　　(7) その他（　　　　　）							

15. 韓国生活で韓国メディアの利用について
　　(あなたの意見に最も近いものを選んでください)(✓)

	Questionnaires	そうではない	←	普通	→	そうだ		
1)	私は韓国のメディアを定期的に利用する方だ。	①	②	③	④	⑤	⑥	⑦
	*どの程度利用するか、具体的にご記入してください。							
2)	韓国メディアは韓国の重要な情報やニュースを得るのに役立つ。	①	②	③	④	⑤	⑥	⑦
3)	韓国のメディアは、韓国で現在最も重要な課題とは何なのかよく伝えてくれる。	①	②	③	④	⑤	⑥	⑦
4)	韓国のメディアは、退屈な時間を過ごすのに役立つ。	①	②	③	④	⑤	⑥	⑦
5)	韓国での情報を取得するために、おもに利用するメディアチャンネルは?(その他は韓国語か英語でご記入ください。2つの重複回答可。) (1) TV　　(2) ラジオ　(3) 韓国語のインターネット (4) 韓国語の新聞　　(5) 韓国語の雑誌 (6) 英語のインターネッ　(7) 英語の新聞　　　(8) 英文雑誌 (9) 体験イベント　　(10) トレーニング、イベント (11) 口コミ(buzz)　　(12) 屋外広告(outdoor ads) (13) スマートフォンのプログラム　　(14) その他 (　　　　)							

16. 次は、「メディア・コミュニケーション・チャンネルの特性」のための、
　　あなたの考えや感情に関連した説明文です。
　　ご自分と同じような意見を一つだけ選択してください。

	説　明	(✓)
1)	私はコミュニケーションの過程において、直接の接触が効率的なメディア・チャンネルだと思う。つまり、非対面(non face to face)メディアを通じたコミュニケーションよりは、面対面(face to face)メディアによって行われるメディアチャンネルより効率的だと思う。メディアを利用する主体が直接会って話をするため、真心と信頼を伴って、相手方に積極的な参加や好奇心を強めると思う。そのため、様々な教育イベントや体験イベントのように直接会ってコミュニケーションする方法が効率的な面で非常に高いと思う。	
2)	私は、メディアチャンネルが新しく独創的なプラットフォームを介して通信されることを好む。コンピュータやモバイル技術の発展のために開発されている様々なユーザー平易システムプログラム(UCC、モバイル情報サービス、ソーシャルネットワークサービス)のように、情報の交換や交流が迅速かつ容易に伝達される現象を好む。送信者と受信者がお互いに会ってコミュニケーションする一般的な現象は、直接会わなければならないという時空間的な不便さがあり、これを克服して、いつでもどこでも会話が可能な新しい技術や成果を、より一層追求することになる。	
3)	私は、自分だけのために計画されカスタマイズされた通信情報を好む。大多数のメディアチャンネルは、コミュニケーション過程における面対面(face to face)を追求するために、一般的な形式は、私でなくとも、他の人にも配信される普遍的な情報だと考えられるのが気になる。しかし、私のためだけに、あるいは私が選ばれた人のように認識できる差別性とユニーク性が込められたコミュニケーションプロセスがあれば、集中度や関心度が非常に高まって良い。	
4)	私はメディアコミュニケーションチャンネルが開かれた空間に存在しなければならないと思う。多文化の構成員たちが簡単にそして便利に情報を取得したり、交流し、共有すべきだと思う。だから、私は排他的に特定の人だけにはやく出したり、仲間同士の関係で共有される情報の流れを拒否する。つまり、特定の集団や仲間同士の関係や、その文化はなく、情報の平等性を通じたすべてのための情報の交流を追求する。	

最後にあなたのお名前をご記入ください。そして、携帯電話や電子
メールアドレスを教えていただければ幸いです。長い間、アンケートにお
答えいただきありがとうございます。

回答者名:＿＿＿＿＿＿＿＿＿＿

携帯電話や電子メールアドレス: ＿＿＿＿＿＿＿＿＿＿＿＿＿＿

ありがとうございます。

홍장선 ————————

고려대학교를 졸업하고, 동 대학교 언론대학원에서 「레저광고의 이미지 분석: E. 파노프스키의 도상학을 중심으로」(2008)로 언론학 석사학위를, 한국외국어대학교 대학원에서 「다문화 구성원의 문화접변에 관한 연구: 미디어 이용과 태도를 중심으로」(2012)로 언론학 박사학위를 받았다.

일간스포츠와 스포츠투데이에서 리포터 및 기자로 활동하다가 동양그룹 동양매직(주)으로 이직, 광고홍보 관련 업무를 담당하였다. 이후 공주영상대학교 이벤트연출과 조교수로 임용되어 연구 활동 및 후학 양성을 하였다. 현재는 고려대학교와 홍익대학교에서 강의를 하면서 미디어컨설턴트로 활동하고 있다.

저서로는 『광고의 이해와 실제』(2007, 공저), 『행정 PR 트레이닝』(2009)을 비롯하여 다수의 논문 및 지식 실용서가 있다. 문화접변과 미디어 전략 관련 논문으로는 「광고에 투영된 다문화 가정의 재현연구」(2010), 「다문화 가정을 위한 공익광고의 수용 유형에 관한 연구」(2010, 공저), 「다문화 가정 캠페인을 위한 IMC 전략」(2010, 공저) 등이 있다.

문화접변과
미디어
커뮤니케이션 채널

초 판 인 쇄 | 2013년 6월 28일
초 판 발 행 | 2013년 6월 28일

지 은 이 | 홍장선
펴 낸 이 | 채종준
펴 낸 곳 | 한국학술정보(주)
주   소 | 경기도 파주시 문발동 파주출판문화정보산업단지 513-5
전   화 | 031) 908-3181(대표)
팩   스 | 031) 908-3189
홈 페 이 지 | http://ebook.kstudy.com
E - m a i l | 출판사업부 publish@kstudy.com
등   록 | 제일산-115호(2000. 6. 19)

ISBN   978-89-268-4364-2 93330 (Paper Book)
          978-89-268-4365-9 95330 (e-Book)

이담Books 는 한국학술정보(주)의 지식실용서 브랜드입니다.